SAIR DA GRANDE NOITE

Coleção África e os Africanos

Coordenadores:
Álvaro Pereira do Nascimento – Universidade Federal Rural do Rio de Janeiro (UFRRJ)
José Costa D'Assunção Barros – Universidade Federal Rural do Rio de Janeiro (UFRRJ)
José Jorge Siqueira – Universidade Federal do Maranhão (UFMA)

Conselho consultivo:
Alexsander Gebara – Universidade Federal Fluminense (UFF)
Kabengele Munanga – Universidade de São Paulo (USP)
Mariza Soares – Universidade Federal Fluminense (UFF)
Mônica Lima – Universidade Federal do Rio de Janeiro (UFRJ)
Nei Lopes – Universidade Federal Rural do Rio de Janeiro (UFRRJ)
Robert Wayne Slenes – Universidade Estadual de Campinas (Unicamp)
Selma Pantoja – Universidade de Brasília (UnB)

Dados Internacionais de Catalogação na Publicação (CIP)
(Câmara Brasileira do Livro, SP, Brasil)

Mbembe, Achille, 1957-
Sair da grande noite : ensaio sobre a África descolonizada / Achille Mbembe ; tradução de Fábio Ribeiro. – Petrópolis, RJ : Vozes, 2019. –
(Coleção África e os Africanos)

Título original : Sortir de la grande nuit : essai sur l'Afrique décolonisée
Bibliografia.

3ª reimpressão, 2021.

ISBN 978-85-326-6052-7

1. África – Condições sociais 2. África – Política e governo 3. Colônias – História 4. Comunidade 5. Descolonização – África 6. Pós-colonialismo África I. Título II. Série.

19-23464   CDD-325.309

Índices para catálogo sistemático:
1. Descolonizações africanas : História : Ciência política   325.309

Maria Paula C. Riyuzo – Bibliotecária – CRB-8/7639

SAIR DA GRANDE NOITE

Ensaio sobre a África descolonizada

ACHILLE MBEMBE

Tradução de Fábio Ribeiro

EDITORA VOZES

Petrópolis

© 2010, 2013 Éditions La Découverte, Paris, France.

Título do original em francês: *Sortir de la grande nuit – Essai sur l'Afrique décolonisée*

Direitos de publicação em língua portuguesa – Brasil:
2019, Editora Vozes Ltda.
Rua Frei Luís, 100
25689-900 Petrópolis, RJ
www.vozes.com.br
Brasil

Todos os direitos reservados. Nenhuma parte desta obra poderá ser reproduzida ou transmitida por qualquer forma e/ou quaisquer meios (eletrônico ou mecânico, incluindo fotocópia e gravação) ou arquivada em qualquer sistema ou banco de dados sem permissão escrita da editora.

CONSELHO EDITORIAL

Diretor
Gilberto Gonçalves Garcia

Editores
Aline dos Santos Carneiro
Edrian Josué Pasini
Marilac Loraine Oleniki
Welder Lancieri Marchini

Conselheiros
Francisco Morás
Ludovico Garmus
Teobaldo Heidemann
Volney J. Berkenbrock

Secretário executivo
João Batista Kreuch

Editoração: Fernando Sergio Olivetti da Rocha
Diagramação: Mania de criar
Revisão gráfica: Alessandra Karl
Capa: Editora Vozes
Ilustração de capa: © chikapylka | iStock

ISBN 978-85-326-6052-7 (Brasil)
ISBN 978-2-7071-7994-6 (França)

Editado conforme o novo acordo ortográfico.

Este livro foi composto e impresso pela Editora Vozes Ltda.

Ao amigo Paul Gilroy, trabalhador do imaginário. E em memória de dois pensadores do devir ilimitado, Frantz Fanon e Jean-Marc Éla.

Aqueles que acampam cada dia mais longe do local de seu nascimento, aqueles que lançam seu barco em outras margens, conhecem cada dia melhor o curso das coisas ilegíveis; e ao subir os rios até sua nascente, entre as aparências verdes, encontram de repente aquele brilho severo onde toda língua perde suas armas.

Saint-John Perse. Neiges, IV. In: *Exil.*

SUMÁRIO

Prefácio, 9

Introdução, 17

1 A partir do crânio de um morto: trajetórias de uma vida, 33

2 Declosão do mundo e escalada de humanidade, 57

3 A sociedade francesa: proximidade sem reciprocidade, 96

4 O longo inverno imperial francês, 124

5 África: a cubata sem chaves, 178

6 A circulação dos mundos: a experiência africana, 208

Epílogo, 243

Entrevista com Achille Mbembe, 249

PREFÁCIO

Há meio século, a maioria da humanidade vivia sob o jugo colonial, uma forma particularmente primitiva de dominação da raça. Sua libertação constitui um momento-chave da história de nossa modernidade. Que esse evento quase não tenha deixado sua marca no espírito filosófico de nosso tempo não é lá um grande enigma. Nem todos os crimes engendram necessariamente coisas sagradas. Alguns crimes da história resultaram apenas em máculas e profanações, na esterilidade esplêndida de uma existência atrofiada – em suma, na impossibilidade de "fazer comunidade" e de retrilhar os caminhos da humanidade. Será que podemos dizer que a colonização foi justamente o espetáculo por excelência da comunidade impossível – uma convulsão tetânica e ao mesmo tempo um sibilo inútil? O presente ensaio lida apenas indiretamente com essa questão, cuja história completa e detalhada ainda espera ser escrita.

Seu objeto central é a onda de descolonizações[1] africanas do século XX. Não se tratará aqui de retraçar sua história nem de

---

1. Em português e espanhol, há um debate que não existe em francês sobre a distinção entre os termos "descolonizar", mais estabelecido, e "decolonizar", de criação recente. Em francês, o único termo é *décoloniser*. Embora não se encontre um consenso, pode-se apontar que "descolonizar" tende a se referir ao processo histórico que encerrou o período colonial, enquanto "decolonizar" tende a se referir ao trabalho ético e epistemológico de transcender a situação colonial para uma realmente nova. É importante manter isso em mente durante a leitura – quando aparece o termo "descolonizar", Achille Mbembe normalmente se refere aos dois significados ao mesmo tempo. Devido à falta de consenso,

fazer sua sociologia – muito menos sua tipologia. Esse trabalho já foi realizado e, com a exceção de alguns detalhes, há muito pouco a acrescentar[2]. O objeto será menos ainda avaliar as independências. A descolonização é um evento cuja significação política essencial residiu na *vontade ativa de comunidade* – como outros falavam outrora da vontade de poder. Essa vontade de comunidade era o outro nome daquilo que poderíamos chamar de *vontade de vida*. Seu objetivo era a realização de uma obra compartilhada: erguer-se por si mesmo e constituir uma herança. Nesta era insensível, repleta de cinismo e frivolidade, onde vale tudo, palavras como essas certamente despertam escárnio. Entretanto, naquela época muitos estavam dispostos a apostar suas vidas pela afirmação desses ideais. Eles não eram pretextos nem para se esquivar do presente nem para se furtar à ação. Pelo contrário, como um aguilhão, eles serviam para orientar o futuro e para impor, através da *práxis*, uma nova redistribuição da linguagem e uma nova lógica do sentido e da vida. Apesar da comunidade descolonizada buscar se instituir sobre os escombros da colonização, esta última não era percebida nem como um destino nem como uma necessidade. Achava-se que, ao desmembrar a relação colonial, o nome perdido subiria à superfície. Inverter-se-ia a relação entre aquilo que tinha sido, aquilo que acabava de ser e aquilo que seria, tornando possível a manifestação de um poder próprio de gênese, uma capacidade própria de articulação de uma diferença e de uma força positiva.

À vontade de comunidade juntava-se a vontade de saber e o desejo de singularidade e de originalidade. O discurso anticolonial seguira essencialmente o postulado da modernização e os ideais do progresso, incluindo o esboço de uma crítica a ele – fosse ela explícita (como no caso de Gandhi) ou não. Essa crítica

---

o tradutor optou pela utilização do termo "descolonizar" e seus derivados no decorrer do livro [N.T.].

2. Cf. a síntese de DUARA, P. (org.). *Decolonization, Perspectives Now and Then*. Londres: Routledge, 2004.

era motivada pela busca de um futuro que não estaria escrito antecipadamente; que misturaria tradições recebidas ou herdadas, a interpretação, a experimentação e criação do novo – o essencial era partir deste mundo na direção de outros mundos possíveis. No coração dessa análise encontrava-se a ideia segundo a qual a modernidade ocidental teria sido imperfeita, incompleta e inacabada. A pretensão ocidental de recapitular a linguagem e as formas através das quais o advento da humanidade poderia surgir, ou ainda de exercer um monopólio sobre a própria ideia de futuro, era apenas uma ficção. O novo mundo pós-colonial não estava condenado a imitar e reproduzir aquilo que fora realizado alhures[3]. Como a história se produzia sempre de modo singular, a política do futuro – sem a qual não haveria uma descolonização plena – exigia a invenção de novas imagens do pensamento. Isso só seria possível com um longo e obrigatório aprendizado dos signos e das modalidades de seu reencontro com a experiência, o tempo próprio dos lugares da vida[4].

Será que a mistura de realidades que prevalece hoje invalida essas proposições e elimina sua densidade histórica, e até sua efetividade? A descolonização – admitindo-se que um conceito tão aberto possa de fato sinalizar algo – teria sido apenas um fantasma sem espessura? No fim das contas, teria ela sido um acidente ruidoso, um estalido superficial, uma pequena fenda externa, o sinal de um futuro fadado a se desencaminhar? Teria a dualidade colonização/descolonização apenas um sentido? Enquanto fenômenos históricos, será que uma não se reflete na outra, não implica a outra, como os dois lados de um mesmo espelho? Essas são algumas das perguntas que este ensaio tenta examinar. Uma de suas teses é que a descolonização inaugurou o tempo da bifurcação na direção de futuros inumeráveis. Esses futuros

---

3. GAONKAR, D.P. (org.). *Alternative Modernities*. Durham: Duke University Press, 2001.
4. ÉBOUSSI BOULAGA, F. *La crise du Muntu*. Paris: Présence Africaine, 1977.

11

eram, por definição, contingentes. As trajetórias seguidas pelas nações recém-libertas foram, em parte, consequência de lutas internas às sociedades em questão[5]. Essas lutas foram moldadas pelas formas sociais antigas e as estruturas econômicas herdadas da colonização, e pelas técnicas e práticas de governo dos novos regimes pós-coloniais. Na maioria dos casos, elas terminaram na implantação de uma forma de dominação que alguns qualificaram de "dominação sem hegemonia"[6]. O ensaio começa num registro deliberadamente narrativo e autobiográfico (capítulo 1). Reconto nele como o momento pós-colonial propriamente dito começou, para muitos, através de uma experiência de descentramento. Em vez de agir como um signo intensivo que força o ex-colonizado a pensar por e para si mesmo e em vez de ser o lugar de uma gênese renovada do sentido, a descolonização – principalmente onde ela foi outorgada – assumiu o aspecto de um reencontro por arrombamento consigo mesmo: não o resultado de um desejo fundamental de liberdade, alguma coisa que o sujeito se dá e que se torna a fonte necessária da moral e da política, mas uma exterioridade, um enxerto aparentemente desprovido de qualquer potência de metamorfose. Proponho então um percurso duplo. Os capítulos 3 e 4 tratam daquilo que podemos muito bem chamar do "ocupante sem lugar", no caso, a França contemporânea. Enquanto forma e figura, ato e relação, a colonização foi, sob muitos pontos de vista, uma coprodução dos colonizadores e dos colonizados. Juntos, mas em posições diferentes, eles forjaram um passado. Mas ter um passado em comum não significa necessariamente compartilhá-lo. Examinaremos aqui os paradoxos do "pós-colonialismo" numa antiga potência colonial que descolonizou sem se autodescolonizar (capítulo 3). As disjunções e ramificações desse gesto

---

5. BAYART, J.-F. *L'État en Afrique*. Paris: Fayard, 2006 [1989].
6. GUHA, R. *Dominance Without Hegemony*. Cambridge: Harvard University Press, 1998. • CHATTERJEE, P. *The Nation and Its Fragments*. Princeton: Princeton University Press, 1993.

são o objeto de uma atenção no presente, especialmente através de uma aparente incapacidade de escrever uma história comum a partir de um passado comum (capítulo 4).

Nos capítulos 2 e 5, enfrento aquilo que considero o paradoxo central da descolonização: *um desdobramento estéril e reiteração seca* por um lado, e pelo outro *uma proliferação indefinida* (termos que tomo emprestado de Gilles Deleuze)[7]. Pois, limitando-se a uma certa experiência africana, um dos processos engrenados no dia seguinte da descolonização foi a destruição ora paciente e em segredo, ora caótica, da forma Estado e das instituições herdadas da colonização. A história dessa demolição ainda não foi compreendida como tal em sua singularidade. Agora navios mais ou menos livres, as novas nações independentes – na verdade enxertos heterogêneos de fragmentos à primeira vista incompatíveis e conglomerados de sociedades de tempo longo – retomaram seu curso. A qualquer risco. Essa cavalgada – sucessão de dramas, de rupturas imprevistas, de declínios anunciados, no contexto de uma formidável astenia da vontade – prossegue, e a mudança toma aqui os contornos de uma repetição. Mais adiante, a forma de relâmpagos sem consequências e, ainda mais adiante, a aparência da dissolução e o mergulho no desconhecido e no imprevisto – a revolução impossível.

Entretanto, a vontade de vida se mantém. Está em curso um enorme trabalho de remontagem, haja o que houver, no continente africano. Seus custos humanos são elevados. Ele toca até as estruturas do pensamento. Desviando-se da crise pós-colonial, ocorre uma reconversão do espírito. Aliás, a destruição e a remontagem estão tão estreitamente ligadas que, isolada uma da outra, esses processos tornam-se incompreensíveis. Ao lado do mundo das ruínas e do que chamo de "cubata sem chaves" (capítulo 5) esboça-se uma África que efetua sua síntese no modo da disjunção e da redistribuição das diferenças. O futuro dessa Áfri-

---

7. DELEUZE, G. *Logique du sens*. Paris: Minuit, 1969, p. 44.

ca-em-circulação será feito com base na força de seus paradoxos e de sua matéria indócil (capítulo 6). É uma África cujo arcabouço social e estrutura espacial estão, de hoje em diante, descentrados; onde o passado e o futuro coincidem ao mesmo tempo; cujos processos espirituais são uma mistura de secularização da consciência, de imanência radical (preocupação com este mundo e com o instante) e de um mergulho aparentemente sem mediação no divino; cujas línguas e sons são agora profundamente crioulas; que designa um lugar central para a experimentação; onde germinam imagens e práticas da existência admiravelmente pós-modernas.

Alguma coisa fecunda brotará dessa *África-gleba*, um campo imenso de trabalho da matéria e das coisas, alguma coisa capaz de se abrir sobre um universo infinito, extensivo e heterogêneo, o universo aberto das pluralidades. Esse *mundo-africano-que-vem*, cuja trama complexa e móvel desliza incessantemente de uma forma a outra e desvia todas as línguas e sonoridades porque não se liga mais a nenhuma língua ou som puro; esse corpo em movimento, jamais num lugar só, cujo centro se desloca por todos os lados; para esse corpo que se move na enorme máquina do mundo encontramos um nome – afropolitismo – cujo laboratório privilegiado é a África do Sul (capítulo 6).

Joanesburgo, 4 de agosto de 2010.

* * *

Este ensaio é o fruto de longas conversas com Françoise Vergès. Ele retoma, às vezes *verbatim*, reflexões desenvolvidas ao longo dos dez últimos anos, à cavalo entre a África, a França e os Estados Unidos, sob a forma de artigos em revistas (*Le Débat, Esprit, Cahiers d'études africaines, Le Monde Diplomatique*), de notas para cursos, seminários e palestras, ou de intervenções na imprensa africana e em outras mídias internacionais. Eu gostaria de expressar minha gratidão àqueles que provocaram, encorajaram, nutriram ou acolheram estas reflexões: Pierre Nora, Olivier Mongin, Jean-Louis Schlegel, Michel Agier, Didier Fassin, Georges Nivat, Pascal Blanchard, Nicolas Bancel, Annalisa Oboe, Bogumil Jewsiewicki, Thomas Blom Hansen, Arjun Appadurai, Dilip Gaonkar, Jean Comaroff, John Comaroff, Peter Geschiere, David Theo Goldberg, Laurent Dubois, Célestin Monga, Yara El--Ghadban, Anne-Cécile Robert, Alain Mabanckou e Ian Baucom.

A obra foi escrita durante minha longa estadia no Instituto Witwatersrand de Pesquisa Social e Econômica (Wiser) em Joanesburgo, onde me beneficiei do apoio de meus colegas Deborah Posel, John Hyslop, Pamila Gupta, Irma Duplessis e Sarah Nuttall. Beneficiei-me igualmente de críticas do Workshop de Teoria e Crítica de Joanesburgo (JWTC) feitas por Kelly Gillespie, Julia Hornberger, Leigh-Ann Naidoo, Eric Worby, Tawana Kupe e Sue van Zyl. François Gèze, Béatrice Didiot, Pascale Iltis e Johanna Bourgault da Editora La Découverte acompanharam maravilhosamente o processo de fabricação do livro, e não hesitaram em compartilhar suas intuições[8].

---

8. O tradutor gostaria de agradecer à Professora Rita Jover-Faleiros, do Departamento de Letras da Escola de Filosofia, Letras e Ciências Humanas da Unifesp, o auxílio com algumas questões que surgiram no decorrer da tradução. Se porventura ainda houver algum problema na tradução, a responsabilidade é inteira do tradutor [N.T.].

Introdução

O meio século

O colonialismo esteve longe de ser uma coisa admirável. Estátua gigante diante da qual, amedrontadas ou fascinadas, multidões se prosternavam – mas que na realidade escondia ser oca. Carcaça de metal engastada com joias esplêndidas, era, por outro lado, como o diabo e o estrume[1]. Braseiro vagaroso que dispersava por todo lugar sua fumaça, ele buscou se instituir ao mesmo tempo como rito e como fato; como palavra, gesto e sabedoria, conto e mito, assassinato e acidente. E é em parte devido à sua poderosa capacidade de proliferação e de metamorfose que ele fez tremer tanto o presente daqueles que a ele se submeteram, infiltrando-se até em seus sonhos, enchendo seus pesadelos mais horríveis, antes de lhes arrancar lamentações atrozes[2]. A colonização, enquanto tal, não foi apenas uma tecnologia, nem um simples dispositivo. Ela não foi apenas ambiguidades[3]. Ela foi também um complexo, uma pirâmide de certezas, umas mais ilu-

---

1. OUOLOGUEM, Y. *Le devoir de violence*. Paris: Le Serpent à plumes, 2003.
2. MBEMBE, A. *La naissance du maquis dans le Sud-Cameroun, 1920-1960*: histoire des usages de la raison en colonie. Paris: Karthala, 1996.
3. ELKINS, C. *Imperial Reckoning*: The Untold Story of Britain's Gulag in Kenya. Nova York: Henry Holt, 2005. • ANDERSON, D. *Histories of the Hanged. Britain's Dirty War in Kenya and the End of Empire*. Londres: Weidenfelf & Nicolson, 2005.

sórias do que as outras: a potência do falso. Um complexo móvel, certamente, mas também, em muitos aspectos, um entroncamento fixo e imóvel. Habituada a vencer sem ter razão, ela exigia dos colonizados não apenas que eles mudassem suas razões de viver, mas também que mudassem de razão – seres em falha perpétua[4]. E é enquanto tal que a Coisa e sua representação suscitaram a resistência daqueles que viviam sob seu jugo, provocando ao mesmo tempo indocilidade, terror e sedução, assim como, aqui e ali, grande número de insurreições.

No entanto, este livro trata da descolonização enquanto experiência de emergência e de revolta. Ele é uma interrogação sobre a *comunidade descolonizada*. Nas condições da época, a revolta consistiu em grande parte numa redistribuição das linguagens. Esse não foi o caso somente onde foi preciso pegar em armas. Como que tomados pelo fogo do Paráclito, os colonizados, em vários níveis, desvanecem-se falando diversas línguas em vez da língua única. Nesse sentido, a descolonização representa, na história de nossa modernidade, um grande momento de des--ligação e de bifurcação das linguagens. A partir deste ponto não há mais nem orador nem mediador únicos. Não há mais mestre sem contramestre. Não há mais univocidade. Todos podem se exprimir em suas próprias línguas, e os destinatários dessas propostas podem recebê-las nas suas línguas. Como os nós foram desatados, a partir de agora há apenas um imenso feixe de cordas. No espírito daqueles que se livraram dela, descolonizar jamais quis dizer passar novamente, num tempo diferente, pelas imagens da Coisa ou de seus substitutos. O desenlace sempre teve como objetivo fechar os parênteses de um mundo composto por duas categorias de pessoas: de um lado, os sujeitos que agem, do outro, os objetos sobre os quais se intervém. Ele buscava uma metamorfose radical da relação. Os antigos colonizados criariam a partir deste ponto seu próprio tempo, enquanto construiriam o

---

4. KANE, C.H. *L'Aventure ambiguë*, 10/18, 2003.

tempo do mundo. Sobre o humo de suas tradições e de seus imaginários, e apoiados em seu longo passado, eles poderiam agora se reproduzir em sua própria história – ela mesma uma ilustração manifesta da história de toda a humanidade. Reconheceríamos então o advento de um modo onde tudo começaria novamente. O poder de criação se oporia ao jogo da repetição sem diferença, às forças que, no tempo da servidão, buscavam esgotar ou encerrar a duração. É isso que Frantz Fanon chamava, numa linguagem prometeica, de saída da "grande noite" anterior à vida[5], ao mesmo tempo que Aimé Césaire evocava o desejo "de um sol mais brilhante e de estrelas mais puras"[6].

Retomar o sentido primitivo da descolonização

Sair da grande noite anterior à vida exigia uma atitude consciente de "provincialização da Europa". Era preciso, dizia Fanon, dar as costas a essa Europa que "não para de falar do ser humano ao mesmo tempo em que o massacra sempre que o encontra, em todos os cantos de suas próprias ruas, em todos os cantos do mundo". Sobre essa Europa, que nunca cessa de falar do ser humano, ele continua: "sabemos hoje quantos sofrimentos a humanidade pagou por cada uma das vitórias de seu espírito"[7]. Fanon não propunha simplesmente não "seguir" essa Europa: ele propunha "abandoná-la", porque seu jogo terminara. Chegara a hora de passar a "outra coisa", dizia. Daí a necessidade de retomar a "questão do ser humano". Como? Andando "o tempo todo, noite e dia, em companhia do ser humano, de todos os seres humanos"[8]. É isso que fazia da comunidade des-

---

5. FANON, F. *Les damnés de la terre*. Paris: La Découverte, 2003 [1968], p. 301.

6. CÉSAIRE, A. *Les armes miraculeuses*. Paris: Gallimard, 1970, p. 15.

7. FANON, F. *Les damnés de la terre*. Op. cit., p. 302.

8. Ibid., p. 303-304.

colonizada uma comunidade em marcha, uma comunidade de caminhantes, uma vasta caravana universal. Para outros, essa vasta companhia universal poderia ser obtida não se divorciando da Europa, mas pousando sobre ela um olhar de solicitude e de compaixão que reinsuflasse nela o complemento de humanidade que perdeu[9].

Para além da compilação dos detalhes históricos, estas são as significações primitivas do acontecimento que é preciso saber retomar. Elas se encontram na própria matéria da experiência colonial, na língua, na palavra, no discurso, nos escritos, nos cantos, nos atos e na consciência de seus protagonistas, e na história das instituições das quais eles se aproveitaram, assim como na memória que eles forjaram desses acontecimentos[10]. É preciso compreender que a revolta organizada (particularmente a armada) para acabar com a dominação colonial e com a lei da raça que era seu sustentáculo não teria sido possível sem a produção consciente, de parte dos insurretos, de um poder estranho – ilusão sublime ou poder do sonho? –, de uma potência energética e incendiária, de uma estrutura de afetos feita de razão calculista e de cólera, de fé e de oportunismo, de desejos e de exaltação, de messianismo, até de loucura, e sem uma tradução desse fogo em linguagem e em *práxis*: a *práxis* do aparecimento, da manifestação, da emergência[11]. Inverter os velhos laços de sujeição e ocupar um novo lugar no tempo e na estrutura do mundo – esse era o horizonte. E se, no decorrer dessa escalada na direção dos limites, deva se impor a explicação com a morte, que, acima de tudo, não se morra de jeito nenhum à maneira de um rato ou de um animal doméstico, preso por uma

---

9. SÉDAR SENGHOR, L. *Chants d'ombre*. Paris: Seuil, 1956. • WILDER, G. "Race, reason, impasse: Césaire, Fanon and the Legacy of Emancipation". In: *Radical History Review*, n. 90, outono 2004.

10. MBEMBE, A. "Pouvoir des mortes et langages des vivants". In: *Politique Africaine*, n. 22, 1982.

11. LAN, D. *Guns and Rains*: Guerillas and Spirit Mediums in Zimbabwe. Berkeley: University of California Press, 1985.

ratoeira num galinheiro, numa pocilga, num curral, sob marteladas – e, simplesmente, ao ar livre![12] Para muitos dos atores da época, tratava-se mesmo de um combate maniqueísta[13]. Uma interpretação da vida e preparação para a morte, a luta pela descolonização revestia-se, em muitas ocasiões, da aparência de uma procriação poética. Para os heróis da luta – em particular, aqueles lembrados pelo canto popular – ela exigia a renúncia de si, uma capacidade impressionante de ascese e, em certos casos, a agitação do êxtase. A colonização havia trancado uma parte importante do globo numa rede imensa de dependência e dominação. O combate para acabar com ela tomou, em compensação, um aspecto planetário. Por ser um movimento de repotencialização, alguns o imaginaram como uma festa da libertação universal, a elevação do ser humano ao mais alto degrau de suas faculdades simbólicas, a começar pelo corpo inteiro, agitado ritmicamente em seus membros e sua razão pelo canto e pela dança – riso estridente e superabundância da vida. É isso que conferia ao combate anticolonialista sua dimensão ao mesmo tempo onírica e estética.

Cinquenta anos depois, que traços, que marcas, que restos permanecem dessa experiência de revolta, da paixão que a permeava, dessa tentativa de passagem de estado de coisa a estado de sujeito, da vontade de retomada da "questão do ser humano"? Há realmente qualquer coisa a se comemorar, ou, pelo contrário, seria preciso tudo recuperar? Recuperar quem, por que, como e sob quais condições? Em qual nova língua, cultura e discurso, neste caos nebuloso do presente? Se, como dizia Frantz Fanon, a comunidade descolonizada se definia por sua relação com o futuro, a experiência de uma nova forma de vida

---

12. Sobre esse tema de uma morte aceita livremente, cf. MANDELA, N. *Long Walk to Freedom*. Londres: Little Brown, 1995.
13. MINH, H.C. *Down with Colonialism*. Londres: Walden Bello/Verso, 2007.

e uma ligação nova com a humanidade[14], quem então redefinirá o conteúdo original para o qual uma forma nova deve ser criada? Se é preciso empreender de novo a viagem extraordinária para um novo mundo, isso será feito através de qual novo saber? Em suma, como restituir a vida àquilo que não é mais que uma estátua? Ou, já que a matéria é aparentemente inerte e hoje o assunto é embaraçoso, seria preciso simplesmente desmontá-la?

Pois, meio século mais tarde, no lugar de uma verdadeira retomada da posse de si e em vez da instância fundadora, o que vemos? Um bloco aparentemente sem vida que manifesta tudo, exceto a forma de um corpo vivo e jovial, desaparecendo sob uma camada dupla de cólera e de fetiches. Alguns objetos cintilam no meio de um rio que retrocede. E, no fundo do vulcão, jazidas ilegíveis à espera de escavações. Por que a África está esburacada e perfurada? Por que essa plenitude de deselegância e esse barulho que, sem cessar, ultrapassa o sujeito e parece afundá-lo num estado inominável? E esse furor que envolve a calma aparente das coisas, que só escapa de sua genealogia muda para desmoronar mais do que nunca no vazio? Em que momento a coisa será trabalhada? Para onde vamos então?

Uma restauração autoritária aqui, um multipartidarismo administrativo ali, magros avanços, de resto reversíveis, acolá – e, por quase todo lado, níveis muito elevados de violência social, até situações de enquistamento, de conflitos latentes ou de guerra aberta, com base numa economia de extração que, conforme a lógica mercantilista colonial, continua a enfatizar a predação: essa é a paisagem geral. Um turbilhão realmente destrutivo, irrefletido e brusco, passando por tantos desastres – aos quais é preciso adicionar azáfamas sem objetivo, a improvisação crônica, a indisciplina, a dispersão e o desperdício, e um peso de indignidade, desprezo e humilhação ainda mais tenaz do que na época colonial. Na maioria dos casos, os africanos não são sequer capazes

---

14. FANON, F. *Les damnés de la terre*. Op. cit.

de escolher livremente seus dirigentes. Países demais continuam à mercê de déspotas cujo único objetivo é ficar no poder por toda a vida. Por conseguinte, a maioria das eleições é manipulada. Os aspectos procedurais mais elementares da concorrência são sacrificados, mas mantém-se o controle sobre as principais alavancas da burocracia, da economia e especialmente das forças armadas, da polícia e das milícias. Como a possibilidade de derrubar o governo através das urnas praticamente não existe, apenas o assassinato, a rebelião ou a revolta armada podem contradizer o princípio da continuação indefinida do poder. Com a ajuda das manipulações eleitorais e sucessões de pai para filho, vive-se, *de facto*, sob chefes tribais disfarçados.

Para onde vamos?

Cinco tendências pesadas circunscrevem o futuro, envolvendo o horizonte imediato com uma cerca tempestuosa. A primeira é a ausência de uma ideia de democracia que sirva de base a uma verdadeira alternativa ao modelo predatório em vigor por quase todos os lugares. A segunda é o recuo de qualquer perspectiva de revolução social radical no continente. A terceira é a senilidade crescente das potências negras. Essa situação lembra, guardadas todas as proporções, os arranjos que prevaleciam no século XIX, quando, sem conseguir gerenciar de modo vantajoso a pressão externa, a maioria das comunidades políticas se autodestruiu em guerras de sucessão intermináveis. A quarta é o enquistamento de partes inteiras da sociedade e o desejo irreprimível, para centenas de milhões de pessoas, de viver em qualquer lugar do mundo que não o seu país — uma vontade geral de fuga, abandono e deserção; uma rejeição da vida sedentária por não poder considerá-la nem residência nem repouso. A essas dinâmicas estruturais junta-se uma outra: a institucionalização de práticas de extorsão e predação, de espasmos bruscos, de motins sem futuro que, ocasionalmente, transformam-se com facilidade em guerras de pilhagem. Essa espécie de lúmpen-radicalismo – na verdade, uma violência sem projeto político alternativo – não é carregada somente pela "ralé social", da qual a "criança-soldado" e o "desempregado" das favelas constituem símbolos trágicos. Essa espécie de populismo sanguinolento também é mobilizada, quando preciso, pelas forças sociais que, após conseguirem tomar o controle do aparelho de Estado, transformam-no no instrumento para o enriquecimento de uma classe, ou simplesmente num recurso privado, ou ainda numa fonte de monopolização de qualquer coisa. Com o risco de utilizar o Estado para destruir o Estado, a economia e as instituições, essa classe está disposta a tudo para preservar o poder – e, além disso, aos seus olhos a política nada mais é do que uma maneira de conduzir a guerra civil ou a luta étnica e racial por outros meios.

Mas é no plano cultural e do imaginário que as transformações em curso estão mais vivas. A África não é mais um espaço circunscrito cujo lugar pode ser definido e que esconderia um segredo ou um enigma, e que, além disso, pode ser demarcado. Mesmo que o continente ainda possa ser chamado de lugar, ele é, para muitos, um lugar de passagem ou de trânsito. É um lugar em vias de se desfazer num modelo nômade, transitório, errante e de asilo. O sedentarismo tende a tornar-se a exceção. Os Estados, onde existem, são nós mais ou menos justapostos que as pessoas tentam ignorar; são como entroncamentos, espaços de passagem. Uma *cultura de trilhas*, então – especialmente para aqueles que estão a caminho de outro lugar. Entretanto, há muitos obstáculos a superar num mundo hoje rodeado de barreiras e coberto de muralhas. Para milhões dessas pessoas, a globalização ainda não representa o tempo infinito da circulação. Ela é o tempo das cidades fortificadas, dos acampamentos e dos cordões, das clausuras e dos cercados, das fronteiras contra as quais as pessoas batem e que, cada vez mais, servem como estelas ou obstáculos tumulares – a morte delineada em contato com o pó ou as ondas; o corpo-objeto arremessado lá, estendido diante do vazio. Hoje a África é em sua maioria povoada de passantes em potencial.

Diante da pilhagem, das várias formas de rapacidade, corrupção e doença, da pirataria e das muitas experiências de violação, eles estão dispostos a afastarem-se de seu lugar natal, com a esperança de reinventarem-se e reenraizarem-se em outro lugar. Alguma coisa está brotando, aos borbotões, violenta, da roda de fiar que constitui a ociosidade das forças vivas do continente, a fuga alucinada diante da alternativa terrível: ficar lá, no brilho da magreza extrema, e correr o risco de se tornar simples carne humana, ou se deslocar, partir, a qualquer preço.

Essas observações ásperas não significam que não exista qualquer aspiração sadia à liberdade e ao bem-estar na África. Entretanto, esse desejo tem dificuldade de encontrar uma linguagem, práticas efetivas e especialmente uma tradução em instituições novas e numa cultura política nova, onde a luta pelo poder não seja mais um jogo de soma zero. Para que a democracia se enraíze na África, seria preciso que ela fosse carregada por forças sociais e culturais organizadas; por instituições e redes fundadas diretamente pelo gênio, pela criatividade e principalmente pelas lutas cotidianas das próprias pessoas e de suas tradições de solidariedade. Mas isso não é o bastante. Também é preciso uma Ideia da qual tudo isso será a metáfora viva. Assim, por exemplo, ao rearticular a política e o poder em torno da crítica das formas da morte, ou mais precisamente em torno do imperativo de nutrir as "reservas de vida", poderíamos abrir o caminho para um novo pensar da democracia num continente onde o poder de matar continua mais ou menos ilimitado, e onde a pobreza, a doença, e os riscos de todo tipo tornam a existência incerta e precária. No fundo, esse pensar deve ser uma mistura de utopia e de pragmatismo. Ele deve ser, necessariamente, um pensar daquilo que virá, da emergência e da revolta. Mas essa revolta deve ir muito além da herança dos combates anticolonialistas e anti-imperialistas cujos limites, no contexto da globalização e tendo em vista aquilo que ocorreu desde as independências, são hoje evidentes.

Entretanto, três fatores decisivos constituem freios a uma democratização do continente. Primeiro, uma certa economia política. Em seguida, um certo imaginário do poder, da cultura e da vida. E, por fim, estruturas sociais que têm como uma de suas características salientes a conservação de sua forma aparente e de seus disfarces antigos enquanto se transformam profundamente sem parar. Por um lado, a brutalidade das coerções econômicas que os países africanos sofreram no último quarto do século XX – e que prosseguem sob a autoridade do neoliberalismo – contribuiu para a fabricação de uma multidão de "gente sem lugar", cuja aparição na cena pública ocorre cada vez mais sob a forma de tumultos, ou, pior, de matanças por ocasião de explosões xenófobas e lutas étnicas, principalmente logo após eleições manipuladas, no contexto de protestos contra o custo de vida, ou também no quadro de guerras pela monopolização de recursos raros. Em sua maior parte deslocadas para favelas, sem escolarização, privadas de qualquer certeza de casar ou de constituir uma família, essas pessoas objetivamente não têm nada a perder, e além disso estão mais ou menos estruturalmente abandonadas – condição da qual muitas vezes elas só podem escapar através da migração, da criminalidade e de todo tipo de ilegalidades.

É uma classe de "supérfluos" com a qual nem o Estado (onde existe), nem o próprio mercado sabem o que fazer; gente que não se pode mais vender como escravizados, como no começo do capitalismo moderno, nem reduzir a trabalhos forçados, como na época colonial e sob o *apartheid*, nem armazenar em instituições penitenciárias como nos Estados Unidos. Do ponto de vista do capitalismo que funciona nessas regiões do mundo, essa gente constitui carne humana vergada sob a lei do desperdício, da violência e da doença, entregue ao evangelismo norte-americano, aos cruzados do Islã e a todo tipo de fenômenos de feitiçaria e de iluminação. Por outro lado, a brutalidade das coerções econômicas também esvaziou completamente o projeto democrático, reduzindo-o a uma simples formalidade – um artifício sem conteúdo e um ritual privado de eficácia simbólica. A tudo isso convém adicionar, como acabamos de sugerir, a incapacidade de sair do ciclo de extração e predação cuja história, além disso, data de antes da colonização. Esses fatores, em conjunto, têm enorme influência sobre as formas que a luta política assume em muitos países pós-coloniais.

Junta-se a esses dados fundamentais o evento que foi a grande difração social que iniciou no começo da década de 1980. Essa difração da sociedade levou, em quase todos os lugares, a uma informalização das relações sociais e econômicas, a uma fragmentação sem precedentes do campo das regras e das normas e a um processo de desinstitucionalização que não poupou sequer o próprio Estado. Essa difração também provocou um grande movimento de abandono da parte de vários atores sociais, abrindo o caminho para novas formas de luta social – por baixo, uma luta sem piedade pela sobrevivência e centrada em torno do acesso a recursos básicos; pelo alto, a marcha das privatizações. Hoje em dia, a favela tornou-se o ponto nevrálgico dessas novas formas de "secessão" sem revolução, de confrontos sem líderes aparentes, de tipo molecular e celular, e que combinam elementos da luta de classes, luta das raças, luta étnica, milenarismos religiosos e lutas de feitiçaria.

Além disso, conhecemos a fraqueza das oposições. O poder e a oposição operam em função de um curto prazo marcado pelo improviso, por arranjos pontuais e informais, por compromissos e comprometimentos diversos, pelos imperativos da conquista imediata do poder ou da necessidade de conservá-lo a qualquer preço. Alianças são feitas e desfeitas constantemente. Mas, acima de tudo, a África permanece sendo uma região do mundo onde o poder, qualquer que seja e sob a chancela dos déspotas, concede-se automaticamente a imunidade. As coisas na verdade são simples. O potentado é uma lei em si mesmo. Sua lei, em muitos

27

casos, é a da extração e da monopolização e, eventualmente, do assassinato. Ossatura pesada opressiva e nodosa, sua função é urdir um laço fúnebre entre a vida e o terror. Ao tomar a morte pela vida e ao manter os dois termos numa relação de troca infernal e quase permanente, ele pode assim renovar, quase a seu bel-prazer, os ciclos predatórios que, de um em um, enfiam cada vez mais a África no meio-dia dionisíaco daquilo que Bataille chamava de "dispêndio".

Democratização e internacionalização

A descolonização da África não foi somente uma questão africana. Tanto antes quanto durante a Guerra Fria, ela foi uma questão internacional. Muitas potências externas só a aceitaram da boca para fora. Algumas opuseram uma recusa às vezes militante ao imperativo de uma descolonização que andava de mãos dadas com a democratização ou, como no exemplo da África austral, com um grau substancial de desracialização. Em seu quintal africano, a França dos anos de 1950 e 1960 recorreu, quando necessário, à corrupção e ao assassinato[15]. Ainda hoje ela é conhecida, com ou sem razão, pelo apoio mais tenaz, astuto e indefectível aos despotismos mais corruptos do continente e exatamente aos regimes que deram as costas à causa africana. Há duas razões para isso: por um lado, as condições históricas nas quais se efetuaram a descolonização e o regime de impostos que cimentaram os acordos desiguais "de cooperação e defesa" assinados na década de 1960; por outro lado, a fraqueza revolucionária, a impotência e a desorganização das forças sociais internas. Os acordos secretos – onde certas cláusulas tratavam do direito de propriedade ao solo, ao subsolo e ao espaço aéreo das ex-colônias – não tinham como objetivo liquidar a relação

---

15. CHAFFARD, G. *Les carnets secrets de la décolonisation*. Paris: Calmann-Lévy, 1965.

colonial, mas sim de estabelecê-la em contrato e terceirizá-la para procuradores nativos. Longe de serem simples joguetes nas mãos de um prestidigitador, esses últimos dispunham, não obstante, de uma autonomia relativa da qual às vezes souberam desfrutar a ponto de se constituírem, meio século mais tarde, numa verdadeira "classe" com tentáculos hoje transnacionais.

Os Estados Unidos talvez não tenham se oposto ativamente à democratização da África. Em grande parte, o cinismo, a hipocrisia e a instrumentalização foram o suficiente – ainda que, descontando o moralismo, evangelismo e anti-intelectualismo, várias instituições privadas americanas tenham enviado apoio de várias formas para a consolidação das sociedades civis africanas. Um fato fundamental do meio século vindouro será a presença da China na África – uma potência sem Ideia. Se essa presença não aparece como um contrapeso, ela é ao menos um recurso contra o comércio desigual tão característico das relações que o continente africano trava com as potências ocidentais e as instituições financeiras internacionais. Entretanto, por ora a relação com a China não sai do modelo de economia de extração – modelo que, somado à predação, constitui a base material das tiranias negras. Assim, não se deve ter a expectativa de que a China seja de grande ajuda nas lutas futuras pela democracia. A influência da outra potência em ascensão, a Índia, é por enquanto irrisória apesar da presença de uma diáspora solidamente estabelecida na África Oriental e Austral. Quanto à África do Sul, ela não pode, sozinha, promover a democracia na África. Ela não tem nem os meios, nem a vontade, nem os recursos de imaginação. De qualquer forma, ela precisa primeiro aprofundar a democracia nela mesma antes de pensar em promovê-la para os outros.

Diante da ausência de forças sociais internas capazes de impor, se necessário pela força, uma transformação radical das relações sociais e econômicas, é preciso imaginar outras vias para um renascimento possível. Elas serão longas e sinuosas. Entretanto, as linhas de pressão se multiplicam, mesmo que estejam acompanhadas de formas perversas de reterritorialização[16]. Logo será preciso sair da alternativa perversa: fugir ou perecer. O que se deve conseguir é uma espécie de *"New Deal"* continental negociado coletivamente pelos diferentes estados africanos e pelas potências internacionais – um *New Deal* em favor da democracia e do progresso econômico que venha completar e concluir de uma vez por todas o capítulo da descolonização. Sobrevindo mais de um século depois da famosa conferência de Berlim que inaugurou a partilha da África, esse *New Deal* receberia um subsídio econômico para a reconstrução do continente. Mas também envolveria uma parte jurídica e penal: mecanismos de sanção e até de banimento, cuja aplicação seria necessariamente multilateral e cuja inspiração poderia ser encontrada nas transformações recentes do direito internacional. Isso implicaria a possibilidade de regimes culpados de crimes contra seus povos serem depostos legitimamente pela força e dos autores desses crimes serem processados perante a justiça penal internacional. A própria noção de "crime contra a humanidade" deve ser sujeitada a uma interpretação estendida que inclua não apenas os massacres e violações graves de direitos humanos, mas também os delitos graves de corrupção e de pilhagem dos recursos naturais de um país. É evidente que atores privados locais ou internacionais poderiam igualmente ser visados por tais disposições. É nesse nível de profundidade histórica e estratégica que, de hoje em diante, importa visualizar a questão da descolonização, da democratização e do progresso econômico na África. Certamente, a democratização da África é, antes de tudo, uma questão africana. Ela claramente passa pela constituição de forças sociais capazes de fazê-la nascer, de apoiá-la e defendê-la. Mas ela é igualmente uma questão internacional.

---

16. FERGUSON, J. *Global Shadows*: Africa in the Neoliberal World Order. Durham: Duke University Press, 2006.

Novas mobilizações

Para o meio século que virá, parte do papel dos intelectuais, das pessoas cultas e da sociedade civil africana será justamente ajudar, por um lado, a constituição dessas forças na base e, pelo outro, a internacionalizar a "questão da África" concentrando-se nos esforços dos últimos anos que visam tornar mútuos a segurança e o direito internacional e que viram a aparição de instâncias de jurisdição supraestatais. Também é preciso ir além da concepção tradicional da sociedade civil, herdada diretamente da história das democracias capitalistas. Por um lado, é preciso dar conta do fator objetivo que é a multiplicidade social – multiplicidade de identidades, alianças, autoridades e normas – e, a partir dele, imaginar novas formas de lutas, mobilização e lideranças. Por outro lado, a necessidade da criação de uma mais-valia intelectual jamais foi tão urgente. Essa mais-valia precisa ser reinvestida num projeto de transformação radical do continente. A criação dessa mais-valia não será unicamente obra do Estado. Ela é a nova tarefa das sociedades civis africanas. Para alcançar isso é preciso sair a qualquer preço da lógica do humanitarismo, ou seja, da urgência e das necessidades imediatas que, até hoje, colonizam o debate sobre a África. Enquanto a lógica da extração e da predação que caracteriza a economia política das matérias-primas na África não for rompida, e com ela também os modos existentes de exploração das riquezas do subsolo africano, não registraremos muito progresso. O tipo de capitalismo que favorece essa lógica reúne muito bem o mercantilismo, desordens políticas, o humanitarismo e o militarismo. Já vimos as premissas desse tipo de capitalismo na época colonial, com o regime das sociedades concessionárias. E tudo de que esse sistema precisa para funcionar são enclaves fortificados, cumplicidades frequentemente criminosas no coração das sociedades locais, o menor Estado possível e a indiferença internacional.

A descolonização sem a democracia é uma forma lastimável de retomada da posse de si – fictícia. Mas se os africanos desejam a democracia, são eles que devem imaginar suas formas e pagar o preço por elas. Ninguém o fará por eles. Nada será obtido a crédito. Apesar disso, será necessário que eles se apoiem em novas redes de solidariedade internacional, uma grande coalizão moral por fora dos Estados que reúna todos aqueles que acreditam que, sem sua parte africana, nosso mundo não apenas será mais pobre em espírito e humanidade, mas também que sua segurança será, mais do que nunca, gravemente hipotética.

1

A partir do crânio de um morto: trajetórias de uma vida

"A noite do mundo deve ser pensada como um destino que ocorre próximo ao pessimismo e ao otimismo. Talvez a noite do mundo esteja se aproximando de sua meia-noite. Talvez esta era vá se tornar agora, por completo, o tempo de penúrias. Mas talvez não, ainda não, jamais, apesar da necessidade incomensurável, apesar de todos os sofrimentos, apesar da miséria sem nome, apesar da carência incessante de descanso e de paz, apesar da aflição crescente." Assim fala Heidegger num texto intitulado "Para que poetas?"[1] Nessas linhas, Heidegger discute e prolonga a elegia de Hölderlin intitulada "Pão e vinho", esforçando-se principalmente para responder à pergunta: "Para que poetas em tempos de penúrias?" Como o "tempo de penúrias" é longo, Heidegger estima que mesmo o terror, "tomado por si mesmo como causa possível de uma mudança, nada pode enquanto não houver uma mudança nos mortais". Ora, ele continua, "só há uma mudança nos mortais quando eles passam a habitar seu próprio eu". E, para concluir: "ser poeta em tempos de penúrias significa: ao cantar, prestar atenção a traços dos deuses fugitivos", partir da "miséria essencial dos tempos" ao mesmo tempo que "quanto

---

1. HEIDEGGER, M. "Pourquoi des poètes?" In: *Chemins qui ne mènent nulle part*. Paris: Gallimard, 2006 [1962].

mais a noite do mundo se aproxima da meia-noite, mais exclusivamente reina a penúria, de modo que sua essência se oculta" e seus traços se apagam.

Mas também é preciso não entenebrecer o indivíduo ao celebrar a beleza do mal e as mitologias que buscam precisamente arregimentar o espírito, como fez o próprio Heidegger em sua relação com o projeto nazista. Também é preciso resistir à cumplicidade por encantamento, e saber em qual direção nosso canto caminha, e qual é sua pertença no "destino da noite do mundo".

Fragmento de memória

Julho. Eu nasci num dia de julho, quando o mês se aproximava do fim, naquela região da África que foi chamada, tardiamente, de "Camarões", como lembrança do assombro dos marinheiros portugueses do século XV quando, subindo o rio nos arredores de Duala, não puderam deixar de notar a presença de uma infinidade de crustáceos, e assim batizaram o local de "Rio dos Camarões". Eu cresci à sombra dessa região sem nome próprio porque, num certo sentido, o nome que ela recebeu é apenas o produto do espanto de um outro – um equívoco, deve-se dizer, léxico. Na orla de uma das numerosas florestas do sul, passei muito tempo à sombra de uma aldeia cujo nome é sem nome – muito tempo à sombra de suas histórias, de suas pessoas. Ainda me lembro de todas essas pessoas. Tanto daqueles e daquelas que faleceram durante minha adolescência quanto daqueles e daquelas que morreram mais tarde, na minha ausência, visto que parti. Eu ainda sei seus nomes e posso rever seus rostos. Ainda escuto o barulho do tambor que anunciava a passagem de alguém para o outro mundo. Eu digo "passagem" porque essa era a palavra que minha própria mãe utilizava para não ter que pronunciar o terrível Outro que é a "morte". Tudo isso, aprendi nessa aldeia.

Eu me lembro também dos cortejos e dos funerais, das histórias que eram contadas nessas circunstâncias: de fulano ou sicrano cujo espectro foi encontrado, num dia ofuscante, nos campos onde ele costumava trabalhar. E de beltrano, cujo duplo, erguido das entranhas da terra, voltava a andar, cortar lenha, recolher o vinho de palma, visitar uma moradia depois do anoitecer, refazendo assim o caminho jamais fechado que, desde sempre, deve levar da vida à morte e vice-versa, numa espécie de epifania mágica que deixava meu espírito completamente fascinado de medo e de êxtase ao mesmo tempo. Eu revejo as tumbas no anteparo das cabanas, ou na beira da estrada, assim como no cemitério abandonado, no centro da aldeia, bem diante da concessão do chefe, no meio das árvores e de uma ou duas palmeiras que já demonstravam o peso da idade, perto dos coqueiros e da capela, e onde, um dia, o trator que trabalhava na reparação da estrada acabou abrindo uma sepultura, perturbando alguns velhos ossos humanos, dispersando-os e arrastando-os ao longo do canal, parecidos com objetos extraviados, jogados diante de nossos olhos, quase como farrapos.

E depois havia os rituais, como por exemplo as vigílias que duravam nove noites, às vezes mais, por causa do costume de proteger os cadáveres recém-enterrados contra bandidos e vendedores de ossadas humanas. Noites de medo, juro. Sobretudo quando os cães começavam a latir, ou quando uma chuva diluviana ou um exército de formigas selvagens se abatia sobre a aldeia, perturbando o sono das galinhas, obrigando carneiros, cabras e cabritos a saltar cada vez mais, relâmpagos aterradores penetrando as trevas e fazendo ressurgir a memória de tempos muito antigos, dos dias anteriores à civilização.

Eu também me recordo da escola da missão católica, entre a igreja e o posto de saúde, perto do cemitério atrás das mangueiras e diante do bananal, onde repousavam não sei quantos corpos, sob lápides que pareciam túmulos intermináveis mais ou menos retilíneos, mas na verdade dispersos no espaço, na ladeira de algo que parecia uma colina em cujo pé corria um pequeno regato. Alguns dias, ao entardecer, antes da noite lenta e estrelada chegar, eu podia visualizar as sepulturas que vira ao meio--dia enquanto os estudantes jogavam futebol. E, silenciosamente, perguntava-me se algum dia seria capaz de construir um discurso sobre essas sepulturas, seus traços tão secos sob a foice do sol, sua cor ocre tão evidente, essas sepulturas tão envoltas em sombras que deixavam-me melancólico, enchiam-me de tristeza e de pena, como se, já nessa idade, todo o passado estivesse perdido, o infinito do céu obstruído, e o fim do mundo muito próximo.

Ainda hoje, apesar de tantas outras marcas, não consigo explicar nem como nem por que esse texto vertiginoso, quero dizer essa coisa que chega a todos e que chamamos de morte, como tudo isso se tornou tão inseparável desses dias de transumância, nas paragens de minha adolescência, e das lembranças errantes que deles guardei. Nunca entendi por que as trevas da noite, máscara opaca mas tão penetrável, enchiam-me toda vez de um terror indescritível, com seu enxame de pirilampos – cada um deles incubava um fantasma, diziam –, com seus cantos lúgubres de mochos – ocupados em devorar a carne de outras pessoas, diziam –, esses cantos com gosto de ferrugem, sujos pela corrupção de feitiçarias, esse tipo de dilapidação, de consumo perverso e desmesurado, que sobrevivia às dilacerações do dia e às eras do mundo, como o crânio das cavernas.

Dezembro. Toda noite, a névoa descia sobre o matagal, e, de manhãzinha, molhava as veredas parecidas com navios de casco rasgado, encalhados na margem do rio. Era o anúncio do Natal, essa outra sequência do calendário cristão, já que para muitas das pessoas da aldeia as lendas fantasiosas do cristianismo haviam se tornado, pelo menos desde a década de 1930, um labirinto de todos os possíveis pelo qual o próprio horizonte era reconduzido ao alcance de nossas cabeças. Também havia a Páscoa, precedida, todo ano, pelo Domingo de Ramos e por intermináveis vias--crúcis: a Quaresma, evidentemente, a oração, a penitência, os

36

cantos monótonos das velhas gaguejando o *Stabat Mater* no meio da tarde, as quatorze estações, a crucificação e o sepultamento, Judas, Pilatos, o calvário e a ressurreição. Eu não era religioso. Mas, por muito tempo, o crucifixo não cessava de me intrigar. Com efeito, eu não entendia por que, enquanto o homem era pregado na madeira, perturbado profundamente pelo desgosto, pela sede, pelo sofrimento e pela febre – pelo menos, imagino que fosse o caso – por que o Cristo não babava sem parar, por que o supliciado, submetido a essa tortura monstruosa, não ficava com os sentidos desregrados, por que Ele não se rebentava de estertores, não se prostrava, não era tomado pela loucura, por que, no meio desse terror extremo, seus olhos não estavam arregalados e esgotados, por que Ele não chorava, por que Ele não estava irreconhecível e desfigurado, por que Ele tinha um rosto tão sereno, a ponto de sorrir, a ponto de emanar aquele clarão mágico que dava à sua coroa de espinhos e à sua estátua um ar de disparate, e que arriscava transformar sua morte e seu nome em alcunhas vulgares?

Eu não sabia o que pensar do cristianismo até que, bem mais tarde, numa noite na biblioteca dos padres dominicanos, peguei nas mãos quase por acaso um livro do teólogo peruano Gustavo Gutiérrez chamado *Teologia da Libertação*[2]. O peruano me ajudou a repensar o cristianismo como memória e linguagem de insubmissão, narrativa da libertação e relação com um evento que não importa que seja simbólico, hiperbólico, mítico ou histórico – a morte e a ressurreição de um homem nascido em Belém e crucificado no Gólgota, ao final de um calvário penoso, pelo poder público. Ele também me ajudou a concebê-lo como uma narrativa crítica dos despotismos e das autoridades, uma poética social, um sonho subversivo e uma memória partidária, a atuação de uma linguagem (própria e figurada) sobre o sentido da vida. Mais ainda, Ele me fez compreender que o além-vida merece ser

---

2. GUTIÉRREZ, G. *Théologie de la Libération*. Bruxelas: Lumen Vitae, 1971.

pensado por si mesmo, como pré-requisito de qualquer habitação do mundo histórico.

Assim se escavava a existência durante esses anos, parecida com um horizonte de areia, no meio de uma multidão de signos tão efêmeros quanto eternos. Desde que posso me lembrar, jamais tive vontade nem de me deleitar com os dias – que, então, não pareciam se apressar muito – nem de enterrá-los em livros velhos, e nem mesmo de encarcerá-los no tempo, que, desde então, não parou de se modificar, a tal ponto que me pergunto, supondo que hoje tudo recomeçasse, se eu realmente aproveitaria melhor cada um desses enigmas. Ora, pois, tudo isso é apenas uma parte ínfima, um fragmento de imagens de um passado cujos indícios são tão numerosos, cujos deslocamentos são tão furtivos, que toda narrativa necessariamente perde sua certeza, exatamente onde o esquecido e o não dito ganham autoridade. Eu cresci nessa região sobre a qual ainda haveria muitas coisas a contar. E a parte dela que me serviu como identidade devo em grande medida àquilo que vivi nesse país a cuja memória sempre recorro, o mais perto possível do lugar que me viu nascer e de suas emoções. Depois, um dia, parti.

O banquete trágico

Nascido logo após as independências, sou então, em grande medida, o produto da primeira era do pós-colonialismo – de sua infância e adolescência. Cresci na África à sombra dos nacionalismos triunfantes. Na época, a dívida, o ajuste estrutural, o desemprego em massa, a grande corrupção e a grande criminalidade, a rapinagem, até mesmo as guerras de predação eram parte pequena da experiência ordinária – ou, pelo menos, não tinham o mesmo grau de intensidade de hoje em dia. Em particular no meu país natal, o que havia era a questão da luta contra o que se chamava então de "rebelião" e "terrorismo".

Logo após a Segunda Guerra Mundial surgiu em Duala, a principal cidade do país, um movimento anticolonialista que tinha como uma das principais reivindicações políticas a independência imediata[3]. Muito rapidamente, a ideia de liberdade, de autoconstituição e de autogoverno ganhou corpo e se expandiu para todas as camadas sociais, pelo menos no sul do país. Quando a repressão colonial se intensificou durante o ano de 1955, o movimento de independência foi forçado a uma luta armada para a qual não estava pronto. Ele foi derrotado militarmente pela França, que se aproveitou disso para, no momento da descolonização, deixar o poder para seus colaboradores locais[4]. Os dirigentes nacionalistas que haviam entrado na clandestinidade foram executados. Seus restos mortais foram profanados e eles foram enterrados rapidamente, como se fossem bandidos de estradas. Em especial, esse foi o caso de Ruben Um Nyobè, cujo assassinato prefigurou tantos outros – Patrice Lumumba, Amílcar Cabral, Eduardo Mondlane, a longa lista dos mártires africanos da independência[5]. Aqueles que tomaram o caminho do exílio foram, na maior parte, perseguidos e assassinados, como Félix Moumié. Outros ainda persistiram na luta armada durante a primeira década da independência. Eles foram presos. Alguns, como Osendé Afana[6], foram decapitados. Outros, como por exemplo Ernest Ouandié, foram executados publicamente ao final de um circo judiciário[7].

Essa luta armada, inicialmente dirigida contra a metrópole colonial, mas que ganhou as características de uma guerra civil após a proclamação formal de independência em 1960, foi ridiculamente rotulada como "terrorismo" por nosso governo, que

---

3. JOSEPH, R. *Le Mouvement Nationaliste au Cameroun*. Paris: Karthala, 1986.
• MBEMBE, A. *La naissance du maquis dans le Sud-Cameroun*. Op. cit.
4. BAYART, J.-F. *L'État au Cameroun*. 2. ed. Paris: Presses de la FNSP, 1985.
5. Cf. UM NYOBÈ, R. *Le problème national camerounais*. Paris: L'Harmattan, 1984. • UM NYOBÈ, R. Écrits *sous maquis*. Paris: L'Harmattan, 1989.
6. AFANA, O. *L'Économie de l'Ouest Africain* – Perspectives de développement. Paris: François Maspero, 1966.
7. BETI, M. *Main basse sur le Cameroun*. Paris: La Découverte, 2010 [1972].

entendia assim negar a ela qualquer significado moral e político. Com isso, ele pôde suspender a lei, proclamar um estado de emergência permanente, a fim exatamente de vencê-la através de meios extralegais. Para apagar da memória da nação os eventos ligados à luta pela independência, os nomes dos principais protagonistas do movimento nacionalista foram banidos do discurso público. Muito tempo depois de suas execuções era proibido citá-los em público, referir-se a seus ensinamentos e portar seus escritos. Tudo se passava como se eles nunca tivessem existido e como se sua luta tivesse sido apenas uma atividade criminosa banal. Ao fazer isso, o novo Estado independente supunha escapar da pergunta outrora feita a Caim: "Onde está o seu irmão Abel?" Consequentemente, na cabeceira do Estado independente jazia o *crânio de um parente morto*.

Minha tia foi a esposa de Pierre Yém Mback. Ele foi assassinado na mesma época que Ruben Um Nyobè em 13 de setembro de 1958, no acampamento da resistência em Libel-li-Ngoy, nos arredores de Bumnyébel. Pierre Yém Mback era o filho único de Susana Ngo Yém. Foi ela que, por muito tempo depois da morte de seu filho, cuidou da viúva de Yém — minha tia — e dos filhos dela. Seguindo a mais pura tradição africana, eu considerava Susana minha avó. Do mesmo modo que a maior parte de nossa gente humilde, sua vida tinha sido uma sequência de provações e lutas, cada uma sempre mais difícil do que a outra. Mas essa longa vida de lutas pouco corroera sua beleza física, muito menos subjugara seu espírito, apesar do quinhão de agruras que ela suportou ter deixado traços de melancolia em seu coração. Fui muitas vezes testemunha dessa tristeza misturada com dor e esperança quando, por exemplo, ela se metia a entoar os cantos que haviam sido o ritmo da luta pela independência. Alguns dias, durante uma tarefa doméstica, eu a ouvia cantar sozinha os cantos de lamentação. Eu imagino que, como Um fora privado de um funeral depois de sua morte e enterro às pressas no cemitério da missão presbiteriana de Éséka, esses cantos serviam para acompanhar sua sombra e abrir a ela o caminho de um repouso possível, como compensação da injustiça inqualificável de que ele foi vítima depois de sua morte. Aprendi muito cedo que esses cantos significavam duas coisas. Por um lado, eles tratavam do luto da presença, do protagonista final do lamento e do consolo. Por outro, eles indicavam um evento, um aparecimento depois do qual, por fim, ocorreu um desvanecimento. Era esse, em suma, o enigma do qual Um era a manifestação, ou, mais precisamente, a parábola, ou ainda o mistério.

Foi então minha avó que, através de seus cantos de lamentações, me pôs na pista de um homem desaparecido, cuja memória, sepultada sob os escombros das proibições e da censura do Estado, era escrita – como descobri mais tarde – quase foneticamente, diante de um esquecimento oficial cujo excedente de significação, manifesto, bastava para constituir uma confissão. Porque no próprio ato de esquecer – fábula oficial que ameaçava consigná-lo para sempre à inexistência e exilá-lo para o caos do inominado – ainda restava alguma coisa de Um. No inconsciente dessa região da África que foi chamada tardiamente de Camarões, seu nome e o texto que sua morte constituía não haviam desaparecido. Mas o Estado negro não reconhecia nem essa morte nem dívida alguma quanto a esse nome. Na época, eu estava longe de imaginar que todo grafema – e a morte de Um era o grafema por excelência – era, essencialmente, testamentário. E que no próprio ato de esquecer Um, de ter um discurso de cima para baixo sobre esse assunto, de dizer que ele não era "nada", o poder negro revelava paradoxalmente o caráter insubstituível do morto, assim como é verdade que só se pode desfazer algo que foi previamente constituído.

Por mais que eu coloque isso em perspectiva, acredito que se me distanciei espiritualmente tanto de meu país natal sem, apesar disso, deixar de me preocupar com ele – sem que ele deixe de me preocupar –, isso ocorreu em grande parte por causa de sua recusa em reconhecer esse crânio. Essa questão da recusa da sepultura e do banimento dos mortos que caíram durante as lutas pela independência e autodeterminação, esse ato originário de crueldade no encontro do "irmão", tudo isso tornou-se muito cedo não apenas o objeto principal do meu trabalho acadêmico, mas também o prisma através do qual, como percebo hoje, minha crítica da África – enquanto lugar que abriga o crânio de um parente morto – ganhou corpo e se desenvolveu[8]. Ao inaugurar sua vida entre as nações recusando a sepultura a um parente morto, meu país natal manifestou não somente sua vontade de fundar uma ordem política baseada na recusa radical da humanidade do adversário político. Ele marcou também sua preferência por uma política da crueldade no lugar de uma política da fraternidade e da comunidade. Ele sacrificou a ideia de uma liberdade pela qual se lutou à ideia de uma independência que o senhor, em sua magnanimidade, quis outorgar a seu ex-escravizado.

A potência do simulacro

Pelo menos é assim que hoje as coisas me parecem. Porque, durante minha juventude, o discurso oficial só tinha palavras para "a ordem e a disciplina", o "desenvolvimento autocentrado", a "autossuficiência alimentar", "a paz e a união nacional". Eram várias as técnicas para nos fazer assimilar essa catequese. Como exemplo, todas as crianças escolarizadas precisavam cantar o hino nacional todas as manhãs:

Ó Camarões, berço de nossos ancestrais,
Ande aprumado e cioso de sua liberdade,
Como um sol sua bandeira orgulhosa deve ser,
Um símbolo ardente de fé e de união.

---

8. Cf. em particular MBEMBE, A. *Afriques indociles*: christianisme, pouvoir et État en société postcoloniale. Paris: Karthala: 1988. • *La naissance du maquis dans le Sud-Cameroun*. Op. cit. • *De la postcolonie*: essai sur l'imagination politique dans l'Afrique contemporaine. Paris: Karthala: 2000.

Que todas suas crianças do norte ao sul,
Do leste ao oeste sejam todo amor,
Servir-te, que isso seja seu único objetivo,
Sempre cumprir o seu dever;

Cara pátria, terra querida,
És nossa única e verdadeira felicidade,
Nossa alegria, nossa vida,
A ti o amor e a grande honra.

Nós aprendíamos a cantá-lo com fervor, de torso arqueado e timbre claro, diante da bandeira tricolor tremulante. Nós sabíamos que os outros países tinham suas bandeiras. Mas a nossa, com seu verde, vermelho e amarelo flamejantes, marcada por uma estrela, era de fato a única que tínhamos o dever de honrar. Todo ano, a festa nacional era celebrada patrioticamente. Nós participávamos com entusiasmo do desfile. Sabíamos que, ao passar diante da tribuna oficial, devíamos marchar, como pequenos soldados, erguendo bem alto as bandeirolas, tecendo louvores ao déspota e jurando nossa vida para a nação. É que, para nós, a nação e o déspota sempre foram a mesma coisa. O déspota engendrara a nação, que sentia-se completamente agraciada pelo déspota, que, por conseguinte, era seu "pai", o "guia esclarecido", o "construtor incansável", o "grande timoneiro", o "primeiro camponês" e o "primeiro desportista". "Um único povo, um único partido, um único chefe" – assim proclamava o lema oficial.

Nosso déspota tinha tanta necessidade de ser amado! E nós, o povo inteiro, o amávamos sempre que possível. Por exemplo, sua figura decorava todos os espaços públicos. Acontecia de ela nos acompanhar nas residências privadas. Todo grande local público, todo cruzamento importante, toda avenida principal, o estádio nacional de futebol – tudo que importava no país recebia automaticamente seu nome. Seu rosto honrava nossa moeda nacional, outorgando a ela seu verdadeiro valor. A cada cinco anos, à véspera de cada eleição presidencial, o "guia esclarecido" recebia, de todas as "forças vivas" do país, inumeráveis "moções de apoio". Através desse gesto "espontâneo", nós lhe implorávamos para se tornar novamente nosso candidato único na eleição. E, a cada cinco anos, no final do congresso de nosso único grande partido nacional, ele declarava com voz forte, sob as aclamações do povo: "Pois bem, eu aceito! Eu aceito! Eu aceito!" Ele aceitou tantas vezes que, durante mais de vinte anos, minha geração efetivamente não conheceu mais do que um partido e um único chefe "eleito regularmente" com contagens que todas as vezes aproximavam 99% dos votos[9].

Potência do simulacro, nós éramos então descolonizados, mas será que por isso éramos livres? A independência sem liberdade, a liberdade incessantemente adiada, a autonomia na tirania – era essa, como descobri mais tarde, a assinatura própria da pós-colônia, o verdadeiro legado da farsa que foi a colonização. Talvez hoje não nos demos conta, mas, contando tudo, a África não herdou grande coisa de todos os anos coloniais. No meu país natal, em particular, quase não havia infraestrutura pesada. Duas ou três pontes construídas pelos alemães. Somente algumas escolas, postos de saúde e hospitais. Quase nenhuma estrada asfaltada, ferrovias ou aeroportos. Um ou dois portos para enviar cacau, algodão, banana, madeira, café e óleo de palmeira para a metrópole. Nenhum museu nacional. Nem um único teatro nacional. Nenhuma universidade. Uma elite pouco numerosa. Por isso, nosso governo não parava de nos lembrar que partíamos quase do nada, que tudo estava a construir, e que para isso precisávamos de ordem e de disciplina – aquilo que nós, os estudantes, cantávamos mais uma vez alegremente:

> Camaronês, desperta
> Pega tuas ferramentas, vai depressa para a obra,
> Que o trabalho seja a dura lei
> De Camarões inteiro (bis)

---

9. EYINGA, A. *Mandat d'arrêt pour cause d'élections*. Paris: L'Harmattan, 1978.
• *Cameroun 1960-1990*: la fin des élections. Paris: L'Harmattan, 2000.

Nós precisávamos de ordem e de disciplina. Por conseguinte, tudo, ou quase tudo, era contado até um. A união a qualquer preço – essa era a lei. Nós não tínhamos necessidade de muitos partidos políticos. Um único era o bastante, senão teríamos a "guerra tribal". O mesmo valia para as organizações civis, os sindicatos, o rádio, a universidade, os jornais – um único jornal diário, todas as manhãs, com um medalhão com a figura do "Guia esclarecido" acompanhado de seu "pensamento do dia": um extrato luminoso de seus discursos inumeráveis. Qualquer desacordo, qualquer opinião não oficial, qualquer dissidência real ou suposta – a "subversão" – custava o preço mais alto. Nós tínhamos nossa Robben Island[10] – Mantoum e Tcholliré, por exemplo – onde algumas pessoas passaram duas, até três décadas no anonimato mais completo. Leis draconianas datadas da época colonial permitiam, com efeito, suspender o direito a qualquer instante e instaurar o estado de emergência para "cortar pela raiz" qualquer tentativa de rebelião e "tornar inofensivos os elementos suspeitos". Para bom entendedor: apesar de sermos independentes, não se pode descolonizar tudo de uma vez.

Afastamento

Hoje eu não saberia dizer como conseguimos fazer mais do que palavras a partir desse teatro miserável do poder. Eu saí muito cedo de meu país e nunca mais voltei – pelo menos, não para morar e trabalhar lá. Comecei meus estudos universitários no meu país. Terminei-os em Paris, assim como outros vão a Londres ou Oxford. Desde a época dos Fanon, Césaire e Senghor, sempre foi assim. Então, durante alguns anos, percorri assiduamente esses lugares: anfiteatros, museus, livrarias, bibliotecas e arquivos, concertos, ruas e cafés. Li e aprendi os mestres da

---

10. Prisão sul-africana de segurança máxima para presos políticos, especialmente ativistas negros na era do *apartheid* [N.T.].

época. Com o contato próximo das pessoas, ao viajar, descobri um velho país orgulhoso, consciente de sua história – que tende, aliás, a glorificá-la em qualquer ocasião – e particularmente cioso de suas tradições. Sem suas contribuições no plano da filosofia, da cultura, das artes e da estética, nosso mundo seria sem dúvida mais pobre de espírito e de humanidade. Meus anos parisienses permitiram igualmente que eu entendesse que a velhice, por si só, não torna nem as pessoas nem os Estados necessariamente razoáveis, e muito menos virtuosos. Toda cultura antiga – e, em particular, as culturas antigas colonizadoras – esconde por trás da máscara da razão e da civilidade uma face noturna.

Eu já tinha consciência da face noturna da França mesmo antes de chegar a esse país. Pois não havia a França desempenhado um papel fundamental naquela questão do crânio do morto – e, portanto, de recusa ao sepultamento e o banimento dos mortos durante as lutas pela independência e autodeterminação no meu país? Sua política africana não era o bastante para mostrar que não era preciso apenas "descolonizar", era preciso também verdadeiramente se autodescolonizar? Sua tradição do universalismo abstrato não contradizia, paradoxalmente, sua fé no dogma republicano de igualdade universal? Portanto, com relação a Paris e à França, eu sempre me considerei como alguém de passagem, em rota para algum outro lugar (*um transeunte*). Mas, ao mesmo tempo, algumas maneiras de pensar, raciocinar e argumentar tornaram-se familiares. Do ponto de vista do espírito, acabei me tornando *um habitante, um herdeiro* pela aclimatação à língua, gostos e costumes do país, e pela socialização em alguns aspectos de sua cultura científica. Os arquivos do saber e do pensamento humano se abriram para mim. Eu os devorei a ponto de hoje me considerar sinceramente como alguém que legitimamente *tem direito* a esse patrimônio. Não dissera Fanon que nós seremos os herdeiros do mundo em seu conjunto?

Nova York não é somente a metrópole através da qual realmente entrei nos Estados Unidos. Ela é também o lugar no qual, pela primeira vez, comecei a fazer para mim uma ideia do mundo e fui, subitamente, a seu encontro. Nesse *ecúmeno* global que é Nova York, pude contemplar, pela primeira vez, concretamente, o rosto do universal – aquilo que cantava o poeta Senghor. Nova York tinha um rosto muito diferente de Paris. Eu só me dei conta disso mais tarde – o universal à francesa se exprime numa linguagem, em última análise, narcisista. Em Nova York descobri pela primeira vez uma metrópole fundada com base na lei da hospitalidade. Lá tudo parecia convidar à abertura, à larga, *àquilo que deve vir*: a efervescência de povos, raças e humanidades, a cacofonia de vozes, a variedade de cores e de sons. Eu reencontrei, mais do que fora o caso em Paris, esse dúplice da África que é a América africana negra – a música negra, uma *intelligentsia* negra, o fantasma vivo do escravizado para além do Atlântico, sua presença no começo da Modernidade como signo de insurreição que, em sua radicalização, não deixa de lembrar que, no que concerne a liberdade, só existe *ter direito*. E que, enquanto isso não tiver sido estendido a todos, podemos falar de qualquer coisa, menos de democracia.

E também havia lá esse extraordinário conluio de culturas que, sem dúvida, fazia dessa cidade a metrópole por excelência do otimismo, da fé em si mesma e *no que virá* – um futuro onde sempre há algo de novo a criar. E mais: tudo por lá fazia pensar que, tanto nas margens quanto no centro, havia lugar para todas as vozes – que, em princípio, não existia ninguém *sem parte*, somente aqueles que *têm direito*. Olhando de perto, era efetivamente isso que fazia de Nova York mais do que uma cidade – uma *Ideia* no cruzamento do espírito, da matéria e dos mundos. Devo dizer que Nova York como Ideia, signo e utopia, seduziu-me literalmente. Meu trabalho intelectual foi profundamente influenciado por ela. Pela primeira vez em minha vida, pude escutar distintamente o clamor dos mundos, o eco sussurrante do encontro das nações do qual o poeta Senghor falou mais de uma vez. Eu também quis me tornar parte recebedora dessa epifania. Mas será preciso explicitar que, apesar de dizer isso, não esqueci que nessa mesma metrópole um negro pode ser crivado de dezenas de balas pela polícia por estar no lugar errado na hora errada? E que, para centenas de milhares de descendentes de escravizados no Novo Mundo, a prisão rapidamente substituiu a senzala?

Na orla do século

Eu cheguei à África do Sul no último ano do século XX. Tinha literalmente diante dos olhos um país fraturado, coberto de estigmas da besta, o *deus-de-cu-de-cabra* para o qual, como exige a ideologia da supremacia branca, algumas pessoas aqui dedicaram um culto que durou décadas. Era evidente que alguma coisa particularmente abjeta havia acontecido aqui, que suscitara uma resistência não menos feroz. Ainda podíamos ver a efígie do *deus-de-cu-de-cabra* na paisagem, na arquitetura, no modo como as cidades foram construídas, nos nomes das ruas e das avenidas, nas estátuas, nos modos de falar de uns e outros, nos hábitos conscientes e, acima de tudo, inconscientes. Com efeito, o mais grave eram as escarificações mentais que podiam ser detectadas em todos, negros e brancos, mestiços e indianos — incluindo aqui aqueles afirmavam ter escapados sãos e salvos da loucura. Ninguém duvida que, no rodamoinho que foi o *apartheid* — e, antes dele, alguns séculos de embrutecimento racial —, todos perderam, em diversos graus, mais do que um pouco de decência. Apesar de mil pequenos gestos de compaixão realizados diariamente nas relações entre patrões e criados, nas igrejas, nos movimentos de resistência e nas amizades inter-raciais fragilizadas pelas desigualdades e pelo contexto repressivo, um muro opaco os separava. Eles haviam sido literalmente cortados de qualquer proximidade humana, de ter, ambos os lados, qualquer coisa *em comum*. O país estava coberto de montes de imundícies, de cotos — essa mistura de beleza estupefaciente e de torpeza de espírito tão característica dos lugares que o demônio humano, num certo momento, escolheu habitar.

Muitos brancos não sabiam mais onde haviam estado durante todos aqueles anos obscenos. Tudo se passava como se eles tivessem acabado de sair imediatamente de um asilo. Outros não queriam saber de nada. Nem mesmo do nome do país que habitavam e do qual, teoricamente, eram cidadãos. Expatriados mentais, eles não paravam de se recontar histórias. Apesar de viverem aqui, na verdade eles pertenciam a "outro lugar", à Europa, que se esforçaram para reproduzir aqui, quase identicamente, como outrora os colonos ingleses à margem do Potomac. Depois de perderem o poder político, a maioria deles buscava esquecer tudo o mais rapidamente possível, buscava refazer, custasse o que custasse, uma aparência de vida. Eles desejavam encarar o futuro, mas não sabiam mais como se situar em relação ao presente e ao passado. Outros ainda tentavam agir como se nada houvesse mudado, como se tudo permanecesse o mesmo, ou ainda como se tudo tivesse mudado rápido demais. Eles tentavam se convencer de que ainda eram os mesmos. Mas o tempo havia fugido, passando por cima de suas cabeças, quase sem eles saberem[11].

Alguns dias, eu tinha a sensação de me encontrar num *cassino funerário*. Jamais esquecerei esses nomes de ruas, de praças, de avenidas e de passeios, de montanhas, de lagos e de jardins, de barragens, de monumentos e de museus. Quais "partes envergonhadas" desse país escondiam o fato de ir todas as manhãs para o escritório ao longo da Avenida Vorster; fazer suas orações numa igreja situada na Avenida Verwoerd, almoçar na Rua Botha e jantar perto da esquina da Princesa Ana? Deveríamos considerar esses signos como o símbolo da mediocridade da qual se nutrem todas as formas de racismo e de mimetismo colonial? Por que tanta resistência de criação e invenção para si mesmos? Por que deixaram quase todos no lugar depois do fim do *apartheid*? Por que não juntaram num museu todas essas estátuas de pés de barro, todos esses cavalos, generais, traficantes de ouro,

---

11. KROG, A. *La douleur des mots*. Paris: Actes Sud, 2004.

monumentos e signos da loucura racial? Quase dez anos após a abolição do racismo institucional, uma espécie de fedor ainda emana do caixão, insidioso. A segregação racial fora oficialmente abolida. Mas o espírito do racismo deslocou-se e agora se enunciava em outras línguas.

A África do Sul que eu descobria era, no entanto, também um país de enclaves inumeráveis: o país da concatenação dos mundos, das nações e dos sistemas. Gauteng é típica dessa concatenação dos mundos, a região mais rica do continente. É lá que se situa Joanesburgo, a mais moderna, poderosa e racialmente mista das metrópoles africanas. Desde o começo da década de 1950, essa imensa cidade-região fundada por migrantes vindos de diversas partes do mundo em 1896 após a descoberta das minas de ouro de Witwatersrand tornou-se a nova fronteira do continente. Durante o último quarto do século XX, com a ajuda do desmoronamento do *apartheid e* da passagem para a democracia, novas ondas de migrantes oriundos do resto da África vieram se juntar a esse complexo social e urbano já bastante sarapintado. Nessa mini-Nova York, mini-São Paulo e mini-Los Angeles na escala da África, encontramos hoje em dia quase todas as nacionalidades do mundo.

Muitos são originários de países em guerra, divididos contra si mesmos ou atormentados pela incúria e fraude de elites predatórias e (ou) senis. Se alguns estão em busca de refúgio, outros vieram com a esperança de escapar de situações de miséria crônica e de corrupção endêmica. Vários são aqueles que, ingressando ilegalmente no país, vivem desde então uma existência precária e quase clandestina, submetidos a uma perseguição permanente das autoridades sul-africanas e ameaçados incessantemente de prisão e deportação. Essa imigração das classes desfavorecidas desenvolveu-se em paralelo a uma outra, composta de quadros africanos altamente qualificados e de elites, que encontramos em áreas tão variadas como finanças, mídia, telecomunicações e novas tecnologias, universidades, gabinetes internacionais de peritos e grandes firmas comerciais. Olhando apenas a superfície, tudo parece indicar que está nascendo em Joanesburgo, pela primeira vez no continente, uma forma de fusão cultural inédita, pedestal de uma modernidade afropolitana[12].

A presença de estrangeiros em terras sul-africanas não é nova. Como no resto do continente antes da colonização, as migrações eram corriqueiras. A mistura de populações por meio de guerras, trocas comerciais, transações de ordem religiosa ou alianças era a regra. A dispersão era a forma dominante da mobilidade. "Criar sociedades" consistia essencialmente em "criar redes", urdir tramas de parentesco e estabelecer deveres, fossem esse parentesco e esses deveres reais ou fictícios. É essa a razão pela qual, longe de constituir unidades fechadas, as entidades étnicas sul-africanas são tão enredadas tanto no plano cultural e linguístico quanto territorial, pois relações estreitas as unem não somente entre si, mas também a seus pares em Moçambique, Zimbábue, Botsuana, Lesoto e eSwatini. A imigração europeia a partir do século XVII, a importação de mão de obra servil na região do Cabo, a implantação de indianos em KwaZulu-Natal no começo do *boom* açucareiro, além dos chineses no começo da era industrial em Witwatersrand – tudo isso contribuiu em grande parte para fazer da África do Sul um país transnacional, mesmo se, com a ajuda do apartheid, ele jamais tenha se reconhecido como tal. Esse caráter transnacional se acentua durante a primeira metade do século XX com o influxo de judeus e depois, a partir de meados da década de 1970, com a chegada de ex-colonos portugueses fugindo de Moçambique e de Angola, ex-colonos rodesianos depois da independência do Zimbábue e minorias vindas do Leste Europeu. No fundo, desde a descoberta das minas de diamante de Kimberley e sobretudo das minas de ouro em Witwatersrand no final do século XIX, a participação europeia e asiática dilatam

---

12. NUTTALL, S. & MBEMBE, A. (orgs.). *Johannesburg*: The Elusive Metropolis. Durham: Duke University Press, 2008.

ainda mais a identidade desse país e lhe designam uma dimensão transversal, transnacional e pluricultural que muito poucas nações modernas podem reivindicar.

Para criar e aumentar suas riquezas, a África do Sul sempre dependeu do trabalho de estrangeiros. Na época da industrialização, uma parte importante da mão de obra das minas era recrutada de toda a África austral. No interior do país, o trabalho sazonal e migrante também constituiu uma das tecnologias-chave do processo de proletarização. Desapossados de suas terras e depostos de sua cidadania, os negros sul-africanos foram relegados aos bantustões, espécies de reservas indígenas onde a luta pela reprodução social era das mais severas. Eles só podiam permanecer na cidade branca temporariamente. A instituição do *laissez-passer* permitia controlar sua mobilidade dentro de uma economia capitalista onde a raça produzia a classe, enquanto bloqueava o máximo possível o surgimento da consciência do mesmo nome. O trabalho sazonal e migrante, por um lado, e a relegação dos negros sul-africanos às reservas, pelo outro, contribuíram de modo decisivo para a implosão das estruturas familiares urbanas. Os laços comunitários se atrofiaram. A cultura do microempresariado e da iniciativa individual foi quebrada, apesar da liberdade de realizar pequenos empreendimentos não ter sido abolida por lei.

Para os negros sul-africanos, o fim do *apartheid* foi sinônimo de acesso ao direito pleno à cidade. O desmantelamento das leis racistas tornou possíveis as liberdades de movimento e de residência. Mas − fato capital − ele foi igualmente a origem de um duplo movimento migratório, interno e externo, com consequências sociais e políticas potencialmente explosivas. No plano interno, o regime do *apartheid* começou a ruir no começo da década de 1980, no momento exato em que, com o agravamento da crise de reprodução nos bantustões, o Estado racista não estava mais em condições de selar hermeticamente suas fronteiras internas, controlar a mobilidade dos negros, nem intensificar sua exploração pelo capital, enquanto fortalecia a segregação racial.

52

Foi assim que uma massa de pessoas desempregadas, com pouca educação e muitas vezes sem nenhum outro meio de sobreviver que não através de pequenas predações, começou a abandonar o campo e a transbordar a periferia dos grandes centros urbanos, tornando assim quase impossível qualquer esforço de planejamento urbano, desfigurando as principais cidades sul-africanas, provocando a fuga das classes médias brancas e negras para os subúrbios ou para enclaves protegidos por companhias particulares de segurança, abrindo o caminho para práticas de sobrevivência que designam um lugar privilegiado para o crime.

A luta formidável pelos recursos que, até então, estava contida com dificuldade nos bantustões, estendeu-se ao contexto urbano, para onde chegavam, quase no mesmo momento, milhares de imigrantes ilegais do resto do continente. Por conseguinte, os negros sul-africanos encontraram-se, pela primeira vez, diante não apenas de seus opressores de outrora, mas de outros migrantes (em sua maioria mais bem-educados do que eles, que tinham uma prática da cidade e habituados a nada esperar do Estado) vindos de outros países da África e com os quais entraram imediatamente em competição especialmente no setor informal, espaço privilegiado do combate pela sobrevivência, ou ainda na área da habitação, do emprego, e simplesmente pela ocupação de uma parte do espaço no campo da fortuna que não parava de crescer. Esses campos da pobreza se estenderam a perder de vista e envolveram todas as grandes metrópoles da África do Sul. Zonas onde se misturavam o não-direito, a doença, a morte prematura e a luta impiedosa pela subsistência, eram barris de pólvora e ameaçavam objetivamente a estabilidade do país.

Um tempo de fim e de reinvenção — essa é, então, a importância política e cultural do presente sul-africano. Ora, só podemos reinventar se soubermos olhar ao mesmo tempo para trás e para frente. Pois, lá onde aquilo que começou com o sangue se obtém com sangue, as chances de recomeço são diminuídas pela obsessão com o horror do passado. É difícil reinventar qualquer coisa que seja ao simplesmente reconduzir contra outrem a violência que antes era empregada contra si próprio. Não existe automaticamente uma "violência boa" que deva se suceder a uma "violência má" que a precedeu, ou que obtenha daí sua legitimidade. Toda violência, a boa e a má, sempre busca consagrar uma disjunção. Reinventar a política nas condições pós-apartheid exige em primeiro lugar sair da lógica da vingança, esteja esta vestida ou não com os trajes do direito.

Isto posto, a luta para sair de uma ordem inumana das coisas não pode dispensar aquilo que poderíamos chamar de produtividade poética da memória e do religioso. O religioso e a memória representam aqui o recurso imaginário por excelência. O religioso é compreendido não apenas como relação com o divino, mas também como "instância da cura" e da esperança, num contexto histórico onde a violência tocou não apenas as infraestruturas materiais, mas também as infraestruturas psíquicas através da difamação do Outro, a afirmação segundo a qual ele não é *nada*. É esse discurso – às vezes interiorizado – sobre o *nada* que é interrogado por certas formas do religioso, cuja intenção final é fazer com que aqueles que estavam de joelhos possam enfim "levantar e andar". Nessas condições, a questão ao mesmo tempo filosófica, política e ética é saber como acompanhar essa "escalada de humanidade" – escalada em cujo final o diálogo do ser humano com o ser humano volta a ser possível e substitui as injunções de um ser humano diante de seu objeto.

A experiência sul-africana mostra que a injunção de "levantar e andar" – a descolonização – é endereçada a todos, os inimigos e oprimidos de outrora. A pseudoliberação consiste em acreditar que basta matar o colonizador e tomar o seu lugar para que a relação de reciprocidade seja restaurada. A África do Sul nos permite pensar aquilo que, na política da vingança, apenas reproduz o complexo de Caim. Isto posto, a preocupação com a reconciliação, por si só, não pode substituir a exigência radical de justiça. Para que aqueles que antes estavam de joelhos e curvados sob o peso da opressão possam se levantar e andar, é preciso que a justiça seja feita. Portanto, não se escapará da exigência da justiça. Ela requer a libertação do ódio de si e do ódio ao Outro, primeira condição para que possamos voltar à vida. Ela requer igualmente que nos libertemos do vício da lembrança do nosso próprio sofrimento, que caracteriza toda consciência da vítima. Pois se libertar desse vício é a condição para reaprender a falar uma linguagem humana e, eventualmente, criar um mundo novo.

Resta a questão da memória. Na África do Sul contemporânea, ela se coloca nos termos de um passado doloroso, mas também cheio de esperança, que o conjunto dos protagonistas tenta assumir como uma base para criar um futuro novo e diferente. Isso pressupõe que o sofrimento que foi imposto aos mais fracos seja posto a nu; que seja dita a verdade sobre aquilo que foi suportado; que renunciemos à dissimulação, à repressão e à negação – primeira etapa no processo de reconhecimento mútuo da humanidade de todos e do direito de todos de viverem em liberdade perante a lei. Uma grande parte do trabalho memorialista se traduz, por exemplo, no sepultamento apropriado das ossadas daqueles que pereceram em combate; no erguimento de estelas funerárias nos próprios locais onde eles caíram, na consagração de ritos religiosos tradicionais e cristãos destinados a "curar" os sobreviventes da cólera e do desejo de vingança, na criação de museus e parques muito numerosos para celebrar a humanidade comum de todos, no florescimento das artes e, acima de tudo, no estabelecimento de políticas de reparação com o objetivo de compensar séculos de negligência (um teto, uma escola, uma estrada, um posto de saúde, água potável, eletricidade). O trabalho da memória é, aqui, inseparável da meditação sobre o modo de transformar em presença interior a destruição física daqueles que foram perdidos, que viraram pó. Em grande parte, meditar sobre essa ausência e sobre os caminhos para restaurar simbolicamente aquilo que foi destruído consiste em dar à sepultura toda sua força subversiva. Mas a sepultura, aqui, não é tanto a celebração da morte em si, e sim a devolução desse suplemento de vida necessário para a reabilitação dos mortos, dentro de uma cultura nova que se esforça para ter um lugar tanto para os vencedores quanto para os vencidos.

2

Declosão do mundo e escalada de humanidade

A descolonização acabou se tornando um conceito de juristas e de historiadores[1]. Não foi sempre assim. Nas mãos desses últimos, essa noção se empobreceu. Suas genealogias múltiplas foram ocultadas, e o conceito perdeu o teor incendiário que marcara suas origens. Nessa forma menor, a descolonização designa simplesmente a transferência de poder da metrópole para as antigas posses coloniais no momento da independência. Esboçada no começo da década de 1940, essa transferência de poder é geralmente o resultado ou de negociações pacíficas e de compromissos entre as elites políticas dos novos países independentes e as antigas potências coloniais; ou a consequência de uma luta armada que alcançou o fim da dominação estrangeira, que conseguiu derrotá-la e até expulsar os colonos e retomar o território nacional para o novo poder autóctone[2].

Do mundo enquanto cenário da história

Enunciada sob várias designações ao longo dos séculos XIX e XX africanos, a descolonização, entretanto, foi uma categoria política, polêmica e cultural plena. Sob essa forma maior, a descolonização se parecia com uma "luta de liberação" ou, como

---

1. COOPER, F. *Decolonization and African Society*. Cambridge: Cambridge University Press, 1996.
2. GIFFORD, P. & LOUIS, W.M.R. (orgs.). *The Transfer of Power in Africa*: Decolonization, 1940-1960. New Haven: Yale University Press, 1982.

sugeriu Amílcar Cabral, uma "revolução"[3]. Em uma palavra, essa luta buscava a reconquista, pelos colonizados, da superfície, dos horizontes, das profundezas e das alturas de suas vidas. Ao redor dessa luta, que exigiu um enorme esforço psíquico e capacidades extraordinárias de mobilização das massas, as estruturas da colonização precisavam ser desmanteladas, com a instituição de novas relações entre o sujeito e o mundo, e o possível precisava ser reabilitado. Tomado sob esse ângulo, o conceito de descolonização é uma súmula. Ele indica a problemática difícil da reconstituição do sujeito, da declosão do mundo e da escalada universal de humanidade, e a primeira parte deste capítulo trata de evocar as linhas principais desse trajeto.

Muito rapidamente, descobriu-se, no entanto, que a reconstituição de um sujeito dotado de um rosto, uma voz e um nome próprios não era simplesmente uma tarefa prático-política. Ela pressupunha um enorme trabalho epistemológico e até estético. Pensava-se que para se libertar de uma vez por todas da alienação colonial e para se curar dos ferimentos causados pela lei da raça era preciso conhecer a si mesmo. O conhecimento de si e a preocupação renovada consigo mesmo tornaram-se, desde então, as condições preliminares para se libertar dos esquemas mentais, discursos e representações que o Ocidente havia empregado para roubar a ideia de futuro. O futuro, por sua vez, era o outro nome dessa força, a força da autocriação e da invenção. Para reaver essa força, pensava-se que era preciso reabilitar as formas endógenas da linguagem e do conhecimento[4]. Apenas elas permitiam compreender adequadamente e tornar mais uma vez pensáveis as novas condições da experiência. Também era preciso forjar um pensamento à altura do mundo, um pensamento capaz de dar conta da história comum que a colonização tornara possível. Assim nasceu a crítica pós-colonial, da qual trata a segunda parte deste capítulo.

---

3. CABRAL, A. *Unité et lutte*. Paris: Maspero, 1975.
4. WA THIONG'O, N. *Decolonising the Mind*. Portsmouth: Heinemann, 1986.

Na verdade, não existe uma teoria da descolonização enquanto tal. Para explicar os fatos coloniais e do império – e, por tabela, a descolonização –, muitas abordagens clássicas do imperialismo enfatizaram os fatores econômicos. Assim, Lenin destacou que a função das colônias no desenvolvimento histórico do capitalismo é absorver o excedente do capital metropolitano, e esse excedente ou assume a forma de mercadorias ou de dinheiro, ou se exprime sob a forma demográfica – a superpopulação. Sob essa lógica, as colônias contribuíam, enquanto mercados, a adiar a crise de superprodução que ameaçava de dentro o modo de produção capitalista[5]. Para os teóricos da dependência, a divisão do trabalho e a especialização – obrigada e forçada – das colônias na produção de matérias-primas agrícolas e industriais constituía tanto a forma quanto o conteúdo da relação colonial propriamente dita. Essas matérias-primas têm produção barata, e o baixo custo do trabalho servia, como o próprio Marx indicara, para elevar as taxas de lucro. Essa divisão do trabalho – e a especialização, seu corolário – não teria sido somente uma das condições do progresso do capitalismo industrial: ela teria também estabelecido as condições estruturais da troca desigual que, desde então, caracteriza as relações entre o centro e a periferia[6]. Assim, as colônias não constituíam de forma alguma fronteiras exteriores. Longe de serem apenas escoadouros, elas seriam os elos essenciais do "tornar-se mundo" do capitalismo.

A descolonização, neste contexto, seria explicada facilmente. O trabalho histórico realizado pelo imperialismo colonial teria sido de pôr no lugar as condições estruturais de uma troca forçada e desigual entre o centro e a periferia. Essas condições deveriam ser tais que qualquer emancipação eventual seria ou impossível ou extremamente difícil. Uma vez realizado esse tra-

---

5. LENIN, V.I. *L'Impérialisme, stade suprême du capitalisme.* Montreuil-sous-
-Bois: Science Marxiste, 2005.

6. AMIN, S. *L'Échange inégal et la loi de la valeur.* Paris: Anthropos, 1988.

balho, a forma propriamente colonial da dominação tornava-se forçosamente anacrônica. Como sua manutenção não era mais justificável, ela podia ceder lugar a outros mecanismos de exploração e dominação mais eficazes, menos onerosos e mais rentáveis. Portanto, o imperialismo colonial não seria mais do que um momento na longa história do capitalismo: aquele no qual, através da exploração dos indígenas, da transformação da força de trabalho em mercadoria, da especialização das sociedades colonizadas na produção de matérias-primas baratas e da sujeição política e cultural, os dispositivos e condições que permitem a produção e a reprodução do capital na longa duração foram estabelecidos. Mas, enquanto forma de expropriação original cuja função era institucionalizar na longa duração o regime de troca desigual e forçado, ela seria no final das contas um modo primitivo de valorização dos recursos naturais e sociais e das forças produtivas, a ponto de se tornar um empecilho para as potências metropolitanas, como sugere Jacques Marseille. É por isso que a passagem para a independência e a soberania nacionais (ou seja, a forma Estado-nação) seria inevitável, visto que ela não acabaria com a sujeição econômica, política e ideológica das antigas colônias. A descolonização, nesse ponto de vista, realmente representa uma separação, mas, todavia, é um *não-evento*. Em todos os casos, ela acima de tudo abriu caminho ao neocolonialismo, uma modalidade de relações de forças internacionais que mistura juros e coerção, a violência, a destruição e a brutalidade andando de mãos dadas com uma nova forma de acumulação através da extorsão[7].

Da mesma maneira que houve várias eras da colonização, houve várias ondas de descolonização. Os historiadores geralmente distinguem duas eras do colonialismo. A primeira corresponde ao período do mercantilismo. Tratava-se então para as potências estrangeiras de conquistar os territórios estrangeiros, fixá-los, es-

---

7. NKRUMAH, K. *Le néocolonialisme, dernier stade de l'impérialisme*. Paris: Présence Africaine, 1973.

tabelecer com as populações autóctones laços de sujeição geralmente legitimados por alguma ideologia de supremacia racial, e depois fazê-las trabalhar e produzir riquezas das quais só desfrutavam de uma parte ínfima. Inaugurado por aquilo que se chamou de "grandes descobrimentos" e depois consolidado pelo comércio de escravizados negros, o período do mercantilismo marca a verdadeira entrada num novo "tempo do mundo". Esse tempo se caracteriza pelo transbordamento das fronteiras, a mistura das moedas, a extensão das zonas de trocas e de encontros. A fragmentação certamente não desaparece. Muito menos as diferenças, hierarquias e desigualdades. Mas se construiu progressivamente uma relativa unidade e coerência do mundo. As novas formas de transgressão dos limites, postas em movimento pelo desenvolvimento do mercantilismo, favoreceram a passagem de uma concepção do mundo como enorme superfície composta de blocos diferenciados a uma consciência do globo como um cenário gigantesco onde se desenrola a história[8]. A colonização e a descolonização participam inteiramente dessa nova era da mundialidade.

A segunda era do colonialismo é uma consequência da Revolução Industrial. Se a primeira tinha como motor a economia do tráfico e da *plantation* e mais ou menos terminou com as independências dos Estados Unidos e da América Latina entre o século XVIII e a primeira metade do XIX, a segunda é caracterizada pelo imperativo duplo de acesso às matérias-primas e da implantação de mercados para os produtos industriais[9]. As primeiras ondas de descolonização na América Latina se situam ao redor das décadas de 1880 e 1890, e depois em 1920. Elas coincidem com a era de ouro do pan-americanismo. Um projeto ao mesmo tempo político

---

8. BRAUDEL, F. *Civilisation matérielle, économie et capitalisme (XVᵉ-XVIIᵉ siècle)* – Vol. 3: Le temps du monde. Paris: LGF, 1993 [1979].
9. CAIN, P.J. & HOPKINS, A.G. "The Political Economy of British Expansion Overseas, 1750-1914". In: *The Economic History Review*, 33 (4), 1980. • CAIN, P.J. & HOPKINS, A.G. "Gentlemanly Capitalism and British Expansion Overseas II: New Imperialism, 1850-1945". In: *The Economic History Review*, 39 (4), 1986.

e ideológico, o pan-americanismo se definia por oposição às intenções hegemônicas dos Estados Unidos. Um de seus objetivos era acabar com a política americana de intervenção nos negócios de seus vizinhos. Essas ondas foram marcadas por conflitos – a guerra entre o México e os Estados Unidos (1846-1848), que terminou com a anexação de metade do território mexicano; a guerra pela independência de Cuba (1895-1898); a Revolução Mexicana (1910-1917) e a Primeira Guerra Mundial (1914-1918). Com exceção das velhas posses lusitanas de Moçambique e de Angola, o resto da África foi o epicentro da segunda onda do colonialismo. Ela foi caracterizada pela *grande extração*. Ela tomou formas diversas e juntou considerações demográficas a outras – estratégicas e de prestígio – e abriu o caminho para aquilo que foi chamado de "imperialismo moderno"[10].

Haiti e Libéria: duas falhas

Enquanto evento histórico, a descolonização é um dos momentos de transição do que poderíamos chamar de nossa modernidade tardia. Com efeito, é ela que sinaliza a reapropriação planetária dos ideais da Modernidade e sua transnacionalização. Na experiência negra, o Haiti representa o primeiro lugar onde essa ideia moderna ganha corpo. Entre 1791 e 1804, escravizados e ex-escravizados se organizam e fundam um Estado livre sobre as cinzas daquela que, quinze anos antes, era a colônia mais lucrativa do mundo[11]. Em sua Declaração de Direitos de 1795, a Revolução Francesa afirmara o caráter inalienável do direito

---

10. LENIN, V.I. *L'Impérialisme, stade suprême du capitalisme*. Op. cit. • HOBSON, J.A. *Imperialism*. Ann Arbor: University of Michigan Press, 1938 [1905]. • FIELDHOUSE, D.K. *The Theory of Capitalist Imperialism*. Londres: Longman, 1967. • FIELDHOUSE, D.K. *Economics and Empire, 1830-1914*. Ithaca: Cornell University Press, 1973.

11. DUBOIS, L. *Avengers of the New World*: The Story of the Haitian Revolution. Cambridge, MA: Belknap Press, 2004.

dos povos à independência e à soberania. É o Haiti, "primogênito da África"[12] mas também "primogênito da descolonização"[13], que outorga pela primeira vez a esse princípio sua importância universal[14]. Através de um gesto soberano puro, os escravizados negros deram carne e conteúdo ao postulado da igualdade de todos os seres humanos. Esse gesto soberano é ao mesmo tempo um ato de abolição cuja dimensão histórica foi o objeto de muitos comentários, mas cujo caráter fenomenal ainda precisa ser decifrado. Pois, antes de mais nada, o conceito de liberdade tão estreitamente associado à experiência da modernidade só tem sentido concreto em oposição à realidade da escravidão e da servidão. Ora, aquilo que caracteriza em primeiro plano o escravizado é a experiência de cisão e de ausência de autonomia. A ascensão à liberdade, nesse ponto de vista, passa pela abolição dessa cisão e a reunificação do objeto com o conceito. Em seu sentido primitivo, a descolonização começa com a libertação dos escravizados e sua alforria de uma existência vil. Essa alforria ocorre através de um jogo de forças enraizadas ao mesmo tempo na matéria e na consciência. Trata-se de abolir esse momento onde o eu é constituído como sendo o objeto de um outro; onde esse eu só consegue se ver por e através de algum outro; onde só habita o nome, a voz, a face e a moradia de um outro, seu trabalho, sua vida e sua linguagem. Essa primeira abolição visa interromper uma relação de extraversão.

No Haiti, os escravizados insurretos entram em combate. Trata-se literalmente de um combate até a morte. Para renascer na liberdade, eles buscam a morte de seus senhores. Mas, ao colocar em perigo a vida de seus senhores, colocam em perigo a

---

12. NILES, B. *Black Haiti*: A Biography of Africa's Eldest Daughter. Nova York: Grosset & Dunlap, 1926.

13. DEPESTRE, R. "La France et Haïti: le mythe et la réalité". In: *Gradhiva* – Revue d'Anthropologie et d'Histoire des Arts, n. 1, 2005, p. 28.

14. CÉSAIRE, A. *Toussaint Louverture*: La Révolution Française et le problème colonial. Paris: Présence Africaine, 1981, p. 344.

própria vida. É isso que Hegel, em sua conversa sobre a servidão e a dominação, chamava de "comprovação pela morte". É "apenas se colocando em jogo a vida que a liberdade é experimentada e comprovada. O indivíduo que não pôs sua vida em jogo pode certamente ser reconhecido como *pessoa*; mas ele não chegou à verdade desse reconhecimento, como sendo de uma consciência do eu autônoma"[15]. A passagem de uma consciência deteriorada para uma consciência autônoma exige que os escravizados se exponham e que haja a abolição desse estar-fora-de-si que cria precisamente seu duplo. A história pós-colonial do Haiti mostra, todavia, que essa primeira abolição não é suficiente para a produção do reconhecimento e para que se estabeleça, entre os antigos escravizados e os antigos senhores, novas relações de mutualidade. É necessária uma segunda abolição, muito mais complexa do que a primeira na medida em que esta, no fundo, representa apenas uma negação imediata. Não se trata mais simplesmente de abolir o Outro: trata-se de se autoabolir, libertando-se da parte servil constitutiva do eu e trabalhando pela realização do eu enquanto figura singular do universal.

Ora, a libertação dos escravizados não resultou exatamente nesse *estado de autodomínio*. Pelo contrário, foi uma negação sem autonomia e conduziu à reduplicação, a novas formas de servidão, atividades do outro que se praticam pelo eu e contra o eu. Assim, a servidão sobreviveu ao processo de abolição. A emancipação produziu exatamente o inverso do que pretendia ser, o lado objetal da existência se coloca na permanência. O reencontro do eu consigo mesmo não aconteceu.

Observa-se um processo quase semelhante no segundo lugar onde as ideias de liberdade e de igualdade, o princípio de uma nacionalidade africana e de um corpo político soberano negro se formaram: a Libéria. Também aqui, trata-se de uma questão de ex-escravizados. O tráfico de escravizados, e depois a instituição

---

15. HEGEL, G.W.F. *Phénoménologie de l'Esprit*. Paris: Aubier, 1991, p. 153.

escravagista enquanto tal, foram abolidos no Império Britânico respectivamente em 1807 e 1834. A guerra civil nos Estados Unidos abriu o caminho para a emancipação, e depois para a reconstrução da década de 1860[16]. Esse período também é caracterizado por uma renovação religiosa. Essa nova fase do evangelismo protestante tem como pedra angular a vontade de converter a África ao cristianismo. Ela apresenta dimensões ao mesmo tempo proféticas, messiânicas e apocalípticas. Nutriram-se imensas esperanças em relação ao progresso da África e da regeneração da raça negra. Os próprios negros alforriados que se instalaram na colônia da Libéria foram levados pela lembrança do Jubileu e da imagem da Etiópia que, pensava-se, logo estenderia seus braços para o Eterno[17].

Foi, portanto, em favor do repatriamento dos escravizados negros dos Estados Unidos para a África Ocidental que se desenvolveu aqui um imaginário da soberania, da nação e da liberdade. Foi igualmente na Libéria que se esboçaram as primeiras reflexões críticas modernas sobre a ideia de uma *nacionalidade africana* que formaria um corpo político e conduziria à criação de um Estado negro cristão, moderno e civilizado. No pensamento africano da época, esse Estado era imaginado como o lugar único onde os antigos descendentes de escravizados dispersos no Novo Mundo, essa raça aviltada e desprezada, encontrariam a paz e o descanso e poderiam determinar livremente seu destino coletivo. O surgimento de um Estado negro independente é um passo na direção da regeneração moral e material da África e de sua conversão ao cristianismo. Estimava-se então que seria lá que ocorreria a renovação das virtudes criativas do povo negro.

---

16. DU BOIS, W.E.B. *Black Reconstruction in America, 1860-1880*. Nova York: Free Press, 1999 [1935].
17. BLYDEN, E.W. "Ethiopia Stretching out her Hands unto God or Africa's Service to the World" [Discurso proferido para a American Colonization Society, maio de 1880]. In: *Christianity, Islam and the Negro Race*. Edimburgo: Edinburgh University Press, 1967 [1887].

Este último, pela primeira vez na história moderna da África, enfrentaria o teste da efetivação de seus valores num território cujo controle fora totalmente garantido. Edward W. Blyden foi o pensador que mais contribuiu para a reflexão sobre as novas figuras da consciência negra possibilitadas pelo estabelecimento da Libéria durante a segunda metade do século XIX. Para ele, a soberania nas condições da época significava antes de mais nada o "retorno a si mesmo". Esse retorno se efetua através da lembrança dos sofrimentos suportados na época do cativeiro e da dispersão. Em sua opinião, esse sofrimento é comparável àquele sofrido pelo povo judeu[18]. É o sofrimento de uma raça que foi golpeada sem reservas pela infelicidade, em sua essencialidade mais pura[19]. A emancipação significa, por outro lado, o surgimento da singularidade à medida que essa singularidade esteja reconciliada com o universal[20]. Essa experiência de emancipação enfrentaria problemas inumeráveis. A maioria resultou da natureza bastarda da empreitada. A *Declaração de Independência*, carta simbólica da nova nação, não propunha nenhuma identificação com a África e os africanos. O novo Estado era filho da Sociedade Americana de Colonização, um organismo privado filantrópico. O retorno dos exilados para sua *homeland* [terra natal] era assimilado não ao restabelecimento dos laços com seus parentes históricos e raciais, mas a uma expatriação. Eles seriam separados "da terra que os viu nascer [...] com o objetivo de formar estabelecimentos coloniais numa região bárbara", a África Ocidental. O deus que os novos emigrantes invocavam e que consideravam ser o de seus pais era na verdade o Deus cristão trazido da América. Ao contrário do caso

---

18. BLYDEN, E.W. *The Jewish Question*. Liverpool: Lionel Hart, 1898.
19. BLYDEN, E.W. *Christianity, Islam and the Negro Race*. Op. cit.
20. Cf. em particular BLYDEN, E.W. "Our Origin, Dangers and Duties" [Conferência anual para o prefeito e Conselho Comunitário de Monróvia – Dia da Independência Nacional, 26 de julho de 1865]. In: WILSON, H.S. *Origins of West African Nationalism*. Londres: Macmillan/St. Martin's Press, 1969, p. 94-104.

do Haiti, o nascimento do Estado novo não resulta de um ato de abolição, mas de um gesto filantrópico e de um reconhecimento unilateral. Além disso, a *Declaração de Independência* a compara a uma "descolonização planejada", e não a uma autolibertação. A experiência muito rapidamente tropeça nas questões de raça e democracia. Os emigrantes vindos da América definiam-se por oposição aos "aborígenes", que pretendiam "civilizar", e dos quais buscavam se distinguir pelo número, modos de vida, e até pela cor e por inúmeras diferenças internas e externas que faziam da categoria "negro" tudo menos uma entidade coerente – uma categoria polêmica.

O Haiti e a Libéria tinham em comum serem ambos repúblicas nascidas diretamente da experiência da *plantation*. O processo de emancipação do qual eles se tornaram símbolos na consciência negra foi afetado por uma enfermidade original. Ele guardara em si mesmo aquela coisa objetal que sempre caracterizara a existência sob o regime da *plantation*. Daí, por exemplo, o pessimismo em relação à possibilidade de uma vida democrática cujas marcas podemos encontrar até em Blyden. Essas duas experiências fracassaram porque foram assombradas, até habitadas, pelo espírito da *plantation*, que não parou de agir sobre elas como uma coisa morta, quase como um osso – reduplicação e repetição, mas sem diferença.

Raça e descolonização do saber

No contexto colonial propriamente dito, essa "coisa morta, quase como um osso" foi a raça. Na colônia, ela não operava como na *plantation*. No caso do império colonial francês, os modelos do pensamento racial variaram ao longo do tempo, especialmente depois do século XVII, quando populações não brancas importantes foram chamadas a viver sob a autoridade da França. Apesar das variações, esses modelos compartilhavam,

67

desde o Iluminismo, três postulados. O primeiro tratava do pertencimento de todas as raças à humanidade. O segundo afirmava que as raças não são todas iguais, mesmo que, longe de serem imutáveis, as diferenças humanas possam ser ultrapassadas. O terceiro deixava claro a relação estreita que existia entre a raça branca, a nação e a cultura francesas[21].

Essa tensão entre raça, cultura e nação não foi completamente suprimida nem pela Revolução nem pelo republicanismo. Certamente, a Revolução afirmara a primazia da igualdade de todos e o pertencimento comum à cidade republicana acima de todas as outras formas de distinção social ou racial. Mas, ao mesmo tempo, a França revolucionária não deixara de fazer da diferença racial um fator de definição da cidadania[22]. Pouco a pouco, a tensão entre um universalismo que ignorava a cor e um republicanismo liberal que apreciava os estereótipos raciais mais grosseiros enraizou-se na ciência e na cultura popular francesas no momento da expansão colonial. Ela foi exacerbada num contexto onde o imperialismo colonial tinha como função reanimar a nação e o "caráter francês" e "difundir os benefícios de nossa civilização". Em suma, a necessidade de difundir nossa "civilização" só se justificava através da distinção nacional entre a França e seus Outros[23].

Durante o século XIX, os modelos do racismo popular na França estavam, em parte, ligados a transformações sociais de grande amplitude (como a colonização, a industrialização, a urbanização, a ascensão da família burguesa) que davam um caráter de urgência à questão da diferença em geral e a das diferentes qualidades raciais em particular. Ao desprezo aristocrático pelos

---

21. Para uma síntese, cf. SILVERMAN, M. *Deconstructing the Nation*: Immigration, Racism and Citizenship in Modern France. Nova York: Routledge, 1992.
22. DUBOIS, L. *Les esclaves de la République*: l'histoire oubliée de la première émancipation, 1789-1794. Paris: Calmann-Lévy, 1998.
23. Cf. esp. DE TOCQUEVILLE, A. Écrits et discours politiques. In: Œuvres *completes*. Vol. 3. Paris: Gallimard, 1992.

sans-culottes da época da Revolução correspondia agora, como um eco, o desprezo da democracia burguesa pelas classes trabalhadoras que nasciam. A raça era ao mesmo tempo resultado e reafirmação da ideia geral da irredutibilidade das diferenças sociais. Estavam fora da nação todos aqueles que se situavam fora de seu caráter definido racial, social e culturalmente. Do mesmo modo, nas colônias, a identidade nacional e até a cidadania confundiram-se intimamente com a ideia racial de brancura[24]. Por mais que se evoque as experiências de cidadanias masculinas e não brancas na Martinica, Guadalupe, Guiana, Ilha Reunião e as Quatro Comunas do Senegal, isso geralmente se tratava de alguns milhares de indivíduos escolhidos a dedo num domínio vasto que abrigava milhões de sujeitos.

Era possível constatar, perto do final do século XIX, que a assimilação fracassara. Até a metade do século XX, o Império era mais de sujeitos do que de cidadãos. Os indígenas precisavam, por consequência, ser "civilizados" no quadro de sua diferença própria, a de sociedades sem história nem escrita, congeladas no tempo. Em grande medida, a descolonização apenas ratificou esse fracasso. Ela consagrou juridicamente a ideia segundo a qual todos os sujeitos não brancos do Império não podiam se tornar cidadãos franceses. Portanto, entre a cidadania e a identidade francesas sempre se encontrou a barreira da raça[25], como também analisaremos no próximo capítulo. Em outro plano, sempre existiu, na longa duração, uma relação estreita entre uma certa expressão do nacionalismo francês e um pensar da diferença racial que disfarça o paradigma universalista e republicano. Ao mesmo tempo, tam-

---

24. Sobre a ideia de uma "raça francesa", cf. SOUCY, R. *Fascism in France*: The Case of Maurice Barrès. Berkeley: University of California Press, 1972. • STERNHELL, Z. *Maurice Barrès et le nationalisme français*. Paris: Fayard, 2000.

25. Cf., tratando-se em particular da Argélia, NORA, P. *Les Français d'Algérie*. Paris: Julliard, 1961. • PROCHASKA, D. *Making Algeria French*: Colonialism in Bone, 1870-1920. Cambridge: Cambridge University Press, 1990. • LARDILLIER, A. *Le peuplement français en Algérie de 1830 à 1900*. Versailles: Atlanthrope, 1992.

bém sempre existiu um modo do universalismo francês que é ele próprio produto do pensar racial. À medida que a França como nação e a civilização francesa como cultura têm estado em conflito permanente com aqueles que foram definidos como "outros", não surpreende ver até que ponto a noção de humanidade e de liberdade defendida pela República é historicamente fundada sobre uma oposição racializada entre os civilizados e os primitivos[26]. Também não devemos nos surpreender que aquilo que estava em jogo no pensamento da descolonização era a declosão do mundo.

Podemos resumir em uma palavra a intenção filosófica da descolonização e do movimento anticolonialista que a tornou possível: a *declosão do mundo*. Segundo Jean-Luc Nancy, a declosão "designa a abertura de um cercado, a retirada de uma clausura"[27]. A ideia de declosão inclui a de eclosão, de surgimento, de advento de algo novo, de desabrochar. Declodir significa então retirar as cercas de modo que aquilo que estava enclausurado possa emergir e desabrochar. A questão da declosão do mundo – do pertencimento ao mundo, da habitação do mundo, da criação do mundo, ou ainda das condições sob as quais nós fazemos o mundo e nos constituímos como herdeiros do mundo – está no coração do pensamento anticolonialista e da noção de descolonização. Poderíamos até dizer que é seu objeto fundamental. Nós a encontramos, por exemplo, em Frantz Fanon, para quem ela se confunde com o projeto da autonomia humana ou ainda de autocriação da humanidade, como atesta a fórmula: "eu sou meu próprio fundamento"[28]. Além de ser uma interrogação sem fim, a questão da autonomia humana não é nova. Ela está no nascimento da filosofia na Grécia antiga. Fazer o mundo habitar

---

26. STOVALL, T. "Universalisme, différence et invisibilité: essai sur la notion de race dans l'histoire de la France contemporaine". In: *Cahiers d'histoire* – Revue d'Histoire Critique, n. 96-97, 2005.

27. NANCY, J.-L. *Déconstruction du christianisme* – Vol. 1: La déclosion. Paris: Galilée, 2005, p. 16.

28. FANON, F. *Peau noire, masques blancs.* Paris: Seuil, 2001 [1952], p. 187.

o mundo, herdar o mundo, tudo isso também é, como lembram Cornelius Castoriadis ou Vincent Descombes, participar do projeto de uma humanidade que coloca ela mesma, e a partir dela mesma, os princípios de sua conduta[29].

O pensar fanoniano da declosão do mundo é uma resposta ao contexto de servidão, de submissão a senhores estrangeiros e de violência racial que caracterizou a colonização. Sob essas condições, assim como outrora sob a escravidão, o conceito de humano e a noção de humanidade, que uma parte do pensamento ocidental considerava adquiridos, não eram autoevidentes. Com efeito, diante do escravizado negro ou do colonizado, a Europa não parava de se perguntar: "Esse é um outro homem? Esse é um outro que não é homem? Esse é um outro exemplar do mesmo? Ou será que é um outro que não é o mesmo?" No pensamento da descolonização, a humanidade não existe *a priori*. É preciso *fazê-la surgir* através do processo pelo qual o colonizado desperta para a consciência de si mesmo, apropria-se subjetivamente de seu eu, desmonta a cerca e se autoriza a falar em primeira pessoa. Em troca, o despertar da consciência de si ou ainda a apropriação de si têm como objetivo não somente a realização de si, mas também, de maneira ainda mais significativa, a *escalada de humanidade*, um novo início da criação, a declosão do mundo.

Para Fanon, essa escalada de humanidade só pode ser o resultado de uma luta: a luta pela vida. A luta pela vida – que é a mesma coisa que a luta para fazer eclodir o mundo – consiste em forjar a capacidade de ser si mesmo, de agir por si mesmo e de se erguer por si mesmo que Fanon compara a um *surgimento* – surgimento das profundezas daquela que ele chama "uma região extraordinariamente estéril e árida", essa zona do não-ser que é, a seus olhos, *raça*. E então, para Fanon, sair das regiões estéreis e áridas da existência é antes de mais nada *sair da clausura*

---

29. DESCOMBES, V. *Le complément de sujet*: enquête sur le fait d'agir de soi--même. Paris: Gallimard, 2004, p. 383.

da raça – clausura na qual o olhar do Outro e o poder do Outro buscam encarcerar o sujeito. É também contribuir para dissipar o espaço das distinções claras, das separações, das fronteiras e das clausuras, e caminhar na direção do universal que ele afirma ser "inerente à condição humana"[30]. Existe assim, na concepção fanoniana da eclosão do mundo, uma dimensão tripla de insurreição, constituição e até de ressurreição, visto que ela se parece com um retorno à vida (*anastasis*), com a subtração da vida das forças que a limitam. Para ele, a eclosão do mundo é a mesma coisa que sua declosão se, segundo Jean-Luc Nancy, entendemos por declosão o desmantelamento e a desmontagem das cercas, cercados e clausuras. Mas, para que a declosão do mundo ocorra, é preciso se libertar de si precisamente com o objetivo de afrontar aquilo que vem, e, ao fazê-lo, fazer surgir outros recursos da vida. É por essa razão que o eu fanoniano é fundamentalmente abertura, distensão e afastamento – o *Aberto*. Isso logo evoca essa região árida da existência que é a raça. Para Fanon, a declosão do mundo pressupõe a abolição da raça. Ela só pode ocorrer se admitirmos a verdade segundo a qual "o negro não existe. Não mais que o branco"; "o negro é um ser humano parecido com os outros, um ser humano como os outros", "um ser humano entre outros seres humanos"[31]. Esse postulado de uma semelhança fundamental, de uma *cidadania humana original* constitui, aos olhos de Fanon, a chave do projeto de declosão do mundo e do projeto de autonomia humana que é a descolonização.

O tema da declosão do mundo ocupa um lugar prioritário para outros pensadores negros. Esse é o caso de Leopold Sédar Senghor, para quem a descolonização implica a existência de um sujeito que cultiva a preocupação com aquilo que propriamente lhe diz respeito. Mas, também aqui, aquilo que propriamente nos diz respeito e propriamente nos define só tem sentido à medida que

---

30. FANON, F. *Peau noire, masques blancs*. Op. cit., p. 7-8.
31. Ibid., p. 54, 91.

está destinado a ser posto em comum. Ao projeto do *em-comum* Senghor dá o nome de "encontro do dar e do receber". A seus olhos, dessa colocação em comum depende o renascimento do mundo e o advento de uma comunidade universal mestiça, regida pelo princípio da partilha das diferenças, daquilo que é único e, nessa base, aberto ao *inteiro*. Tanto no caso de Fanon como no de Senghor, nós somos os herdeiros do mundo inteiro. Ao mesmo tempo, o mundo – e, portanto, essa herança – ainda precisa ser criado. O mundo está em criação, e nós também. Fora desse processo de criação, cocriação e autocriação, ele é mudo e inacessível. É ao contribuir a esse processo triplo que ganhamos o direito de herdar o mundo em seu conjunto. Em outros pensadores negros, como por exemplo Édouard Glissant, a declosão consiste precisamente em ir ao encontro do mundo sabendo compreender o tecido que não se pode desemaranhar das afiliações que formam nossa identidade e o entrelaçamento de redes que fazem com que toda identidade estenda-se necessariamente para uma relação com o Outro – um Outro que está sempre, de imediato, lá. A verdadeira declosão do mundo é então o reencontro com sua inteireza, aquilo que Glissant chama de *Todo-Mundo*. Nesse sentido, ela é antes de mais nada uma *práxis* da formação de relações. Essa temática da formação de relações e essa questão da inteireza estão igualmente presentes em Paul Gilroy, onde ganham os contornos de uma nova consciência planetária[32]. Tanto em Gilroy quanto em Glissant, o projeto não é nem a partição do mundo nem sua divisão. Pelo contrário, devemos substituir a busca de um centro pela construção de esferas de horizontalidade. Trata-se então de um pensar horizontal do mundo que designa um lugar central para uma ética da mutualidade ou, como sugere Gilroy, da convivência, do estar-com outros[33].

---

32. GILROY, P. *L'Atlantique noir*: modernité et double conscience. Paris: Kargo, 2003. • *Against Race*: Imagining Political Culture beyond the Color Line. Cambridge, MA: Harvest University Press, 2000.
33. GILROY, P. *Postcolonial Melancholia*. Nova York: Columbia University Press, 2005.

No pensamento negro, a interrogação sobre a descolonização (entendida como um momento eminente da declosão do mundo) é indissociável da questão da Europa. O pensamento da descolonização, nesse sentido, é uma confrontação com a Europa, aquilo que ela afirma ser seu *telos* e, de modo ainda mais preciso, com a questão de saber sob que condições o vir-a-ser-europeu poderia ser um momento positivo do vir-a-ser-mundo em geral. Na história da filosofia, os europeus têm a tendência de definirem a si próprios de três maneiras. Por um lado, eles insistiram sobre o fato que "a história não é, de imediato, a história da humanidade". Ela só se torna isso através da "passagem da história do Ocidente à história da Europa e a ampliação desta para uma história planetária"[34]. Por outro lado, eles exaltaram a afirmação de que a particularidade da história da Europa é ter colocado a humanidade europeia "a uma altura que nenhuma outra forma de humanidade até então havia atingido"[35]. Que "a humanidade europeia tenha sido capaz de se considerar a humanidade em geral" e que ela tenha sido capaz de considerar suas formas de vida "humanas de modo geral" seria apenas a marca de uma exigência de responsabilidade, e até de comando universal.

Essa vocação de comando, que é igualmente uma vontade de poder, resultaria de suas heranças diversas, incluindo o cristianismo. Jean-Luc Nancy, por exemplo, diz que o cristianismo é inseparável do Ocidente. "Não é acidental que [o cristianismo] tenha sobrevindo [ao Ocidente], e aquele não é mais transcendente do que este. Ele é coextensivo ao Ocidente enquanto Ocidente, o que quer dizer a um certo processo de ocidentalidade que consiste justamente numa forma de autoassimilação e de autoultrapassagem"[36]. Nos anos de 1930, Husserl já explicava que a Europa se definia pela razão e por sua universalidade.

---

34. PATOCKA, J. *L'Europe après l'Europe*. Paris: Verdier, 2007, p. 13.
35. Ibid., p. 235.
36. NANCY, J.L. *Déconstruction du christianisme* – Vol. 1: La déclosion. Op. cit., p. 207.

Paul Valéry, por sua vez, falava do velho continente como um "cabo" – ponta avançada da terra contra o mar – e como aquilo que está na liderança, ou é o líder, que conduz e domina, que exerce uma espécie de comando sobre o resto. Ele dizia além do mais que a Europa era "a parte preciosa do universo terrestre, a pérola da esfera, o cérebro de um grande corpo", o corpo da humanidade, sua ponta final.

Seja Husserl ou Valéry, a ideia era que na Europa o universal estava inscrito de modo insubstituível, não apenas na razão, mas também no singular. Devido a essa inscrição do universal na razão e no singular, a Europa tornou-se a ponta avançada do espírito, mas também a testemunha única da essência humana e do "particular do ser humano". É nisso que residia sua exemplaridade – a inscrição do universal no corpo próprio de uma singularidade, de um idioma, de uma cultura e, nos casos mais obscuros, de uma raça. Como a Europa apresentava semelhanças com uma tarefa filosófica, sua missão era estender as luzes da razão a serviço da liberdade. Para os menos obtusos, a posse europeia se configurava como uma abertura para toda a humanidade.

Por fim, uma certa tradição filosófica privilegiou um modo de reflexão sobre a ideia da Europa que tem como ponto de partida aquilo que ela considerava as ameaças e perigos que o princípio europeu deveria enfrentar. A ameaça sempre foi representada pela figura do Outro da Europa. Historicamente, esse Outro da Europa tem duas faces. Como lembra Marc Crépon, ele apareceu primeiro sob a figura dos "processos pelos quais a Europa se faz o Outro de si mesma, ou ainda torna-se estrangeira para ela mesma. A alteridade é assim a *alteração* da identidade, ou pelo menos daquilo que é proposto como identidade"[37]. Para Patocka, essa ameaça de alteração sempre toma a forma de uma cisão. Ele distingue três cisões em particular, durante o século passado, que

---

37. CRÉPON, M. "Penser l'Europe avec Patocka: réflexions sur l'altérité". In: *Esprit*, dez./2004.

afetaram profundamente e continuam a afetar o princípio europeu. A primeira é o hiato no interior da Europa entre os espaços culturais e políticos abertos à essa vocação universal e outros seduzidos pelo recuo para a singularidade. A segunda é aquela que enxerga "duas versões do princípio da racionalidade, no interior da Europa, insurgirem-se uma contra a outra", onde uma delas, radical, é o outro nome do totalitarismo. A terceira é "aquela que perverteu a vocação universal da Europa" transformando-a em dominação imperial, colonial ou neocolonial. As duas primeiras formas de cisão são cisões no interior da Europa, enquanto a terceira faz parte de uma separação radical entre a Europa e os povos não brancos. Aqui, a alteridade é então compreendida no sentido de *fronteiras* espirituais, geográficas e raciais. O Outro é os não europeus que se opõem a nós. E o estatuto desse Outro serve para enunciar a ameaça. Para Patocka, então, o perigo triplo é o da recusa da racionalidade, do excesso de racionalidade e da perversão do princípio de universalidade transformado em dominação universal. Mais recentemente, Jacques Derrida tentou realizar uma síntese entre a primeira e a segunda abordagens.

Num de seus últimos textos, ele se interroga sobre o sentido que deve ser dado ao nome e ao conceito – e, portanto, também ao destino – da Europa[38]. A Europa que ele tem em mente é denominada "uma outra Europa", uma Europa "sem o menor eurocentrismo", e que, "sem renunciar ao realismo e aos trunfos indispensáveis de uma superpotência econômica, militar e tecnocientífica, tiraria de sua memória, de sua memória única, de suas memórias mais luminosas (a própria filosofia, o Iluminismo, suas revoluções, a história aberta e ainda a ser pensada dos direitos do ser humano), mas também de suas memórias mais sombrias, mais culpadas, mais arrependidas (os genocídios, a Shoá, os colonialismos, os totalitarismos nazistas, fascistas ou stalinis-

---

38. DERRIDA, J. "Le Souverain bien – ou l'Europe en mal de souveraineté". In: *Cités*, n. 30, 2007.

tas, tantas outras violências opressivas) [...], encontraria em suas duas memórias, a melhor e a pior, a força política" não de uma política do mundo, mas daquilo que ele chama uma *política altermundialista*. Derrida então está em busca de uma Europa que associe o bem e a soberania, ou seja, uma Europa que resistiria à tentação que consiste em reduzir a comunidade original dos seres humanos a uma comunidade animal, cujo chefe seria, em suma, uma espécie de lobo. Trata-se então de uma Europa que se colocaria contra o princípio *Homo homini lupus* (o homem é o lobo do homem). Derrida talvez seja o único pensador europeu que propõe implicitamente reler a biografia da Europa não mais sob o signo da razão e do universal, mas a partir da temática do lobo, ou seja, do vir-a-ser-besta e do vir-a-ser-animal de um soberano que só se determina como soberano enquanto animal, e que só se institui como soberano através da possibilidade de devorar seu inimigo. Ora, podemos encontrar esse modo de escrever a biografia da Europa na corrente de pensamento que chamamos de "crítica pós-colonial". Ela pleiteia tanto uma "provincialização da Europa" quanto sua declosão.

O nascimento de um pensar mundo

Podemos dizer que há três momentos centrais no desenvolvimento do pensamento pós-colonial. O momento inaugural é o das lutas anticoloniais. Essas lutas são precedidas e acompanhadas pela reflexão dos colonizados sobre eles mesmos, sobre as contradições resultantes de seu estatuto duplo de "indígenas" e de "sujeitos" dentro do Império; por um exame minucioso das forças que permitem resistir à dominação colonial; por debates em torno das relações entre o que realça os fatores de "classe" e o que parecem ser fatores de "raça". O discurso da época se articula, então, em torno daquilo que poderíamos chamar de *política da autonomia*, ou seja, para retomar os termos de Vincent Descombes, a possibilidade de "dizer *eu*", de "agir por si mesmo", de se conceder uma vontade cidadã e de participar, ao fazê-lo, da criação do mundo.

Vem em seguida um segundo momento, que normalmente é situado em torno da década de 1980. É o momento da grande hermenêutica (*high theory*), cujo evento principal é a publicação da obra-prima de Edward Said, *Orientalismo*[39], que ele prolonga e explicita alguns anos mais tarde em *O mundo, o texto, o crítico* e depois em *Cultura e imperialismo*[40]. Com efeito, é Edward Said, um palestino apátrida, que constrói as primeiras fundações daquilo que progressivamente se tornará a "teoria pós-colonial", compreendida dessa vez como uma forma alternativa de conhecimento sobre a modernidade e uma disciplina acadêmica totalmente à parte. Uma das contribuições decisivas de Said foi mostrar, contra a *doxa* marxista da época, que o projeto colonial não era redutível a um simples dispositivo militar-econômico, pois também era mantido por uma infraestrutura discursiva, uma economia simbólica, todo um aparelho de conhecimento onde a violência era tanto epistêmica quanto física. A análise cultural da infraestrutura discursiva ou ainda, simplesmente, da *imaginação* colonial progressivamente se tornará o próprio assunto da teoria pós-colonial e suscitará críticas severas de intelectuais de tradição marxista e internacionalista como Aijaz Ahmed (*Em teoria: classes, nações, literaturas*)[41], Chandra Talpade Mohanty (*Mulheres do Terceiro Mundo e a política do feminismo*)[42] e também Benita Parry.

No contexto indiano, três outros pensadores contribuíram para alargar a brecha aberta por Said. Trata-se de Ashis Nan-

---

39. SAID, E.W. *L'Orientalisme*: l'Orient créé par l'Occident. Paris: Seuil, 1997.
40. SAID, E.W. *The World, the Text, the Critic*. Cambridge: MA, Harvard University Press, 1983. • *Culture et impérialisme*. Paris: Fayard, 2000.
41. AHMED, A. *In Theory*: Classes, Nations, Literatures. Londres: Verso, 1994.
42. TALPADE MOHANTY, C. *Third World Women and the Politics of Feminism*. Bloomington: Indiana University Press, 1991.

dy (*O inimigo íntimo*)[43], que formula a proposição de que o colonialismo foi, antes de tudo, uma questão psíquica; que, nesse sentido, a luta contra o colonialismo foi ao mesmo tempo uma luta material e mental (*mental war*) e que, em todos os casos, a resistência ao colonialismo e ao nacionalismo – seu corolário – foi coagida a operar em termos definidos previamente pelo Ocidente. Bem antes dos outros, foi Nandy quem facilitou a passagem de Fanon na Índia. Ao mesmo tempo, ele introduziu a psicanálise no discurso pós-colonial ao abrir um diálogo entre essa corrente de pensamento e a *Dialética do esclarecimento* de Horkheimer e Adorno[44]. Temos, por outro lado, Gayatri Chakravorty Spivak, acadêmica de origem indiana, tradutora de Jacques Derrida (*Gramatologia*), autora de um texto que se tornou um clássico (*Podem os subalternos falar?*) e de um compêndio intitulado *Uma crítica da razão pós-colonial*[45]. Por fim, temos Homi Bhabha, editor da obra coletiva *Nação e narração*, comentador de Fanon e autor de *O local da cultura*[46].

Foi igualmente durante as décadas de 1980 e 1990 que começa a ocorrer uma junção entre o pensamento pós-colonial, por um lado, e várias outras correntes de genealogias particulares, pelo outro. Bastará citar duas, cujo mérito é oferecer uma fundamentação historiográfica àquilo que, até então, consistia acima de tudo numa análise de textos literários. Para começar, os "*subaltern studies*" ["estudos subalternos"], corrente de reflexão histórica nascida na Índia e que desenvolve uma crítica da historiografia nacionalista e anticolonial ao tentar recuperar as vozes e habilidades históricas dos vencidos da descolonização (campo-

---

43. NANDY, A. *The Intimate Enemy*. Delhi: Oxford University Press, 1983.
44. HORKHEIMER, M. & ADORNO, T.W. *La dialectique de la raison*. Paris: Gallimard, 1983.
45. SPIVAK, G.C. *Les subalternes peuvent-elles parler?* Paris: Amsterdam, 2009. • *A critique of Postcolonial Reason*. Cambridge, MA: Harvard University Press, 1989.
46. BHABHA, H. (org.). *Nation and Narration*. Londres: Routledge, 1990. • BHABHA, H. *The Location of Culture*. Londres: Routledge, 1994.

neses, mulheres, a casta dos intocáveis, marginais, subalternos) através de uma revisão e de uma releitura seletiva do marxismo (cf. esp. CHAKRABARTY, D. *Provincializar a Europa*). Devido ao privilégio concedido aos "sem voz" e aos "sem poder", uma boa parte da inspiração inicial da escola dos *subaltern studies* vem de Gramsci. Mas a "tradução" de Marx para os contextos e linguagens não europeias visa antes de mais nada compreender por que, na Índia, a luta anticolonial não conduziu a uma transformação radical da sociedade, mas sim a uma espécie de "revolução passiva" caracterizada pela vingança do "comunalismo", ou seja, em última instância, a uma figura da antinação.

Há, por outro lado, um pensamento afro-moderno que se desenvolve nos contornos do Atlântico e que, aliás, toma essa formação oceânica e transnacional como a própria unidade de sua análise (é o caso especialmente de Paul Gilroy e *O Atlântico negro*). Essa corrente de pensamento é fruto dos afro-britânicos, afro-americanos e afro-caribenhos. Sua preocupação central é reescrever as histórias múltiplas da Modernidade no ponto de encontro entre os fatos da raça e os fatores de classe. Nessa perspectiva, esse pensamento afro-moderno interessa-se tanto pela questão das diásporas quanto pelos procedimentos através dos quais os indivíduos são sujeitados a categorias infamantes que lhes barram qualquer acesso ao estatuto de sujeitos na história. Esse, em especial, é o caso do enclausuramento numa raça. W.E.B. Du Bois (*As almas da gente negra*)[47] é, nesse ponto de vista, o pensador afro-americano que melhor analisou os efeitos do "véu sombrio de cor" no qual foram enclausuradas as pessoas de origem africana no Novo Mundo. Ele enfatizou que um tal "véu" não apenas recobre aquele que é obrigado a portá-lo, mas também o torna irreconhecível e incompreensível, vítima de uma "consciência dupla". Esta também é uma corrente de pensamento muito sensível à temática

---

47. DU BOIS, W.E.B. *Les âmes du peuple noir*. Paris: La Découverte, 2007 [1903].

da "libertação dos espíritos" e da memória em condições de cativeiro (especialmente a religião, a música e as artes performáticas), à problemática da dispersão (diásporas) e ainda àquilo que Glissant chama de a "poética da relação". A experiência artística e estética ocupa um lugar central nas reflexões dessa corrente. Falando do canto dos escravizados, "velhos cantos misteriosos através dos quais a alma do escravizado negro falou aos seres humanos", W.E.B. Du Bois diz que "aqueles que caminharam nas trevas, nos dias antigos, cantavam cantos de dor – pois seu coração estava fatigado". Esse motivo da música negra é retomado por Paul Gilroy, que o estende à análise do *jazz* e do *reggae*[48].

Na margem africana do Atlântico, o momento propriamente pós-colonial se origina na literatura. Se o ato literário não serve como ato psicanalítico puro e simples, serve ao menos como sistema de simbolização cuja primeira intenção é a cura. O berço dessa literatura é uma estrutura de pavor na qual a África aparece sob a figura daquilo que jamais chegou à existência e que, enquanto tal, está privada de qualquer força de representação, visto que é o princípio por excelência da obstrução e do congelamento. Como ela nunca realmente nasceu, como ela nunca saiu da opacidade do nada, ela só pode penetrar na consciência universal através do arrombamento – e olhe lá. Em outros termos, ela é uma *realidade sem real*. Em sua origem, o ato literário africano é uma resposta a essa exclusão que é, ao mesmo tempo, ablação, excisão e pejoração. No discurso ocidental, essa operação primitiva de recusa opera num eixo triplo. Primeiro, a recusa aparece como uma operação da linguagem. Em seguida, ela é um modo de repressão. Por fim, ela é uma pulsão de destruição. A África é um objeto de gozo e de aversão. Ela se parece com o objeto anal. O gozo que se obtém com ela é, antes de mais nada, o da expulsão de um excremento ou de um dejeto. Não obstante, não falta a esse objeto

---

48. GILROY, P. *Darker than Blue*. Cambridge, MA: Harvard University Press, 2010.

anal nem presença nem imagem. Mas trata-se da presença e da imagem de um buraco e de uma *ruína original*. É essa ruína que se leva à figuração. E é igualmente essa ruína que a literatura leva à ficção, alegando que persiste uma verdade além da violência, mesmo que essa verdade tenha perdido seu nome. Nome esse que é preciso recuperar. O discurso africano pós-colonial surge então de um "fora-do-mundo", dessa zona sombria e opaca que define o não-eu analisado por Hegel em sua *Razão na história*. Ele surge da obscuridade, das profundezas do porão onde a humanidade negra foi previamente confinada no discurso ocidental. Na história do pensamento africano, a literatura, a música e a religião constituem respostas a essa exclusão, à negação e à recusa através das quais a África nasce para o mundo. Esse nascimento ocorre num espaço noturno. Daí, por exemplo, a resposta proposta por Senghor sob a forma de um hino órfico: o "canto de sombra".

À negação da humanidade se sobrepõe a afirmação da alteridade irredutível do africano e a inscrição do signo africano numa estrutura da diferença que apresenta atributos psicóticos. A antropologia, irmã da psiquiatria na colônia, constitui aqui a disciplina por excelência dessa leitura do Outro que foi previamente privado da razão. Uma estrutura psicótica, precisamente, que está na causa da identificação do continente com a loucura e, de modo geral, com a doença sob suas duas formas: orgânica (a exemplo da epilepsia) e psíquica (a exemplo da melancolia)[49]. Pois bem, essa experiência da negatividade é produtora de ficção. A ficção tem por objetivo tirar o sujeito da ausência e do nada nos quais ele foi confinado. Desde suas origens, a literatura africana tem como função evitar a falta de realidade com a qual o signo africano foi enfarpelado. Por não ter matado o "pai", ela o acusa de uma culpabilidade que clama um arrependimento.

---

49. MOURALIS, B. *L'Europe, l'Afrique et la folie*. Paris: Présence Africaine, 1993.

O terceiro momento é marcado pelo fato central de nossa época, a globalização. A expansão generalizada da forma mercadoria e sua penhora da totalidade dos recursos naturais, das produções humanas, em suma, do conjunto do vivo. Nessas condições, o texto literário por si só não pode mais ser o único arquivo preferencial. Mas a reflexão crítica sobre as formas contemporâneas de instrumentalização da vida pode ganhar radicalidade se concordar em levar a sério as formações antigas e recentes do capitalismo que foram a escravidão e a colonização. Com efeito, vemos como, no modo de funcionamento do capitalismo colonial, foi constante a recusa em instituir a esfera do vivo como um limite da apropriação econômica. A escravidão, por sua vez, foi um modo de produção, circulação e repartição de riquezas fundado sobre a recusa da institucionalização de qualquer domínio do "não apropriável". Sob todos os pontos de vista, a *"plantation"*, a "fábrica" e a "colônia" foram os principais laboratórios onde se testou o futuro autoritário do mundo que observamos hoje em dia.

Podemos ver que a crítica pós-colonial é uma constelação intelectual cuja força e fraqueza se originam de sua própria explosão. Um resultado da circulação de saberes entre diversos continentes e através de diversas tradições anti-imperialistas, ela é como um rio com vários afluentes. Essa crítica põe o dedo em duas coisas. E, para começar, ela desnuda tanto a violência inerente a uma ideia particular da razão quanto o fosso que, nas condições coloniais, separa o pensamento ético europeu de suas decisões práticas, políticas e simbólicas. Com efeito, como reconciliar a fé proclamada no ser humano e a facilidade com que se sacrifica a vida e o trabalho dos colonizados e seu mundo de significações? Isso é, por exemplo, a questão que Aimé Césaire coloca em seu *Discurso sobre o colonialismo*[50]. Por outro lado, essa crítica insiste na *humanidade-que-virá*, aquela que deve nas-

---

50. CÉSAIRE, A. *Discours sur le colonialisme*. Paris: Présence Africaine, 2004 [1950].

83

cer uma vez que as figuras coloniais do inumano e da diferença racial sejam abolidas. Essa esperança no advento de uma comunidade universal e fraternal está muito próxima do pensamento judeu, pelo menos como ele é visto por Ernst Bloch e até Walter Benjamin – com exceção da dimensão teológico-política.

Essa crítica se esforça igualmente em desconstruir a prosa colonial, ou seja, a montagem mental, as representações e formas simbólicas que serviram de infraestrutura do projeto imperial. Ela busca desmascarar a potência de falsificação – numa palavra, a reserva de mentiras e as funções de fabulação sem as quais o colonialismo enquanto configuração histórica de poder teria fracassado. Ela mostra que aquilo que era considerado o humanismo europeu sempre aparecia nas colônias sob a figura da duplicidade, da linguagem dupla e, com grande frequência, da deturpação do real. Sabe-se também que a colonização não parou de mentir sobre si mesma e sobre os outros. Os procedimentos de racialização do colonizado constituíam o motor dessa economia da mentira e da duplicidade. A raça, com efeito, constituía a região selvagem do humanismo europeu, sua besta. A crítica pós-colonial se esforça então para desmontar o esqueleto da besta, para desalojá-la dos lugares que ela prefere habitar. Mais radicalmente, ela se coloca a questão: O que é viver sob o regime da besta? De que vida se trata, e de qual tipo de morte se morre? Ela mostra que existe no humanismo colonial europeu alguma coisa que se pode muito bem chamar de ódio inconsciente de si. O racismo em geral, e o racismo colonial em particular, constituem a transferência para o Outro desse ódio e desse desprezo de si. Ainda mais grave, a figura da Europa que a colônia (e, antes dela, a *plantation* no regime de escravidão) experimenta e que pouco a pouco conhece bem está longe de ser a da liberdade, igualdade e fraternidade. Por trás da máscara do humanismo e do universalismo, os colonizados não descobrem apenas um sujeito muitas vezes cego e surdo. É sobretudo um sujeito marcado pelo desejo de sua própria morte *através* da morte dos outros. É igualmente um sujeito para cujos olhos o direito não tem quase nada a ver com a justiça e, pelo contrário, é um modo certo de provocar a guerra, de conduzi-la e de perenizá-la. É, por fim, um sujeito para quem a riqueza é acima de tudo um meio de exercício do direito de vida e morte sobre os outros, como evocaremos mais abaixo.

Hoje também se sabe que parte da retórica do humanismo e do universalismo com frequência serviu de fachada para a *força* – uma força que não sabe escutar e que não sabe se transformar. Mais uma vez, foi Fanon quem, melhor que qualquer um, explicou esse tipo de força necropolítica que, transitando pela ficção, torna-se doente da vida, ou ainda, num ato de reversão permanente, toma a morte pela vida e a vida pela morte. É por essa razão que a relação colonial oscila constantemente entre o desejo de explorar o Outro (designado como racialmente inferior) e a tentação de eliminá-lo, de exterminá-lo. A terceira característica da crítica pós-colonial é ser um pensamento da *sobreposição* e da *concatenação*. Desse ponto de vista, ela se opõe a uma certa ilusão ocidental segundo a qual o sujeito só existe num retorno circular e permanente a si mesmo, a uma singularidade essencial e inesgotável. Pelo contrário, essa crítica insiste no fato de que a identidade se origina na multiplicidade e na dispersão; que o retorno a si só é possível no *intermediário*, no interstício entre a marca e a distinção, na *coconstituição*. Nessas condições, a colonização não aparece mais como uma dominação mecânica e unilateral que força o sujeitado ao silêncio e à inação. Pelo contrário, o colonizado é um indivíduo vivo, falante, consciente, agente – e sua identidade é o resultado de um movimento triplo de arrombamento, apagamento e reescrita de si.

Isto posto, a universalização do imperialismo não se explica somente pela violência da coerção. Com efeito, muitos colonizados aceitaram, por razões mais ou menos válidas, tornar-se cúmplices conscientes de uma fábula que os seduziu em múltiplos aspectos. A identidade do colonizado, como a do colonizador, se forma no ponto de interseção entre a elipse, o desprendimento e a retomada. Esse vasto campo de ambivalência e as expectativas estéticas dessa sobreposição, seus efeitos paradoxais – tudo isso foi objeto de muitas análises. A crítica do humanismo e do universalismo europeus no pensamento pós-colonial não era um fim em si mesmo. Ela serviu para abrir o caminho a uma interrogação sobre a possibilidade de uma *política do semelhante*. O pré-requisito dessa política do semelhante é o reconhecimento do Outro e de sua diferença, como também mencionaremos no próximo capítulo. Essa inscrição no futuro, na busca interminável de novos horizontes do ser humano através do reconhecimento de outrem como fundamentalmente humano, é um aspecto desse pensamento que muitas vezes se esquece. Ora, ela é constitutiva da busca de Fanon, do Senghor das *Obras poéticas* quando era prisioneiro de um campo alemão (o Front Stalag, 230), das meditações de Edward Said em sua velhice, ou, mais recentemente, das considerações de Paul Gilroy sobre a possibilidade de uma vida convival num mundo, de hoje em diante, multicultural e heterogêneo (*Melancolia pós-colonial*). Encontramos o mesmo teor em grande parte do pensamento afro-americano, confrontado, por outro lado, com a dificuldade de se reapropriar das heranças da escravidão e do racismo, e organizá-las a serviço da resistência dos dominados sem todavia cair na armadilha da racialização e glorificação da raça.

Pode-se dizer que o pensamento pós-colonial é, sob muitos aspectos, um pensar-mundo mesmo que, no começo, não tenha utilizado esse conceito. E, para começar, ele mostra que não há muita disjunção entre a história da nação e a do império. O Napoleão do restabelecimento da escravidão e Toussaint Louverture, o representante da revolução dos direitos do ser humano, constituem as duas faces da mesma nação e do mesmo império colonial. O pensamento pós-colonial mostra como o próprio colonialismo foi uma experiência planetária e contribuiu para a universalização das representações, das técnicas e das instituições (caso do Estado-nação, e também da mercadoria sob suas formas modernas). Ele nos diz que, no fundo, esse processo de univer-

86

salização, longe de ter um sentido único, foi paradoxal, cheio de todo tipo de ambiguidades. Além disso, no caso do Atlântico, a "colônia" se juntou a outra formação de poder, a "*plantation*", unidade central de uma era anterior que poderíamos chamar de era da protoglobalização. A crítica pós-colonial mostra que nossa modernidade global deve ser pensada no início do século XIX, a partir desse período no qual a mercantilização da propriedade privada se efetua em concerto com a das pessoas, no momento do tráfico de escravizados. A era do tráfico atlântico também é a das grandes migrações, mesmo que estas tenham sido forçadas. É a era da mistura forçada de populações, da cisão criadora ao redor da qual surgiu o mundo crioulo das grandes culturas urbanas contemporâneas. É também a era das grandes experiências planetárias. Como mostra Paul Gilroy em *O Atlântico negro* e também historiadores como Peter Linebaugh e Marcus Rediker (*A hidra de muitas cabeças*)[51], é o momento no qual as pessoas, arrancadas da terra, do sangue e do solo, aprendem a imaginar comunidades além dos laços do solo, saem do conforto da repetição e inventam novas formas de mobilização e de solidariedades transnacionais. Antes das colônias tornarem-se os grandes laboratórios da Modernidade no século XIX, a *plantation* já prefigurava uma nova consciência do mundo e da cultura.

Ao lado desses fatores históricos, também existem outros níveis de articulação de natureza teórica. Esse é especialmente o caso quando se esboça um diálogo entre o pensamento pós--colonial e o pensamento afro-moderno que vem, em particular, dos Estados Unidos e do Caribe. Esse pensamento afro-moderno é um pensamento do *intermediário* e do *entrelaçamento*. Ele declara que não podemos verdadeiramente apelar ao mundo a não ser que, pela força das coisas, permaneçamos ao lado de outros. Nessas condições, "retornar a si" é antes de tudo "sair de si", sair

---

51. LINEBAUGH, P. & REDIKER, M. *The Many Headed Hydra*: Slaves, Sailors, Commoners and the Hidden History of the Revolutionary Atlantic. Nova York: Beacon Press, 2001.

da noite da identidade, das lacunas de nosso pequeno mundo. Temos então aqui um modo de ler o mundo que se baseia na afirmação radical da densidade da proximidade, do movimento, até do deslocamento[52]. Em outros termos, a consciência do mundo nasce da efetivação daquilo que já era possível em mim, mas através de meu encontro com a vida de outra pessoa, minha responsabilidade diante da vida de outra pessoa e dos mundos aparentemente distantes e, acima de tudo, das pessoas com as quais aparentemente não tenho nenhum laço – os intrusos.

Mas a crítica pós-colonial é igualmente um pensamento do sonho: o sonho de uma nova forma de humanismo – um humanismo crítico que será fundado antes de tudo sobre a partilha daquilo que nos diferencia, aquém dos absolutos. É o sonho de uma *polis universal* e *mestiça*. É isso que Senghor, em sua *Obra poética*, chamava de suas preces – esse "renascimento do mundo" de que fala, por exemplo, sua "Oração às máscaras". Para que essa *polis* universal exista é preciso que o direito universal de herdar o mundo em seu conjunto seja reconhecido para todos. O pensamento da pós-colônia, em compensação, é um pensamento da vida e da responsabilidade, mas através do prisma daquilo que desmente as duas. Ele se situa na linhagem de certos aspectos do pensamento negro (Fanon, Senghor, Césaire e outros). Ele é um pensamento da responsabilidade, responsabilidade enquanto obrigação de responder por si mesmo, de assegurar os próprios atos. A ética subjacente a esse pensamento da responsabilidade é o futuro do eu lembrando-se do que foi nas mãos de outro, lembrando-se dos sofrimentos que foram suportados no tempo do cativeiro, quando a lei e o sujeito estavam divididos.

Por fim, o pensamento pós-colonial não é um pensamento antieuropeu. Ao contrário, ele é filho do encontro com a Europa e os mundos que ela transformou em suas posses longínquas. Ao mostrar como a experiência colonial e imperial foi codificada

---

52. McKAY, C. *Banjo*. Paris: André Dimanche, 2002.

88

nas representações, divisões disciplinares, suas metodologias e seus objetos, ele nos convida a uma leitura alternativa de nossa modernidade para todos. Ele conclama a Europa a viver de modo responsável aquilo que ela diz ser desde suas origens, seu futuro e sua promessa. Se, como a Europa sempre afirmou, essa promessa tem verdadeiramente como objeto o futuro da humanidade em conjunto, então o pensamento pós-colonial conclama a Europa a abrir e a relançar incessantemente esse futuro, de modo singular, responsável por si, pelo Outro e diante do Outro. Isto posto, a Europa não é mais o centro do mundo. Sua soberania tornou-se suplementar. O mundo contemporâneo, decididamente, é heterogêneo, ou seja, constituído de uma multiplicidade de nós regida pela lógica dupla do entrelaçar e do desamarrar. Essa heterogeneidade implica a existência de outras formas de vida e de outros modos de pensar, de outros possíveis da vida. O Outro, hoje em dia, não é mais aquele que produz e inventa a Europa enquanto ela toma para si a tarefa de se pensar sob o signo do universal. É o Outro ao mesmo tempo da heteronomia absoluta e da proximidade e semelhança radical. Nesse sentido, a teoria pós-colonial tem razão em dizer que a ideia da Europa é ao mesmo tempo mais que seu espaço e seu passado e também algo diferente disso. Aquilo que define a Europa não mais lhe pertence em particular. Em consequência, a universalidade aqui não é nada mais do que o outro nome do descentramento. A partir disso, a ameaça é o confinamento nas fronteiras circunscritas previamente; a obsessão com a ancoragem em detrimento da preocupação com o vasto e o Aberto.

Existe algo que podemos chamar de autobiografia da Europa, o modo pelo qual ela escreve a si própria e se autodesigna. No fundo, essa autobiografia (autodesignação) não é nada mais do que um campo polêmico. A Europa, hoje, só constitui o centro do mundo de modo fictício. O centro do mundo se deslocou para outro lugar. Eis o contexto no qual a Europa deve relançar a produtividade das metáforas através das quais ela tentou se dizer e dizer ao mundo, tentou se fazer Ideia. Essa Ideia precisa se tornar incessantemente o objeto de uma reinterpretação para não caducar. É preciso aceitar que ela seja posta em jogo por leituras que não sejam as suas próprias. É apenas assim que ela se enriquecerá e se tornará uma força de fascinação. Mas a medida dessa força de fascinação será necessariamente sua capacidade de contribuir para a declosão do mundo. Uma Europa que, enquanto proclama *urbi et orbi* sua vocação universal, se reinventa sob o signo da clausura não interessa ao mundo e não tem nenhum interesse para ele.

É preciso então reimaginar a Europa como uma multiplicidade que não tem limite externo, não tem um lado de fora. É apenas assim que ela se tornará o espelho do mundo e não um fragmento – certamente significativo – dos arquivos inumeráveis do mundo. A Europa deve encontrar sua definição num jogo instável, sempre diferente, que frustra qualquer definição – uma contraescritura que rompe qualquer clausura e que, longe de resolver a proposta, se coloca na forma de uma questão incompleta, aberta. Essa definição precisa absolutamente deixar inscrever o completamente-outro na língua do ser. Ela precisa absolutamente dar lugar ao absolutamente estrangeiro se a Europa quiser tratar suas próprias possibilidades de modo diferente. Uma dessas possibilidades é escrever sua autobiografia a partir do Outro, em resposta às questões que este lhe dirige. Pois é a partir do Outro que qualquer escrita do mundo causa verdadeiramente surpresa. Em vez de se colocar como ponto final da humanidade, a Europa deve então prestar atenção ao que vem. Sua vocação – se esse termo tiver um sentido – é se avançar, como dizia Derrida, de modo exemplar na direção do que não é ela, aquilo que se procura ou se promete hoje em dia. Uma tal Europa deve conceber suas fronteiras como algo que não está dado. Ela deve deixar vir o acontecimento imprevisível. É apenas assim que ela contribuirá para a declosão do mundo.

A estrutura dupla de impotência e ignorância

Voltemos, para terminar, à colonização e sua pós-vida, já que esse é um dos campos de batalha dos debates contemporâneos sobre a pós-colonialidade. Enquanto fórmula geral da dominação, a colonização criou uma estrutura nova de ação e de sentido, um novo regime de historicidade (ou, em outros termos, uma nova prosa). Esse processo de organização do campo no qual se desenrolariam as interações entre dominantes e sujeitados coloniais não apagou o conjunto de costumes e lógicas autóctones anteriores a ele. Ele foi fundamentalmente heterônomo. Apesar dessa tentativa de invenção de novos costumes estar na origem de novas coerções, ela também liberou novos recursos e obrigou os sujeitos coloniais a tentar aproveitá-los, ou contestá-los e deformá-los, ou fazer tudo isso se não simultaneamente, ao menos paralelamente[53].

Por outro lado, sabe-se que a colonização se definia, em grande medida, por linhas de fuga. Do começo ao fim, o regime colonial estava cheio de fissuras, fendas, brechas que ele não parava de tapar e de fechar. Mesmo quando ele se transformou num aparelho mais ou menos centralizado, as lógicas da segmentação continuavam a trabalhar como antes. Na maioria dos casos, as decisões apenas conseguiam deslocar as linhas de fuga para outro ponto. O mundo colonial, um mundo de microdeterminações, baseava-se também na gestão de medos grandes e pequenos, na produção e miniaturização de uma insegurança partilhada tanto entre os dominantes quanto os sujeitados. Esse medo estrutural e molecular resultava do fato de que alguma coisa sempre lhe escapava, e ele tentava sem parar capturá-la ao editar novas leis e novas proibições o tempo todo. E, mesmo quando a capturava, nunca tinha certeza de que era a coisa certa. O medo permanente − uma paranoia, até − tinha também como origem a *estrutura*

---

53. Cf. MBEMBE, A. *La naissance du maquis dans le Sud-Cameroun*. Op. cit. Introdução.

dupla de impotência e ignorância tão característica desse modo de dominação. Os senhores coloniais quase nunca sabiam o que, na simples imitação, era na verdade oposição; o que, na oposição aparente, era apenas uma simples inversão; ou ainda o que, parecendo uma revolta propriamente dita, assinalava em última instância uma simples lógica do desejo. Do começo ao fim, o regime colonial viveu com o sentimento de que alguma coisa das sociedades autóctones – sem importar sua escala, altura ou dimensões – assinalava o indeterminável.

Isto posto, a história da colonização não é somente uma história de ambivalências e contingências, de grandes acasos e encontros surpreendentes, como uma certa crítica historiográfica e sociológica leva a crer – documentada, muitas vezes erudita e, no caso, ingênua. Há nos impérios coloniais do século XIX elementos de novidade, de modernidade, até de coerência em certos casos. Isso não significa minimizar de modo algum os laços complexos que foram tecidos entre a administração colonial e seus sujeitos. Longe da presunção positivista, é preciso então reler a história do Ocidente fora do Ocidente a contrapelo de suas ficções, suas evidências às vezes vazias de conteúdo, seus disfarces, seus artifícios e – vale repetir – sua *vontade de poder* (que, como acabamos de sugerir, está profundamente embutida numa estrutura de impotência e ignorância). Pois, além da compilação de detalhes empíricos, se a crítica do colonialismo ou do fato imperial fez alguma coisa, foi enfrentar essa vontade de poder e o modo como suas dimensões ontológica, metafísica, teológica e mitológica foram constantemente objeto de ocultação. Enquanto vontade de poder, a razão colonial é uma razão ao mesmo tempo religiosa, mística, messiânica e utópica. A colonização é inseparável das construções imaginárias poderosas e das representações simbólicas e religiosas através das quais o pensamento ocidental figurou o horizonte terrestre. Portanto, há um lugar na crítica das situações coloniais e dos fatos do império para uma crítica filosófica e ética, e um exame circunstanciado daquilo que, dentro da coisa, considerava-se seu fogo interior. Na prática, o que acontecia efetivamente era que essa lei interior era deformada, desajustada, perturbada – sua claridade era obscurecida. Mas isso foi uma questão de fato, e não axiomática. Ora, como vimos, aquilo que a animava de dentro, o impulso que ela continha, era em parte muito grande a raça. Era ela que, no fundo, regia sua linguagem, seus esquemas de percepção e também suas práticas. "Velhos" ou "jovens", os repertórios múltiplos e as estratégias diferentes que os impérios coloniais estabeleceram com o objetivo de incorporar populações heterogêneas numa única entidade política enquanto mantinham as distinções e as hierarquias só faziam sentido com relação à realidade incontornável da raça.

A colonização era também um sistema de signos que diferentes atores não paravam de decifrar, cada um à sua maneira. Ela tinha suas formas de representar sua mitologia para si própria. Ela tinha palavras com as quais se autodesignava. Ela sabia se delegar para substitutos indígenas que a prolongavam. A relação colonial de dominação não foi nem simples nem unilateral. Ela sempre tinha uma trama: a vontade de poder e aquilo que ela nos dizia sobre as questões gerais da força e do direito, do direito e da justiça, da justiça e da responsabilidade, da fragilidade do poder, em suma, sobre aquilo que chamamos em outro momento de "particular do ser humano" e de suas relações com seu semelhante. Por outro lado, existiram forças que a colonização liberou, fluxos de riqueza, fluxos de desejos e crenças; o choque, a surpresa, a sedução do poder e o apelo à assimilação. Os colonos e os sujeitados estavam em posse tanto de desejos e de crenças quanto de interesses. Longe de serem apenas complexos político-econômicos, os diferentes regimes coloniais foram também complexos do inconsciente e, muitas vezes, foi assim que deixaram traços indeléveis na imaginação dos colonizados. E, apesar de todo o peso da incerteza que envolvia suas práticas, eles não foram mais do que fracassos.

A dominação colonial era análoga a um estado de guerra[54]. Em muitos casos, ela tomou a forma de uma guerra permanente de baixa intensidade. Como o vencedor buscava sempre prolongar indefinidamente a "relação de conquistador com conquistado", podemos dizer que a "paz colonial" só diferia da guerra pelo fato de um dos lados estar privado de armas[55], como veremos no capítulo seguinte. Desse confronto, os indígenas na maioria das vezes saíam moídos, derrotados e desfigurados. Por sua vez, os colonos arriscavam-se a só conseguir sair dele depois de destruir tudo que estavam em condições de destruir. Pois toda prática colonial possui uma pulsão interna: a embriaguez da força, uma emulação sombria de matar e, se preciso, perecer. Para além da busca do lucro, ela sempre se construiu na crista de uma linha intensa: a linha fria da pura força e destruição. Essa força, às vezes cega, atravessa inclusive as linhas de fuga que, de resto, julga-se capaz de bloquear. Essa é a natureza da vontade de poder colonial. Fundada na partilha entre a posse das armas por um lado e a privação das armas pelo outro, ela consiste, em consequência, na vontade de recolocar tudo em jogo. Enquanto tal, essa vontade é uma aposta na morte dos outros e a de si próprio. Mas sempre supõe que essa última passa pela dos outros – uma morte delegada.

Numa humanidade planetarizada, eis precisamente as questões que nos preocupam mais de perto, no próprio enigma de nosso presente e de sua capacidade mais apropriada de futuro. Com efeito, é em parte através da escravidão dos negros e da colonização – e, portanto, dessas questões gerais – que se forjou nossa língua comum e que se justapuseram os habitantes da Terra, dentro de uma unidade ao mesmo tempo emblemática e problemática. E esses eventos nos clamam a continuar a interrogação sobre a questão das condições de um encontro autêntico. Esse encontro começa não pelo esquecimento desmesurado que trans-

---

54. WEIL, S. Œuvres *choisies*. Paris: Gallimard, 1999, p. 419 [Col. "Quarto"].
55. Ibid., p. 420.

forma todos em sonâmbulos, nem por um revisionismo que mal consegue esconder os apelos a um positivismo cientístico, mas sim pela expatriação recíproca. A necessidade dessa expatriação requer, por sua vez, a elaboração de um pensamento que seja ao mesmo tempo profundamente histórico, filosófico e ético – memória e antimemória, militante e antimilitante, político, antipolítico e poético. Antimilitante desde que a relação com o passado se transforme em algo que lhe pertence, como o jardineiro em seu jardim. Mas político à medida que vamos conscientemente ao encontro do passado não somente como aquilo que está presente para nós, mas também como a condição de possibilidade da partilha e do em-comum, por mais infinitesimal que seja.

3

A sociedade francesa: proximidade sem reciprocidade

Por que, neste século supostamente de unificação do mundo sob a influência da globalização dos mercados financeiros, dos fluxos culturais e da mistura das populações, a França insiste em não pensar de maneira crítica a *pós-colônia*, o que quer dizer, em última análise, a história de sua presença no mundo e também a história da presença do mundo nela antes, durante e após o império? Quais são as consequências políticas, intelectuais e culturais dessa irritação e o que ela nos diz sobre os limites do modelo republicano e de sua pretensão de simbolizar um modo de universalismo? Quais são as condições intelectuais que poderiam fazer com que o velho universalismo à francesa dê lugar a essa alternativa que ele reprime sem cessar: uma nação verdadeiramente cosmopolita, capaz de colocar em termos inéditos e em nome do mundo como um todo a questão da *democracia que virá*?[1]

Para responder a essas interrogações, parte-se da ideia para a qual o problema da democracia que virá está profundamente

---

1. Cf. *La démocratie à venir*: autour de Jacques Derrida [Atas do colóquio organizado em 8 de julho de 2002 no Centro Cultural Internacional de Cerisy-la--Salle]. Paris: Galilée, 2004.

ligado ao futuro dessa instituição específica, a *fronteira*[2] – com a qual também é preciso compreender a relação entre a constituição do poder político e o controle dos espaços assim como a questão mais geral de saber *quem é o meu próximo*, como tratar o *inimigo* e o que fazer com o *estrangeiro*. A dificuldade que temos em "responder" a essas três figuras está associada, em seu essencial, com aquilo que as democracias existentes fizeram com o problema da *raça*, como vimos no capítulo anterior. Por força de considerar há tanto tempo o modelo republicano como o veículo completo da inclusão e da emergência da individualidade, acabou-se transformando a República numa instituição imaginária e subestimou-se suas capacidades originais de brutalidade, discriminação e exclusão.

O cenário primordial dessa brutalidade e dessa discriminação foi a *plantation* sob a escravidão e depois a *colônia* a partir do século XIX. De modo absolutamente direto, o problema que o regime da *plantation* e o regime colonial colocavam era o da funcionalidade da raça como princípio de exercício do poder e como regra da sociabilidade. No contexto de hoje, invocar a raça é conclamar a uma reflexão sobre o *dessemelhante*, sobre aquele ou aquela com quem não compartilhamos nada, ou muito pouco – aqueles e aquelas que, estando conosco, ao nosso lado ou entre nós não são, em última análise, dos nossos. Muito antes do império, a *plantation* e a *colônia* constituíam um "ali". Elas faziam parte do "distante" e da estranheza – do além-mar. E é quase sempre nesses limites extremos que elas apareciam no imaginário metropolitano[3]. Hoje em dia, a *plantation* e a *colônia* foram deslocadas e ergueram suas tendas aqui mesmo, fora dos muros da cidade (na *periferia* [*banlieue*]). Esse deslocamento complica, mais do que no passado, a definição dos limites de dentro e

---

2. Sobre este assunto, cf. as reflexões de BALIBAR, E. *Europe, Constitution, Frontière*. Paris: Du Passant, 2005.

3. Cf. MILLER, C.L. *The French Atlantic Triangle*: Literature and Culture of the Slave Trade. Durham: Duke University Press, 2008.

97

de fora e provoca, de passagem, um novo questionamento dos critérios do pertencimento, "em consequência, que não é mais suficiente ser um cidadão francês para ser considerado completamente francês – e europeu – e ser tratado como tal"[4]. Dessa forma, o próximo e o distante, assim como a colonização, o mundo que ela criou e o que veio depois, enredam-se. O paradoxo dessa presença é que ela permanece em grande parte invisível mesmo no momento onde se observa a imbricação estreita entre o ali e o aqui, a generalização do estranho, sua disseminação e difusão no espaço – tudo isso tem como consequência a agravação da tensão fundadora do modelo republicano francês. Trata-se não da oposição entre universalismo e comunitarismo (como a ortodoxia tende a pensar de modo geral), mas entre universalismo e cosmopolitismo (a ideia de um *mundo comum*, de uma *humanidade comum*, de uma *história* e um *futuro que pode ser proporcionado em partilha*). E é a reticência em transformar esse passado comum em história partilhada que explica a impotência da França em pensar a *pós-colônia*.

Este argumento será desenvolvido em dois momentos. Primeiro, mostraremos que o problema daqueles que, apesar de estarem conosco, entre nós ou ao nosso lado, em última instância não são dos nossos, apesar de um passado comum não foi resolvido nem pela abolição da escravidão nem pela descolonização. A extensão da cidadania aos descendentes de escravizados ou de indígenas não conduziu a uma renovação das modalidades da instituição imaginária da nação. É essa, em suma, a aporia no coração da lógica da integração e da assimilação que governa tanto os debates passados quanto os atuais sobre a presença de estrangeiros no território nacional, e até o pertencimento dos cidadãos franceses não brancos à República. A forma de universalismo que sustenta a ideia republicana, com efeito, só parece ser capaz de pensar o Outro (o ex-escravizado, o ex-colonizado) "como em

---

4. DAKHLIA, J. *Islamicités*. Paris: PUF, 2005, p. 8.

termos de duplicação, de desdobramento até o infinito de uma imagem narcisista" à qual estão sujeitados aquele ou aquela que são seu alvo[5]. Apesar de uma rica tradição filosófica sobre as relações entre o Outro e o Mesmo, os arquétipos do Outro no pensamento francês contemporâneo ainda dependem quase totalmente das figuras do exótico ou de categorias puramente essencialistas.

O declínio de uma nação congelada

Acabamos de afirmar que a descolonização não pôs um ponto-final à questão de saber o que fazer com o passado comum, uma vez que este foi mais ou menos renegado. Evocamos a descolonização sabendo que o termo é objeto de contestação. Com efeito, muitos se perguntam se, com o fim da tutela formal, tudo realmente foi recolocado em jogo, tudo verdadeiramente recomeçou, a ponto de podermos dizer que as ex-colônias renovaram sua existência e afastaram-se de seu estado anterior. Para alguns, a resposta a essa pergunta é negativa. Colônia, neocolônia, pós-colônia: tudo seria o mesmo teatro, os mesmos jogos miméticos, com atores e espectadores diferentes (pelo menos!), mas com as mesmas convulsões e a mesma injúria. É esse, por exemplo, o ponto de vista dos militantes anti-imperialistas, para os quais a colonização francesa na África jamais terminou de fato. Ela teria simplesmente mudado de rosto, passando a usar mil outras máscaras.

Em apoio dessa tese, cita-se, a esmo, a presença de bases militares em muitos países da região de antiga ocupação francesa e uma longa tradição de intervenções diretas nas questões desses Estados, a emasculação de sua soberania monetária através de mecanismos como zonas francas e ajuda à cooperação, a formação de redes e transformação clientelista de suas elites através de uma panóplia de instituições culturais e políticas (como as

---

5. HASSOUN, J. *L'Obscur objet de la haine*. Paris: Aubier, 1997, p. 14.

instituições da francofonia ou o "Escritório África" do Palácio do Eliseu), o ativismo dos serviços secretos e de várias redes especuladoras, para não dizer criminosas, a participação direta em políticas da violência e até em dinâmicas de caráter genocida[6]. Apesar do caráter por vezes polêmico dessas afirmações, seria ingênuo pensar que são todas infundadas. A França, como todas as outras potências do mundo, preocupa-se com seus interesses ideológicos, estratégicos, comerciais e econômicos. A primazia de seus interesses públicos e privados comanda quase totalmente sua política externa. Historicamente, ela soube explorar a vantagem de sua posição de antiga potência imperial para cimentar, entre as classes dirigentes francófonas, relações desiguais marcadas tanto pelo cunho da brutalidade quanto pelo da venalidade.

Alexis de Tocqueville já em 1847 recomendava para os árabes essa forma de dominação pouco onerosa: "A experiência já mostrou mil vezes que, independentemente do fanatismo e do espírito natural dos árabes, a ambição pessoal e a cupidez têm muitas vezes mais força em seu coração e faz com que eles aceitem acidentalmente as resoluções mais contrárias a suas tendências habituais. O mesmo fenômeno sempre é encontrado em homens apenas parcialmente civilizados". E solicitava uma política que, ou adulando sua ambição ou distribuindo dinheiro, fizesse com que "mesmo aqueles que exibam o ódio mais furioso aos cristãos ergam-se de repente em armas e voltem-se contra seus compatriotas"[7]. Na África Subsaariana, essa "reviravolta das armas" exibiu-se de formas diversas. Na maioria dos casos, ela se inscreveu numa lógica simples de *corrupção mútua*. Do lado africano, o motor da venalidade foi então a conjunção de duas pul-

---

6. OXFAM FRANCE, AGIR ICI ET SURVIE. *L'Afrique à Biarritz* – Mise en examen de la politique française: Biarritz, 8-9 novembre, 1994. Paris: Karthala, 1995. • VERSCHAVE, F.-X. *La françafrique*: Le plus long scandale de la République. Paris: Stock, 1998. • CHIPMAN, J. *French Power in Africa*. Oxford: Blackwell, 1989.

7. TOCQUEVILLE, A. *De la colonie en Algérie*. Paris: Complexe, 1988, p. 74-75.

sões culturais que precedem o momento colonial: por um lado, o desejo ilimitado de aquisição de bens e riquezas; e, por outro, a reprodução no tempo longo de formas objetais do gozo. Todavia, em muitas outras circunstâncias a relação tomava pura e simplesmente a forma de inúmeras atitudes racistas maldisfarçadas sob o manto de um paternalismo de boa qualidade. E também, quando necessário, a França não hesitava em recorrer à força direta e até a assassinatos para perenizar seus interesses.

Tanto o racismo cruzado com paternalismo e desdém quanto a corrupção mútua, até o jogo de servilismo aparente do lado das elites africanas – tudo isso estava profundamente ancorado em estruturas históricas de desigualdade que uma civilidade quase cerimonial mascarava e ratificava constantemente. Mas a desigualdade constituía ao mesmo tempo uma forma de troca e uma forma de dádiva. No jogo da submissão, as cerimônias, graças, trocas, dádivas e contradádivas permitiam, por um lado, a criação de dívidas e, por outro, a instituição de redes de dependência recíproca que favoreciam, de resto, uma relativa interculturalidade[8]. Isto posto, seria errôneo reduzir a análise das dinâmicas políticas e culturais das sociedades pós-coloniais francófonas da África apenas às relações que suas elites travavam com a França. De fato, essas próprias relações não pararam de se transformar. Essa transformação lenta tomou um curso errático na direção da falência financeira de vários Estados, e depois da generalização das guerras de rapinagem por todo o continente, especialmente no último quarto do século XX. Ainda que as redes especuladoras tradicionais não tenham perdido totalmente o terreno, elas não podem mais agir como se a África fosse uma "reserva de caça" da França. Em nome da manutenção dos grandes equilíbrios macroeconômicos (disciplina fiscal, controle do endivida-

---

8. Cf. BAYART, J.-F. "Réflexions sur la politique africaine de la France". In: *Politique Africaine*, n. 58, 1995. • *"Bis repetita*: la politique africaine de François Mitterrand". In: COHEN, S. (org.). *Mitterrand et la sortie de la Guerre Froide*. Paris: PUF, 1998.

mento público e da inflação), da liberalização do comércio e até da luta contra a pobreza, o peso dos funcionários internacionais aumentou mesmo que, na prática, as reformas que conduziriam a uma maior competitividade tenham atolado. As necessidades de reescalonamento das dívidas, os processos de ajuste estrutural e as privatizações tornaram inevitável uma gestão multilateral da crise africana e das guerras e catástrofes humanitárias que, se não são sua causa, são ao menos seu corolário. O resultado foi um crescimento da influência das instituições internacionais (sejam financeiras, como o Banco Mundial e o Fundo Monetário Internacional, ou especializadas em ações supostamente humanitárias) e o surgimento de uma forma de governabilidade que chamamos, em outra ocasião, de "governo privado indireto"[9].

Em consequência, a África francófona não constitui mais a "reserva de caça" da França. Mesmo organismos como a Agência Francesa de Desenvolvimento – outrora uma das ferramentas privilegiadas da presença econômica desse país na África – hoje em dia estão obrigados a navegar na esteira das instituições multilaterais de financiamento. Diante das restrições causadas pela escolha de pertencer à Europa, a França hoje é obrigada a aliviar o arsenal estorvante e dispendioso que, por muito tempo, fez dela uma "potência africana" completa. Como na época colonial, os dividendos que ela obtinha com esse modo de dominação parecem hoje em dia absolutamente irrisórios. De modo mais fundamental, a França está prestes a perder (e, em alguns casos, já perdeu) uma parte muito grande da influência cultural que outrora exercia sobre as elites africanas. Essa perda se explica em parte por sua incapacidade de apoiar os movimentos de democratização e também em parte por sua política de imigração. Hoje em dia não existe mais nem um único grande intelectual africano disposto a celebrar, sem rodeios, as bodas da "negritude" e da

---

9. MBEMBE, A. "Du gouvernement privé indirect". In: *Politique Africaine*, n. 73, 1999. • HIBOU, B. (org.). *La privatisation des États*. Paris: Karthala, 1999.

"francidade" [*francité*], como não hesitara Léopold Sédar Senghor[10]. Os Estados Unidos são claramente os maiores beneficiados por essa defecção. Eles oferecem, nesse aspecto, três trunfos que a França não mais possui.

O primeiro é sua capacidade quase ilimitada de captar e reciclar as elites mundiais. Durante o último quarto do século XX, suas universidades conseguiram atrair quase todos os melhores intelectuais africanos (incluindo aqueles que se formaram na França) e até os universitários franceses de origem africana para os quais as portas das instituições francesas haviam se fechado[11]. O segundo é de ordem racial. É a imensa reserva simbólica que constitui a presença nos Estados Unidos de uma comunidade negra cujas classes média e burguesa estão relativamente bem integradas nas estruturas políticas nacionais e são muito visíveis na cena cultural. Certamente, essa comunidade continua a sofrer formas diversas de discriminação. Ela é, mais do que todas as outras, afetada fortemente pela pobreza urbana. Mas só é preciso ver o número de pessoas de origem africana que, num certo momento, exerceram ou continuam a exercer cargos elevados dentro do exército, do governo federal, do senado, do congresso, como prefeitos de municipalidades importantes, e até na suprema corte, para medir a distância que, nesse quesito, separa os Estados Unidos da França.

Em muitos aspectos, a globalização cultural da qual os Estados Unidos são a ponta de lança é, em domínios tão variados como a música, a moda ou o esporte, alimentada constantemente pelos produtos da criatividade das diásporas africanas instaladas nesse país desde a época do tráfico de escravizados[12]. Aos primeiros deslocamentos forçados de séculos de escravidão

---

10. SENGHOR, L.S. *Liberté* – Vol. 5: Le dialogue des cultures. Paris: Seuil, 1992.

11. GONDOLA, D. "La crise de la formation en histoire africaine en France vue par les étudiants africains". In: *Politique Africaine*, n. 64, 1997.

12. DENT, G. (org.). *Black Popular Culture*. Seattle: Bay, 1992.

sucederam-se várias outras ondas migratórias vindas do Caribe e, a partir da década de 1960, da África Subsaariana anglófona. Com exceção dos haitianos, as migrações francófonas são, por sua vez, recentes. A maioria está ligada ao fenômeno da circulação das elites que a globalização acelerou. Elas coincidem, por outro lado, com o giro anti-imigração tão característico do último quarto de século europeu – anti-imigração que alimentou na África reações de rejeição à França e àquilo que ela representa, mesmo que, por outro lado, os fatos da francofonia e da colonização francesa tenham se mostrado fatores de diferenciação entre os africanos da América. Outras migrações são resultado de pessoas pouco escolarizadas que, graças a seu espírito empreendedor, estão mudando a face de alguns bairros das grandes cidades americanas (como o *Little Senegal* no Harlem ou a presença de restaurantes etíopes ou eritreus nas principais metrópoles).

Devido à forte presença de pessoas de origem africana nos Estados Unidos tornou-se impossível imaginar a identidade americana sem referência ao "Atlântico negro", ou seja, sem um reconhecimento explícito das fundações transnacionais e diaspóricas da nação americana e da pluralidade de suas heranças[13]. Assim, opõem-se duas filosofias da nação e da presença no mundo: por um lado, um imaginário da nação em referência ao *solo* e, portanto, concebido em termos de fronteiras e de territórios, e por outro lado, um imaginário em referência aos *fluxos* e, desse modo, em grande parte desterritorializado. Contrariamente ao que ocorreu na França, o imperativo da igualdade necessária para tornar uma pessoa um sujeito de direito e um cidadão completo não conduziu necessariamente, nos Estados Unidos, à forma de abstração que representa a *consagração jurídica* do indivíduo – uma das pedras angulares da ficção republicana. As políticas de discriminação positiva (*affirmative action*) foram certamente objeto de

---

13. GILROY, P. *L'Atlantique noir*. Op. cit.

contestação, mas elas permitem garantir uma certa visibilidade para as minorias raciais e femininas em diferentes esferas da vida pública e cultural.

Por fim, há a intervenção de poderosas instituições filantrópicas (fundações, igrejas e outras), algumas com sede no continente. A maioria tem como alvo os meios universitários, as organizações da sociedade civil, a mídia, e até os indivíduos com poder decisório (políticos e empresários). Através das subvenções que distribuem, programas que sustentam e *ethos* que promovem, essas instituições desempenham um papel considerável na "aculturação à americana" de militantes, empresários, ativistas e elites africanas em geral. Podemos resumir tudo isso com um conceito: a existência de estruturas de hospitalidade. Não se trata de subestimar a realidade da violência racial ou a persistência nos Estados Unidos da ideologia da supremacia branca. Também não se trata de ocultar os efeitos da virada que a "guerra contra o terror" representou. Isto posto, são essas estruturas de hospitalidade que faltam à França contemporânea[14]. Sua ausência explica em parte sua incapacidade de pensar a pós-colônia e, para além dela, o mundo contemporâneo. Em contraste, são essas estruturas que tornam o modelo americano tão atraente aos olhos das elites mundiais. Um fosso cultural crescente se aprofunda entre as elites africanas, em particular, e a França, cujo modelo lhes parece cada vez mais obsoleto dentro de uma Europa que se construiu seguindo o modelo de uma fortaleza[15].

Debrucemo-nos agora sobre a questão da língua como ela é vista através do espelho da francofonia. Aqui, trata-se de demarcar os principais argumentos expostos no discurso ideológico dos nacionalismos pan-africanos. Segundo esse discurso, as línguas

---

14. FASSIN, D.; MORICE, A. & QUIMINAL, C. (orgs.). *Le lois de l'inhospitalité*. Paris: La Découverte, 1997.

15. UMA MALGAXE. "La 'grandeur' de la France à l'aune d'un consulat: témoignage". In: *Politique Africaine*, n. 67. Cf. tb. todo o dossiê especial "A França e os migrantes africanos" desse número da revista.

europeias faladas na África seriam línguas estrangeiras impostas à força a populações derrotadas e submetidas. Elas representariam fatores poderosos de alienação e de divisão. Além disso, elas só teriam sido impostas à consciência africana através da exclusão e marginalização das línguas autóctones e do conjunto das reflexões religiosas, políticas e estéticas que estas veiculavam. Num plano puramente político, a língua colonial teria como função impor a lei de um poder sem autoridade a um povo vencido militarmente. Para fazê-lo, ela não precisava apenas provocar a morte das línguas autóctones que resistiam a ela e também apagar seus traços. Ela precisava, além disso, mascarar sua própria violência ao inscrevê-la num sistema de ficções aparentemente neutras (humanismo, civilização, universalismo). Se esse for o caso, é impossível haver uma liberação política, econômica ou tecnológica que não esteja acompanhada de uma autonomia linguística. Em troca, a emancipação cultural não seria possível sem uma identificação total entre as línguas africanas, a nação africana e o pensamento africano[16].

Não desejamos negar aqui os poderes da língua, especialmente quando eles se exercem num contexto de encontro imposto, de expropriação e de espoliação, como foi o caso sob a colonização. De fato, sempre houve, nesse tipo de situação, um equivalente linguístico do "poder do sabre" (razias e destruições, torturas, mutilações, expulsões e profanações). Isto posto, o raciocínio nacionalista/pan-africanista repousa sobre uma série de equívocos. Para começar, ele subestima o fato que, ao final de vários séculos de assimilação progressiva, de apropriação, de reapropriação e de circulação, o francês acabou se tornando *uma língua africana por completo*. Esse processo é muito diferente da "francesação" [*francisation*] de várias regiões francesas que Fernand Braudel analisa em seu estudo sobre a identidade da

---

16. WA THIONG'O, N. *Decolonising the Mind*. Op. cit. • HOUNTONDJI, P. (org.). *Les savoirs endogènes*. Dakar: Codesria, 1994.

França[17]. As línguas, religiões e técnicas herdadas da colonização são transmitidas por um processo de *vernaculização* – sem dúvida iconoclasta, e, em muitos aspectos, destruidor, mas também portador de novos recursos tanto no plano da imaginação quanto nos da representação e do pensamento.

Em seguida, longe de ver seu poder de figuração entravado ou enlaçado, as línguas autóctones lucraram com o processo de vernaculização do francês. Dessa mistura nasce uma cultura crioula característica das grandes metrópoles africanas. No plano linguístico, a *crioulidade* consiste aqui numa transformação figurativa que implica, inevitavelmente, uma diminuição relativa, numa dissipação, até num obscurecimento do original. Essa dissipação ocorre dentro de um desenvolvimento dos objetos, formas e coisas. É por isso que, num plano epistemológico e cultural, a crioulidade rima não com a produção mimética e a alienação, como tende a fazer crer o discurso africano do nacionalismo cultural, mas com a verossimilhança, a verossimilitude, a onomatopeia e a metáfora. Agora, revela-se que o discurso oficial francês sobre a língua africana apresenta semelhanças com o dos nacionalismos pan-africanos. Pouco importa que o número de francófonos fora da França seja hoje em dia superior ao dos franceses; ou ainda que a língua francesa seja, em nossos dias, mais falada fora da França do que em seu território. Muitos franceses continuam a agir e pensar como se tivessem propriedade exclusiva sobre ela. Eles demoram a compreender que o francês a partir de agora é uma *língua no plural*; que ao se desenrolar fora da França, ele se enriqueceu, mudou e distanciou-se de suas origens. Como a França não se descolonizou muito – apesar do fim do império colonial –, ela continua a promover uma concepção centrífuga do universal em grande parte descolada das evoluções reais do mundo de nosso tempo.

---

17. BRAUDEL, F. *L'Identité de la France* – Vol. 1: Espace et histoire. Paris: Flammarion, 2009 [1986].

Uma das razões desse narcisismo cultural é que o francês sempre foi pensado em relação a uma geografia imaginária que fazia da França o "centro do mundo". No coração dessa geografia mítica, a língua francesa veicularia, por natureza e essência, valores universais (o Iluminismo, a razão e os direitos do ser humano, uma certa sensibilidade estética). Essa era sua tarefa, mas também seu poder: o de representar o pensamento que, colocando-se à distância de si mesmo, reflete-se e pensa a si mesmo. Nesse brilho luminoso deveria se manifestar uma certa atitude do espírito: aquela que, num movimento ininterrupto, conduziria à aparição do "ser humano" e ao triunfo da *ratio* europeia e universal[18]. A República deveria assim constituir a manifestação resplandecente dessa missão e dos valores que a sustentavam. As bodas da República e da língua foram tais que podemos dizer que a língua não somente criou a República (o Estado), ela criou a si mesma através da República. Num ato de transubstanciação, a República delegou sua missão a uma substituta, a língua francesa, que a representa e prolonga. Em consequência, falar ou escrever o francês em sua pureza não é somente dizer sua nacionalidade, é praticar, *de facto*, uma língua universal. É perfurar o enigma do mundo, discorrer sobre o *gênero humano*.

Essa relação metafísica com a língua se explica pela contradição dupla sobre a qual repousa o Estado-nação francês. Por um lado, as bodas da língua e do Estado encontram parte de sua origem no Terror (1793-1794). Data dessa época o *reflexo do monolinguismo* − essa ideia tipicamente nossa, segundo a qual, como a linguagem francesa é una, indivisível e centrada sobre uma norma única, todo o resto é patoá. Em outras palavras, haveria um caminho − e apenas um − de acesso ao sentido. Esse caminho só pode triunfar sobre as ruínas das outras línguas. Trata-se, por outro lado, da tensão também herdada − pelo menos

---

18. FOUCAULT, M. *Les mots et les choses*: une archéologie des sciences humaines. Paris: Gallimard, 1990 [1966].

em parte – da Revolução de 1789 entre o cosmopolitismo e o universalismo. Essa tensão está na base da identidade francesa. O universalismo à francesa não é, com efeito, equivalente ao cosmopolitismo. Em grande medida, a fraseologia do universalismo sempre serviu de fachada à ideologia do nacionalismo e seu modelo cultural centralizador – o parisianismo. Por muito tempo, a língua foi envolvida por essa fraseologia do universalismo cujos aspectos mais chauvinistas ela manifestou e disfarçou ao mesmo tempo. O triunfo do inglês como língua dominante do mundo contemporâneo deveria conduzir à percepção que uma nacionalização excessiva da língua necessariamente a transforma num idioma local, portador, por causa disso, de valores... locais.

A outra razão do declínio da aura da França na África e no mundo é o ceticismo (tanto no mundo pós-colonial quanto no Ocidente), senão a dúvida, em relação a qualquer ideal universalista abstrato. As lutas anticoloniais radicalizaram essa suspeita no plano prático. No plano teórico, a crítica pós-colonial e a crítica da raça (dois fenômenos intelectuais que na França continuam a ser confundidos equivocadamente com o terceiro-mundismo) acentuaram a falta de credibilidade de nossa ideologia. Ora, a reflexão há tempos se desenvolve como se a *crítica pós-colonial* do universalismo (para ficarmos apenas nela) jamais tivesse ocorrido. Se tivéssemos tomado a sério essas duas críticas, teríamos aprendido rapidamente, por um lado, que as línguas universais são aquelas que assumem seu caráter "multilíngue"; por outro lado, que a sorte das grandes culturas mundiais se define, a partir de hoje, por sua capacidade de traduzir os idiomas longínquos em alguma coisa não mais estranha ou exótica, mas familiar.

Além disso, houve o triunfo, em muitas esferas da cultura, de uma sensibilidade cosmopolita que favorece, em grande parte, a globalização. Como sabemos hoje em dia, a globalização consiste tanto num processo de relacionamento dos mundos quanto num processo de reinvenção das diferenças. No limite, um dos sucessos da globalização é o sentimento que ela dá a todos e a todas de poder viver não somente sua fantasia, mas também de experimentar intimamente a diferença através do próprio ato que a subsume e a sublima. Em outras palavras, há um modo do "nós" que hoje em dia ganha forma em escala mundial – de modo privilegiado – através do ato pelo qual *partilhamos as diferenças*. A sublimação da diferença e sua partilha são possíveis porque como a distinção entre a língua e a mercadoria, no que é essencial, desapareceu, comungar com uma equivale a participar da outra. Língua da mercadoria, mercadoria *da* língua, mercadoria *enquanto* língua, língua *sob a espécie* da mercadoria, língua *como* desejo e desejo de língua enquanto desejo de mercadoria: tudo isso constitui, no limite, uma única e mesma coisa, um único e mesmo regime dos signos[19].

Liquidar o não-pensado da raça

A discussão que acabamos de desenvolver conduz logicamente a uma primeira conclusão: a presença do ali no aqui e do aqui no ali obriga a reler a história da França e de seu império. Atualmente, a tentação dominante é de reescrevê-la fazendo uma história da "pacificação", da "criação de valor em territórios vazios e sem mestres", da "difusão do ensino", da "fundação de uma medicina moderna", da "criação de instituições administrativas e jurídicas", da construção de infraestruturas rodoviárias e ferroviárias. Esse argumento se baseia na ideia antiga segundo a qual a colonização foi uma atividade humanitária e que contribuiu para a modernização de velhas sociedades primitivas e agonizantes, que, abandonadas a si mesmas, talvez acabassem se suicidando. Quem trata assim o colonialismo apoia-se numa sinceridade íntima, numa autenticidade inicial, a fim de melhor encontrar álibis – nos quais são os únicos a acreditar – de uma con-

---

19. HÉNAFF, M. *Le prix de la vérité*. Paris: Seuil, 2002.

110

duta sofrivelmente imoral. Pois, como destacou Simone Weil, "a colonização começa quase sempre através do exercício da força em sua forma pura, ou seja, pela conquista. Um povo, submetido pelas armas, sujeita-se de repente ao comando de estrangeiros de cor diferente, de língua diferente, de uma cultura completamente diferente e convencidos de sua própria superioridade. Em seguida, como é preciso viver, e viver juntos, estabelece-se uma certa estabilidade, fundada num compromisso entre a coerção e a colaboração"[20]. Como manda o revisionismo, hoje em dia finge-se que as guerras de conquista, massacres, deportações, razias, trabalhos forçados, discriminação racial institucional, expropriações e todo tipo de destruição, tudo isso foi apenas a "corrupção de uma grande ideia", ou, como explicou em outra ocasião Alexis de Tocqueville, "necessidades lastimáveis"[21].

Refletindo sobre o tipo de guerra que seria possível e necessário fazer contra os árabes, o mesmo Tocqueville afirmou: "todos os meios de destruir as tribos devem ser empregados". E recomendou, em particular, a proibição do comércio e a "devastação do país": "Creio que o direito de guerra nos autoriza a devastar o país e que devemos fazê-lo seja destruindo as plantações na época da colheita, seja fazendo o tempo todo incursões rápidas, chamadas de razias, que tenham como objetivo capturar homens e rebanhos". Como se espantar, então, que ele termine exclamando: "Que Deus nos livre de algum dia ver a França comandada por um dos oficiais do exército da África!" O motivo é que o oficial, "uma vez que tenha adotado a África e transformado-a em seu teatro, contrai muitos dos seus hábitos, modos de pensar e de agir muito perigosos em qualquer lugar, mas sobretudo num país livre. Ele adquire os usos e o gosto de um governo duro, violento, arbitrário e grosseiro"[22].

---

20. WEIL, S. Œuvres choisies. Op. cit., p. 419.
21. TOCQUEVILLE, A. *De la colonie em Algérie*. Op. cit., p. 77.
22. Ibid., p. 88-89.

Com efeito, é essa a vida psíquica do poder colonial. Trata-se não de uma "grande ideia", mas de uma espécie bem-determinada da lógica das raças no sentido de tratamento, controle, separação dos corpos e até das espécies. Em sua essência, trata-se de uma guerra travada não contra outras pessoas humanas, mas contra espécies diferentes que devem, se necessário, ser exterminadas[23]. É por isso que autoras como Hannah Arendt e Simone Weil puderam, depois de examinar em detalhes os procedimentos das conquistas e das ocupações coloniais, concluir com uma analogia entre elas e o hitlerismo[24]. O hitlerismo, diz Simone Weil, "consiste na aplicação pela Alemanha ao continente europeu, e de modo mais geral aos países de raça branca, dos métodos da conquista e dominação colonial"[25]. E citar, como suporte dessa tese, as cartas escritas por Hubert Lyautey em Madagascar e Tonquim[26].

Que no plano cultural a ordem colonial foi marcada dos pés à cabeça por suas ambiguidades e contradições é indiscutível[27]. A mediocridade de seu desempenho econômico, hoje em dia, é admitida pela maioria[28]. É preciso ainda distinguir seus períodos diferentes. Depois de se apoiar por muito tempo nas sociedades concessionárias[29] — cuja brutalidade e métodos de predação hoje não são mais ignorados — a França viveu por um longo tempo

---

23. LE COUR GRANDMAISON, O. *Coloniser, exterminer* — Sur la guerre et l'État colonial. Paris: Fayard, 2005.

24. ARENDT, H. *Les origines du totalitarisme*. Paris: Gallimard, 2002 [1967] [Col. "Quarto"].

25. WEIL, S. Œuvres choisies. Op. cit., p. 430-431. Cf. tb. sobre esse tema as notas de CÉSAIRE, A. *Discours sur le colonialisme*. Op. cit.

26. Hubert Lyautey (1854-1934) foi um general francês responsável pela conquista e administração de territórios atualmente pertencentes a Madagascar, Vietnã e Marrocos. No final da vida, associou-se ao Movimento Fascista Francês [N.T.].

27. STOLER, A. & COOPER, F. (orgs.). *Tensions of Empire*: Colonial Cultures in a Bourgeois World. Berkeley: University of California Press, 1997, p. 1-56.

28. FRANKEL, H. *Capital Investment in Africa*: Its Course and Effects. Londres: Oxford University Press, 1938.

29. Empresas privadas que recebiam concessões estatais para atuar nas colônias francesas na África [N.T.].

sob a ilusão de que poderia edificar seu império gastando pouco (*empire-on-the-cheap*)[30]. Os próprios colonizados deveriam financiar sua servidão. Desde a década de 1900, a França rejeitou a ideia de programas de investimento nos territórios coloniais, que teriam se beneficiado de fundos metropolitanos e feito um uso intensivo dos recursos africanos. Foi apenas depois de 1945 que ficou clara a ideia de um colonialismo "desenvolvimentista" (*developmental colonialism*) – e mesmo assim ele significava apenas uma economia de extração fragmentada operando em mercados cativos a partir de enclaves mais ou menos isolados[31]. Esse projeto foi rapidamente abandonado por pelo menos duas razões: primeiro, por causa de custos considerados altos demais; depois, porque no final das contas a lógica imperial ficou simplesmente insustentável. A longo prazo, as exigências indígenas quanto a direitos cívicos e igualdade racial dentro de um espaço político único (o Estado de bem-estar) tiveram como efeito o deslocamento para a metrópole dos custos que ela se esforçava para despejar nos próprios territórios coloniais. É assim que se explica, em sua essência, a decisão de descolonizar.

É, em parte, devido ao fato de se aceitar que nas colônias foi estabelecida uma "civilização beneficente" que é tão penoso decifrar os contornos da "nova sociedade francesa". O mesmo ocorre com aquilo que é chamado – para melhor estigmatizá-lo – de "comunitarismo". Mas será que realmente faz sentido a ideia de que o "comunitarismo" reúne, por exemplo, o conjunto dos muçulmanos na França? Olivier Roy não tem razão quando afirma que não há nem "comunidade muçulmana" nem "comunidade judia" na França, e sim apenas populações fragmentadas, heterogêneas, e, no conjunto, com pouca vontade de se unificar ou mesmo de se reconhecer antes de tudo como

---

30. COQUERY-VIDROVITCH, C. *Le Congo au temps des compagnies concessionnaires, 1898-1930*. Paris: De l'Ehess, 1972.

31. COOPER, F. *Decolonization and African Society*. Op. cit.

comunidades religiosas? Será que realmente acreditamos que poderemos refundar os laços sociais transformando a laicidade na polícia da religião ou do vestuário, ou que os problemas da imigração e da integração seriam antes de mais nada problemas de segurança? Como é possível que a figura do "muçulmano" ou do "imigrante" que domina o discurso público jamais seja aquela de um "sujeito moral" completo, e que seja sempre extraída das categorias desvalorizadoras que tratam os "muçulmanos" e os "imigrantes" como uma massa indistinta que, por isso, pode-se desqualificar sumariamente?

É, por outro lado, esse modo de dividir as pessoas que explica por que é tão penoso dar carne ao modelo cívico republicano. É, por fim, isso que torna tão difícil o processo de figuração política de uma sociedade fragmentada numa multidão de vozes cada vez mais separadas pelas novas questões sociais: a questão racial e a do Islã. Ao mutilar dessa forma a história da presença francesa no mundo e da presença do mundo na França, faz-se crer que a tarefa de produção e instituição da nação francesa, longe de ser uma experimentação contínua, já foi concluída há muito tempo e que não seria mais do que o dever dos recém-chegados integrar-se a uma identidade que já existe e que lhes é oferecida como uma dádiva, para a qual eles devem manifestar um reconhecimento e até o "respeito de nossa própria estranheza"[32]. É uma violência semelhante que faz pensar que o modelo cívico republicano já teria há muito tempo encontrado suas formas canônicas; ou ainda que tudo aquilo que questiona seus fundamentos étnicos e racializantes assinalaria pura e simplesmente o projeto tão infame de uma "democracia das comunidades e das minorias", ou um modo de "etnicizar" questões que seriam antes de mais nada "sociais".

As observações que acabamos de fazer só parecem curiosas para quem não conhece a prodigiosa lógica da clausura (cultu-

---

32. KRISTEVA, J. *Étrangers à nous-mêmes*. Paris: Fayard, 1988, p. 289.

ral e intelectual) que a França experimentou no último quarto do século XX. Esse refluxo nacionalista e provinciano do pensamento enfraqueceu profundamente sua capacidade de pensar o mundo e de contribuir de modo decisivo aos debates sobre a *democracia que virá*. Como as razões dessa miopia são muito bem conhecidas, não é preciso repeti-las aqui. Bastará mencionar duas delas. Por um lado – e com poucas exceções – a França não soube dar o valor devido à significação política da transformação que foi o surgimento, em diferentes campos da ciência, da filosofia, das artes e da literatura, das quatro correntes intelectuais que foram a teoria pós-colonial, a crítica da raça, a reflexão sobre as diásporas e todas as formas de fluxos culturais e, ainda que em menor medida, o pensamento feminista. A contribuição dessas correntes para a teoria democrática, a crítica da cidadania e a renovação do pensamento sobre a diferença e alteridade é indiscutível. Nesse respeito, é crucial o reconhecimento do fato que historicamente o indivíduo se constitui como cidadão através da mediação de um processo de subjetivação. Em outras palavras, é cidadão aquele ou aquela que pode responder pessoalmente à pergunta "Quem sou eu?" e pode, ao fazê-lo, falar publicamente na primeira pessoa. É claro que não basta falar na primeira pessoa para existir como sujeito. Mas não existe democracia onde essa possibilidade é pura e simplesmente negada. Por outro lado, por ter negligenciado a importância desses pensamentos vindos de fora (mas que, todavia, inspiraram-se profundamente em contribuições de sua filosofia), a França frequentemente se encontra incapaz de ampliar sua reflexão sobre as relações entre a memória e a nação. Por exemplo, como não enxergar que a *plantation* e a *colônia* constituem, ao mesmo tempo, *locais de memória* e *locais de provação*? Aqui, talvez mais do que em outros lugares, prova-se no que consiste a tentativa de tornar-se sujeito, ou ainda de preocupar-se consigo (autossubjetivação). Como não enxergar que a *plantation* e a *colônia* recusam radicalmente a possibilidade de pertencimento a uma *humanidade comum*, essa pedra angular da ideia republicana?

Na forma francesa de humanismo cívico (a República), a passagem do eu particular ao eu universal (o *ser humano em geral*) só é possível quando se abstraem as diferenças individualizadoras. Nessa lógica, o cidadão é antes de mais nada aquele ou aquela que tem consciência de ser um ser humano igual aos outros e que, além disso, dispõe da capacidade de discernir aquilo que é útil ao bem público. As correntes de pensamento que nasceram do encontro com o "todo-mundo" mostram, todavia, que onde quer que esses vínculos tenham sido negados ou obliterados pela violência e dominação, a escalada na direção da cidadania não é automaticamente incompatível com a ligação a essas diferenças individualizadoras que são a família, a religião, a corporação, até a etnia e a raça. O sentimento de pertencimento à *sociedade do gênero humano* (a definição de si em termos universais) não passa necessariamente pela abstração das diferenças individualizadoras. A abstração das diferenças não é uma condição *sine qua non* da consciência de pertencimento a uma humanidade comum.

As mesmas correntes também mostram que, se quisermos "abrir o futuro para todos", é preciso antes de mais nada realizar uma crítica radical dos pressupostos que favorecem a reprodução das relações de sujeição urdidas no império entre os indígenas e os colonos e, de modo mais geral, entre o Ocidente e o resto do mundo. Essas relações se encarnam nas instituições militares, culturais e econômicas. Mas elas aparecem sobretudo nos dispositivos de coerção simbólica e também no *corpus* de conhecimento cujos avatares mais bem conhecidos são sem dúvida o orientalismo, o africanismo e a sinologia. Nessa perspectiva, a *democracia que virá* é aquela que terá levado a sério a tarefa de desconstrução dos saberes imperiais que, até recentemente, tornaram possível a dominação das sociedades não europeias. Essa tarefa deve andar de mãos dadas com a crítica de todas as formas de universalismo que, hostis à diferença e, por extensão, à figura do Outro, atribuem ao Ocidente o monopólio da verdade, da "civilização" e do humano.

Ao realizar uma crítica radical do pensamento totalizante do Mesmo, poderemos propor os fundamentos de uma reflexão sobre a diferença e a alteridade, de uma prática da convivência, de uma estética da singularidade plural – essa multiplicidade dispersante à qual pensadores como Édouard Glissant e Paul Gilroy se referem sem cessar[33]. E nessa era de unilateralismo e da boa consciência, poderemos relançar a crítica de todo soberano que, buscando se passar como o universal, acaba sempre produzindo uma noção essencialista da diferença como medida e estrutura hierárquica destinadas a legitimar o homicídio e a inimizade. Essa crítica é necessária porque abre caminho à possibilidade de uma democracia verdadeiramente pós-racial fundada na obrigação de reconhecimento mútuo como condição de uma vida convival[34]. Nesse tipo de democracia, a igualdade não consiste tanto "numa comensurabilidade dos sujeitos em relação a alguma unidade de medida", e sim na "igualdade de singularidades no incomensurável da liberdade", para retomar os termos de Jean-Luc Nancy. Em tais contextos, enunciar o plural da singularidade torna-se um dos meios mais eficazes para atravessar a Babel das raças, culturas e nações, hoje inevitável devido à longa história da globalização.

Se a França quiser ter algum peso no mundo que virá, essa é a direção que ela deve tomar. Mas tomar essa direção requer a demolição do muro de narcisismo (político, cultural e intelectual) que ela ergueu ao seu redor – narcisismo sobre o qual podemos dizer que o não-pensado procede de uma forma de

---

33. GLISSANT, É. *Poétique* – Vol. 3: Poétique de la relation. Paris: Gallimard, 1990. • GLISSANT, É. *Tout-Monde*. Paris: Gallimard, 1993. • GILROY, P. *After the Empire*: Melancholia or Convivial Culture. Nova York: Columbia University Press, 2005.

34. GILROY, P. *Against Race*. Cambridge, MA: Harvard University Press, 2002.

etnonacionalismo racializante. Esse desejo de provincianismo é ainda mais surpreendente por florescer à sombra de uma das tradições do pensamento político que, na história da modernidade, mostrou mais do que qualquer outra uma solicitude radical pelo "ser humano" e pela "razão". Acontece que, historicamente, essa solicitude do tipo reservado ao "ser humano" e à "razão" demonstrou rapidamente seus limites toda vez que foi preciso reconhecer a figura do "ser humano" no rosto do Outro desfigurado pela violência do racismo. A vertente noturna da República, a espessura inerte onde sua radicalidade se gruda, é ainda e sempre a *raça*[35]. É essa a página obscura onde, colocado pela força do olhar do Outro, o "ser humano" se encontra na impossibilidade de saber no que consiste a essência de seu trabalho e das leis. Ora, acontece que nesse país uma tradição inexpugnável de universalismo abstrato, herdada da Revolução de 1789 e do Terror, nega sem cessar o fato brutal da raça, sob o pretexto de que a reivindicação do direito à diferença – e pouco importa qual diferença – contradiz o dogma republicano da igualdade universal. De fato, aquilo que, em princípio, dá a força ao ideal republicano é sua adesão ao projeto da autonomia humana. Como explica Vincent Descombes, o projeto da autonomia humana é o projeto de uma "humanidade que coloca ela mesma, e a partir dela mesma, os princípios de sua conduta"[36]. Mas essa tradição finge esquecer que o "ser humano" se deixa notar sob figuras sempre diferentes e singulares, e que nenhum pensamento sobre o sujeito será completo se esquecer que este só pode ser apreendido através de um distanciamento do si de si e só será testado através de uma relação positiva com um ali.

---

35. DUBOIS, L. *A Colony of Citizens*: Revolution and Slave Emancipation in the French Caribbean, 1787-1804. Durham: University of North Carolina Press, 2004. • PEABODY, S. *"There are no Slaves in France"*: The Political Culture of Race and Slavery in the Ancien Régime. Oxford: Oxford University Press, 1996. • PEABODY, S. & STOVALL, T. (orgs.). *The Color of Liberty*: Histories of Race in France. Durham: Duke University Press, 2003.
36. DESCOMBES, V. *Le complément de sujet*. Op. cit.

Para uma partilha de singularidades e uma ética do encontro

Segunda conclusão: se a vida da democracia participa de uma operação – retomada sem cessar – de figuração do social, então se pode afirmar que fazer-se entender, conhecer-se a si mesmo, fazer-se reconhecer e falar de si constituem aspectos centrais de toda prática democrática. Como empreitada de expressão e capacidade de se dar uma voz e um rosto, a democracia é, fundamentalmente, uma prática da representação – um distanciamento em relação a outro a fim de imaginar a si próprio, de expressar o eu e de partilhar, no espaço público, essa imaginação e as formas que essa expressão assume. Desse ponto de vista, dificilmente se pode pensar que o ideal francês de humanidade cívica foi alcançado enquanto uma parte de seus cidadãos está literalmente excluída do quinhão de estima pública que distribuímos cotidianamente, como diz Pierre Rosanvallon, "sob a forma de uma quota de presença nas instituições culturais, programas escolares, divertimentos midiáticos, desfiles públicos" e outras políticas de assistência.

Mais uma vez, trata-se de insistir no fato de que o individualismo normativo oculta em grande parte os efeitos desiguais e culturalmente estruturantes do racismo. Este último está inscrito profundamente no modo ordinário das relações sociais e, acima de tudo, na rotina burocrática. Um dos modos de mascará-lo no campo ideológico consiste precisamente em opor o universalismo ao diferencialismo (comunitarismo) ou ainda se agarrar a uma reafirmação abstrata da igualdade de todos os indivíduos perante a lei[37]. Para que a *democracia que virá* ganhe sentido e forma, e para que surja, em sua multiplicidade dispersante, essa nova nação que começa a se fazer diante de nossos olhos, é necessária uma nova economia ampliada da representação que leve em con-

---

37. DE RUDDER, V. (org.). *L'Inégalité raciste*: l'universalité républicaine à l'épreuve. Paris: PUF, 2000.

ta todas as formas de produção e de afirmação das identidades coletivas. Por enquanto, uma massa grande demais de cidadãos obscuros e invisíveis são literalmente aparentados a estrangeiros no imaginário público – e isso numa época onde a figura do estrangeiro se confunde perigosamente com a do inimigo. Não se pode mais, nessas condições, pressupor que o problema da má representação será regulado por nossa capacidade de agir e de falar em nome do outro. É preciso dissipar a opacidade que envolve a presença, neste país, de cidadãos tornados invisíveis por dispositivos que produzem cotidianamente formas de exclusão que nada justifica – a não ser a raça.

O reconhecimento das diferenças não é incompatível com o princípio de uma sociedade democrática. Esse reconhecimento também não significa que a sociedade então funciona sem ideias nem crenças comuns. Na verdade, esse reconhecimento constitui um pré-requisito para que essas ideias e crenças sejam verdadeiramente compartilhadas. Antes de mais nada, a democracia significa igualmente a *possibilidade de identificação com o Outro*. Sem essa possibilidade de identificação, a República nada tem a fazer. Por outro lado, o processo de subjetivação – que, como dissemos, participa plenamente do tornar-se-cidadão – passa, entre outras coisas, por particularismos reivindicados livremente. O que a globalização torna possível é exatamente a possibilidade de subjetivação das particularidades. Com efeito, o que significa ser eu na era da globalização se não a capacidade de reivindicar livremente esta ou aquela particularidade – o reconhecimento daquilo que, na nação que nos é comum, e até no mundo que nos é comum, torna-me diferente dos outros? E, de fato, poderíamos sugerir que o reconhecimento dessa diferença pelos outros é precisamente a mediação através da qual eu me torno seu *semelhante*. Percebe-se então como, no fundo, a *partilha das singularidades* é mesmo um pré-requisito de uma *política do semelhante e do em-comum*.

120

De resto, como explica Jean-Luc Nancy, a singularidade é ao mesmo tempo aquilo que partilhamos e aquilo que nos partilha. Reconhecer a singularidade dos locais de prova a partir dos quais nós nos constituímos historicamente como nação não significa que "diferenças de ser" separem-nos dos outros. É por isso que Nancy definiu a "fraternidade" como a "igualdade na partilha do incomensurável", mas o incomensurável daquilo que cada um de nós tem de próprio. Ele diz que o "nós" só existe no "a cada vez uma única vez" de vozes singulares. E para concluir: o *ser-em-comum* assinala fundamentalmente uma *partilha*[38]. Por outro lado, compensar o déficit de figuração, ou ainda quebrar o pedestal monista da cultura pública francesa, não é a mesma coisa que endossar uma política cujo fundamento seria antes de tudo étnico, racial ou religioso; ou ainda endossar práticas culturais manifestamente contrárias aos direitos humanos. Afinal, a recusa em validar a biologização do social, sua etnicização ou sua racialização é legítima. Mas isso só é possível se enfrentarmos a questão da má representação. E é apenas a passagem ao cosmopolitismo que pode fazer fracassar, por um lado, uma democracia das comunidades e das minorias e, por outro, seu duplo mascarado: uma democracia imbuída de seus próprios preconceitos de raça, mas cega aos atos com os quais ela pratica o racismo.

Terceira conclusão: tanto como a sorte da democracia foi jogada, a partir do século XIX, em torno da figura do indivíduo dotado de direitos independentemente de qualidades como o estatuto social, também a *democracia que virá* dependerá da resposta que dermos à questão de saber *quem é meu próximo, como tratar o inimigo* e *o que fazer com o estrangeiro*. A "nova questão do Outro" sob todas as suas figuras – ou ainda a presença de outra pessoa entre nós, o aparecimento do *terceiro* – é assim colocada no coração da problemática contemporânea de um mundo

---

38. NANCY, J.-L. *L'Expérience de la liberté*. Paris: Galilée, 1988, p. 97 [Ênfase nossa].

humano, de uma política do mundo. Nessas condições, as interrogações de ordem filosófica que, não faz muito tempo, Maurice Merleau-Ponty propunha mantêm toda sua atualidade política: "Como se pode colocar a palavra *Eu* no plural [...]? Como posso falar de um outro *Eu* que não seja o meu?"[39] Queiramos ou não, as coisas hoje em dia e no futuro são de forma que o aparecimento do *terceiro* no campo de nossa vida comum e de nossa cultura jamais ocorrerá sob o modo do anonimato. Esse aparecimento nos condena a aprender a *viver expostos uns aos outros*[40]. A França dispõe de meios para retardar essa escalada de visibilidade. Mas, no fundo, ela é inelutável. Portanto, é preciso o mais rápido possível fazer dessa presença um símbolo para que ela possibilite uma circulação de sentido. Esse sentido emergirá longe de uma simples justaposição de singularidades e da ideologia simplista da integração. Se, como afirma Jean-Luc Nancy, o *ser-em-comum* assinala a partilha, então a democracia que virá será fundada não somente numa ética do encontro, mas também sobre a partilha das singularidades. Ela se construirá sobre a base de uma distinção clara entre o *"universal"* e o *"em--comum"*. O universal implica uma relação de inclusão a alguma coisa ou entidade já constituída. O *em-comum* tem como característica essencial a capacidade de ser comunicado e partilhado. Ele pressupõe uma relação de copertencimento entre múltiplas singularidades. É graças a essa partilha e a essa comunicabilidade que produzimos a humanidade. Esta última não existe completamente feita de antemão.

Uma última palavra: ao argumentar que aquilo que separa também é aquilo com o qual se coloca "com", rejeitamos tanto uma certa forma de multiculturalismo anglo-saxão (*lógica da proximidade, da justaposição e da segregação*) quanto um certo

---

39. MERLEAU-PONTY, M. *Phénoménologie de la perception*. Paris: Gallimard, 1945, p. 400-401.

40. NANCY, J.-L. *La création du monde ou la mondialisation*. Paris: Galilée, 2002, p. 176.

modo de narcisismo à francesa (*lógica da duplicação, mas uma duplicação que não impede a discriminação*). É preciso agora interromper essa reflexão enfatizando que, se quisermos fazer justiça tanto ao caráter absoluto singular do próprio quanto à impropriedade comum de todos, como sugere Nancy, então a democracia deve recuperar aquilo que, em sua origem, sempre fez dela um acontecimento ético. Talvez aqui seja necessário começar pelo redescobrimento do corpo e do rosto do outro como representando não somente os traços falantes de sua existência, mas aquilo que faz dele se não meu *próximo*, ao menos meu *semelhante*. Essa talvez seja a condição para realizar a tarefa de refiguração possível do social que não pode mais ser adiada. Quanto à força do modelo francês de universalismo, ela virá da capacidade de inventar formas sempre novas de coexistência humana. Esse outro modo de compreender o sentido do humano constitui hoje em dia o pré-requisito de qualquer *política do mundo*. Essa política do mundo se baseia na preocupação que teremos com a unicidade de cada um que cada rosto exprime. Em consequência, a responsabilidade para o outro e quanto ao passado se tornará a órbita a partir da qual o discurso sobre a justiça e a democracia e das práticas que temos delas se coloca em movimento.

4

O longo inverno imperial francês

No resto do mundo, o giro pós-colonial nas ciências sociais e nas humanidades ocorreu há quase um quarto de século. Desde então, a crítica pós-colonial tem peso em vários debates políticos, epistemológicos, institucionais e disciplinares nos Estados Unidos, Grã-Bretanha, e em várias regiões do Hemisfério Sul (América do Sul, Austrália e Nova Zelândia, o subcontinente indiano, África do Sul)[1]. Desde seu nascimento, esse pensamento foi objeto de interpretações muito variadas e suscitou, em intervalos mais ou menos regulares, ondas de polêmicas e controvérsias – que, aliás, continuam – e até objeções totalmente contraditórias umas com as outras[2]. Ele também gerou práticas intelectuais, políticas e estéticas

---

1. Como exemplo dessa diversidade, cf. MORANA, M; DUSSEL, E. & JAU-REGUI, C.A. (orgs.). *Coloniality at Large*: Latin America and the Postcolonial Debate. Durham: Duke University Press, 2008. Cf. tb. a síntese de CORO-NIL, F. "Latin American Postcolonial Studies and Global Decolonization". In: LAZARUS, N. (org.). *Penser le postcolonial*: une introduction critique. Paris: Amsterdam, 2006. • CHATURVEDI, V. (org.). *Mapping Subaltern Studies and the Postcolonial*. Londres: Verso, 2000.

2. Cf., p. ex.: DURING, S. "Postcolonialism and Globalization: Towards a His-toricization of the Inter-Relation". In: *Cultural Studies*, 14 (3-4), 2000, p. 385-404. • HAROOTUNIAN, H.D. "Postcoloniality's Unconscious/Area Studies' Desire". In: *Postcolonial Studies*, 2/2, 1999, p. 127-147. Cf., mais recentemente, *New Formations*, n. 59, 2006. • *PMLA (Publications of the Modern Language Association of America)*, n. 122/3, 2007. Cf. igualmente o número especial de *Social Text* [10 (2-3), 1999] e o número especial de *American Historical Review*, 99, 1994. Cf. tb. AHMAD, A. *In Theory*: Classes, Nations, Literatures. Op. cit.

igualmente abundantes e divergentes, a ponto de talvez se justificar a questão sobre o que constitui sua unidade[3]. Não obstante essa fragmentação, pode-se afirmar que em seu núcleo central a crítica pós-colonial tem como objeto aquilo que poderíamos chamar de *a mistura das histórias e a concatenação dos mundos*. Como a escravidão e, acima de tudo, a colonização (mas também as migrações, a circulação das formas e dos imaginários, bens, ideias e pessoas) desempenharam um papel decisivo nesse processo de colisão e de sobreposição dos povos, não é sem razão que essa crítica tenha feito delas os objetos privilegiados de suas pesquisas.

O melhor do pensamento pós-colonial não considera a colonização nem como uma estrutura imutável e a-histórica, nem como uma entidade abstrata, mas sim como um processo complexo de invenção simultânea de fronteiras e intervalos, de zonas de passagem e espaços intersticiais ou de trânsito. Paralelamente, enfatiza que, enquanto força histórica e moderna, uma de suas funções era a produção da subalternidade. Diversas potências coloniais instauraram em seus respectivos impérios uma subordinação fundada em bases raciais e estatutos jurídicos às vezes diferenciados, mas sempre, e em última instância, de inferiorização. Em contrapartida, com o objetivo de articular suas reivindicações de igualdade, muitos sujeitos coloniais tiveram que realizar a crítica dos prejuízos que a lei da raça e a raça da lei (e a do gênero e a da sexualidade) tinham contribuído para criar. O pensamento pós-colonial examina assim o trabalho realizado pela raça e as diferenças fundadas no gênero e na sexualidade no imaginário colonial e suas funções no processo de subjetivação dos sujeitados coloniais. Por outro lado, ele se interessa pela análise dos fenômenos de resistência que marcaram a

---

• DIRLIK, A. *The Postcolonial Aura*: Third World Criticism in the Age of Global Capitalism. Boulder: Westview Press, 1997.
3. Cf. em particular YOUNG, R.J.C. *Postcolonialism*: An Historical Introduction. Oxford: Blackwell, 2001. • LUDDEN, D. (org.). *Reading Subaltern Studies*: Critical History, Contested Meaning and the Globalization of South Asia. Nova Delhi: Permanent Black, 2001.

história colonial, pelas diversas experiências de emancipação e seus limites, pelo modo como os povos oprimidos se constituíram em sujeitos históricos e tiveram seu próprio peso na constituição de um mundo transnacional e diaspórico. Enfim, ele se preocupa com o modo através do qual os traços do passado colonial são, no presente, objeto de um trabalho simbólico e prático, assim como com as condições pelas quais esse trabalho gera formas inéditas, híbridas ou cosmopolitas, na vida e na política, na cultura e na modernidade.

Desengate e discordância dos tempos

Com a ajuda da compartimentalização mais ou menos estanque entre as disciplinas, do provincianismo mais ou menos acentuado dos conhecimentos produzidos e distribuídos no país (mascarado por muito tempo pela exportação de produtos intelectuais de luxo como Sartre, Lacan, Foucault, Deleuze, Derrida e Bourdieu) e do narcisismo cultural, a França está há bastante tempo à margem dessas novas viagens da reflexão planetária. Até uma data recente, o pensamento pós-colonial permaneceu, se não desprezado, pelo menos pouco conhecido no país. Indiferença impertinente ou simples insolência reforçada pela ignorância? Ostracismo calculado, inconveniência ou simples acidente? O fato é que ele não foi objeto de nenhuma crítica bem-informada nem de nenhum debate digno desse nome até o começo do milênio[4]. E, salvo alguns textos de Edward Said, quase nenhum teórico que se valha dessa corrente de pensamento ou de seus afluentes diversos (como os *subaltern studies*, p. ex.) foi traduzido[5].

---

4. Cf., a esse respeito POUCHEPADASS, J. "Les *subaltern studies* ou la critique postcoloniale de la modernité". In: *L'Homme*, n. 156, 2000. Cf. tb., em meados da década de 2000, SMOUTS, M.-C. (org.). *La situation postcoloniale – Les postcolonial studies dans le débat français*. Paris: Presses de Sciences Po, 2007.
5. Cf., apesar disso, os textos de autores que utilizam os *subaltern studies* reunidos em DIOUF, M. (org.). *L'Historiographie indienne en débat* – Colonialisme, nationalisme et sociétés postcoloniales. Paris: Karthala/Sephis, 1999.

A explicação é que, no momento em que isso começa a ganhar ascendência nos meios acadêmicos e artísticos anglo--saxões, a França política e cultural, avançando numa direção oposta, entra naquilo que poderíamos chamar de uma espécie de "inverno imperial". Do ponto de vista da história intelectual, esse inverno se caracteriza por uma série de "desengates", anátemas e grandes excomunhões que saldam-se no retrocesso relativo de um pensamento francês verdadeiramente atraente para o planeta. Nesse ponto de vista, é muito significativo o desengate do marxismo e de uma concepção das relações entre a produção do conhecimento e o engajamento militante herdada não da década de 1960, como muitas vezes se faz crer, mas de uma longa história ligada estreitamente ao movimento operário, o internacionalismo e o anticolonialismo. Com efeito, como o Império estava profundamente inscrito na identidade francesa, especialmente entre as duas guerras mundiais, sua perda (em particular a da Argélia) ganha a aparência de uma verdadeira amputação no imaginário nacional repentinamente privado de um dos recursos de seu orgulho. Com o fim da colonização, a França teme não ter mais do que um lugar provinciano no equilíbrio mundial. A história imperial – que tinha como uma de suas funções cantar a glória da nação, desenhar sua galeria de retratos heroicos, suas imagens de conquista, suas epopeias e suas representações exóticas – está relegada a uma região periférica e marginal da consciência nacional. Para uns, um grande lamaçal de mortes e sofrimentos inúteis, para outros, vergonha e sentimento de culpa – ela só interessa para os setores mais reacionários da sociedade francesa que, na margem, se esforçam através da nostalgia e da melancolia para preservar sua memória.

A contrario, a historiografia francesa pós-colonial tende hoje em dia a tratar a colonização apenas como "um momento certamente importante, mas em última análise tardio e 'exógeno' de uma história 'indígena' muito longa"[6]. Como se fosse preciso se desprender dela o mais rápido possível, ela não recebe nenhum lugar central no interior do pensamento francês, para o qual ela a partir de agora tem apenas uma função de exterioridade já que foi relocalizada e situada do outro lado da fronteira, como para marcar bem o desaparecimento do Outro que, supostamente, teria conduzido à descolonização. Mais grave ainda, uma certa crítica se esforça em atribuir à descolonização aquilo que ela chama de "derrota do pensamento" na França. Por um lado, essa derrota encontraria sua expressão mais estridente na desconstrução das duas marcas da modernidade ocidental que seriam a razão e o sujeito, e na proclamação, em particular durante a década de 1960, das diversas mortes do ser humano, do sentido e da história. Por outro lado, e segundo os mesmos autores, essa "derrota" seria a consequência da refutação do etnocentrismo ocidental, tornada legítima pela descolonização. Essa refutação – que eles assimilam a um modo de demonização e culpabilização do Ocidente – teria realizado a dissolução do "ser humano", "esse conceito unitário de importância universal", substituído pelo "ser humano diferente", pedra angular de uma diversidade cultural sem hierarquia[7]. O relativismo cultural e o esboroamento do sujeito humano numa série de singularidades irredutíveis entre si teriam, por sua vez, facilitado o nascimento de projetos de transformação radical da sociedade, que se encarnarão no terceiro-mundismo e no esquerdismo[8].

No momento onde, apoiando-se no pós-estruturalismo, na psicanálise e numa tradição do marxismo crítico, o pensamento pós-colonial levanta voo no mundo anglo-saxão, muitos pensa-

---

6. Cf. DULUCQ, S.; COQUERY-VIDROVITCH, C.; FRÉMIGACCI, J.; SI-BEUD, E. & TRIAUD, J.-L. "L'Écriture de l'histoire de la colonisation en France depuis 1960". In: *Afrique & Histoire*, vol. 2, n. 6, 2006, p. 243. Cf. igualmente as teses de Jean-François Bayart sobre a "historicidade própria das sociedades africanas". In: *L'État en Afrique*. Op. cit.
7. FINKIELKRAUT, A. *La défaite de la pensée*. Paris: Gallimard, 1987, p. 90.
8. FERRY, L. & RENAUT, A. "Préface à cette édition". In: *La Pensée 68*. Paris: Gallimard, 1988 [1985], p. 15.

dores que poderiam ter se interessado por ele – e entre os quais alguns que anteriormente militaram no Partido Comunista, simpatizaram com essa formação política ou tiveram ligações com organizações radicais ou anti-imperialistas – se apressam em romper com o esquerdismo, o marxismo e seus avatares, em cuja primeira fila colocam o "terceiro-mundismo"[9]. Especialmente na esquerda – onde a identificação das lutas e "causas justas" com o Partido Comunista fora íntima – busca-se sair da adesão incondicional à dogmática marxista a fim de permitir a formulação de novas posições críticas que possibilitem pensar o stalinismo e a política da União Soviética em termos que não retomem pura e simplesmente a linguagem da direita e que não abram caminho a uma nova fase de exaltação nacionalista. Nesse contexto, o terceiro-mundismo é assimilado ou a uma militância expiatória ou a um ódio de si e do Ocidente. Essa categoria polêmica surgiu na França num momento onde o fracasso do projeto revolucionário nos mundos fora da Europa não estava mais em dúvida, ao passo que nesse país a ideologia dos direitos do ser humano ganhava um impulso notável. Por outro lado, uma parte dos intelectuais vindos do marxismo opunha então à concepção tradicionalmente anti-imperialista da solidariedade internacional[10] uma "moral de urgência extrema" (humanitarismo) que enfatizava intervenções pontuais onde, em resposta à miséria do mundo, o projeto era antes a construção do socialismo. A convicção agora era que, fora do Ocidente, o socialismo só poderia ser totalitário. Nessas

---

9. Cf. o balanço crítico de CHALIAND, G. *Les mythes révolutionnaires du tiers monde*. Paris: Seuil, 1979. • BRUCKNER, P. *Le Sanglot de l'homme blanc –* Tiers monde, culpabilité, haine de soi. Paris: Seuil, 1983. • RANGEL, C. *L'Occident et le tiers monde –* De la fausse culpabilité aux vraies responsabilités. Paris: Robert Laffont, 1982. Cf. tb. LACOSTE, Y. *Contre les anti-tiers-mondistes et contre certains tiers-mondistes*. Paris: La Découverte, 1985. • LIAUZU, C. *Aux origines des tiers-mondismes –* Colonisés et anticolonialistes en France, 1919-1939. Paris: L'Harmattan, 1982. • "Les intellectuels français au miroir algérien – Elements pour une histoire des tiers-mondismes". In: *Cahiers de la Méditeranée*, n. 3, 1984. Nice.

10. DEBRAY, R. *La critique des armes*. Paris: Seuil, 1974.

condições, de nada vale querer transferir as aspirações e utopias revolucionárias ocidentais para os movimentos de luta dos países não europeus.

É nesse contexto que, inundado de sarcasmos, Jean-Paul Sartre e através dele toda uma tradição de pensamento anticolonialista foram alvo de uma reprovação retumbante[11]. Antes disso, Frantz Fanon, quase condenado ao ostracismo, acabava de começar seu longo purgatório, suscitando apenas o interesse de vozes marginais e rapidamente abafadas. Quanto a Césaire, a elite conformista nada queria saber do *Discurso sobre o colonialismo*, e muito menos da *Tragédia do rei Christophe* (1963) ou *Uma temporada no Congo* (1966). Ela queria manter apenas a imagem do homem que, dando as costas às sereias da independência, fez a escolha de transformar sua ilha [a Martinica] num departamento da França. Exceto em Sartre, Beauvoir, e em alguns fragmentos de Derrida, nenhum dos dois grandes movimentos que pretendiam desconstruir a raça durante o século XX – o movimento dos direitos civis nos Estados Unidos e a luta global contra o *apartheid* – deixou traços salientes nas obras dos luminares do pensamento francês. Assim, falando do Estado racial no final da década de 1970, Michel Foucault não dedica uma palavra à África do Sul, que, à época, representava o único arquétipo "realmente existente" da segregação legal[12]. De resto, foi na América – e não em Paris – que Maryse Condé, Valentin Mudimbe e Édouard Glissant – grandes figuras francesas ou francófonas identificadas com essa corrente, mesmo que não se reconhecessem totalmente nela – encontraram refúgio e reconhecimento, e até consagração.

Uma parte do humanismo colonial francês consistia em identificar e reconhecer nos traços dos povos que a França subjugara

---

11. SARTRE, J.-P. *Situations V* – Colonialisme et Néocolonialisme. Paris: Gallimard, 1964.
12. FOUCAULT, M. *Cours au Collège de France, 1975-1976*. Paris: L'Ehess, 1997, cap. "Il faut défendre la société".

130

o rosto múltiplo da humanidade e a fisionomia multifacetada da Terra. Em particular, para os reformadores coloniais o reconhecimento da diferença entre grupos humanos de nada impedia a constituição de uma fraternidade assimétrica. A própria empreitada colonial fora uma questão relativamente multirracial[13]. Do comandante do *cercle*[14] ao intérprete, e até ao governador; do atirador recrutado para guerras de conquista ou de "pacificação" ao deputado do Palácio Bourbon e até ao ministro da República, a face pública do Império Francês estava longe de ser totalmente pálida. No começo da década de 1980, essa variedade de cores não era mais do que uma lembrança distante. O projeto de assimilação – que tinha sido uma das pedras angulares do humanismo colonial francês e que recebera, por mais que não se queira admitir, uma adesão profunda de muitos sujeitos coloniais – fora quase abandonado imediatamente após a descolonização. As minorias foram progressivamente escondidas, recobertas por um véu de pudor que ofusca sua visibilidade na vida política e pública da nação. Em particular, as antigas possessões africanas são abandonadas a seus tiranos, para os quais as classes dirigentes francesas concedem liberalmente apoio político e ideológico através da corrupção e de intervenções militares. Aqueles entre os dissidentes que, como Mongo Beti, denunciam à margem as violências neocoloniais são ridicularizados e seu grito ecoa praticamente no deserto[15]. Quando a marginalização não é suficiente

---

13. Em relação a esse fenômeno, W.E.B. Du Bois escreveu: "Caminhei em Paris com [Blaise] Diagne, que representa o Senegal – o Senegal inteiro, branco e negro – no parlamento francês. Mas Diagne era um francês, negro apenas por acaso do destino. Eu suspeito que Diagne tinha grande desprezo em relação a seus próprios jalofos negros. Falei com Candace, que é o deputado negro de Guadalupe. Candace é virulentamente francês. Ele não tem nenhuma convicção quanto à elevação dos negros fora do contexto francês" (antologia *The New Negro*: An Introduction. Nova York: Albert & Charles Boni, 1925, p. 397).
14. O *cercle*, "círculo", era a menor unidade administrativa das colônias francesas na África [N.T.].
15. Cf. sua revista *Peuples Noirs, Peuples Africains*. Cf. tb. KOM, A. *Mongo Beti parle* – Testament d'un esprit rebelle. Paris: Homnisphères, 2006.

para chamá-los à razão, não se hesita em recorrer à censura para fazê-los se calar[16].

Observamos o mesmo processo de reorientação francesa do pensamento na crítica daquilo que é chamado, para estigmatizá--lo, de "pensamento 68". Ele é depreciado no mesmo momento que o pós-estruturalismo e a *French theory* inflamam a imaginação acadêmica no resto do mundo. Se Foucault, Derrida, Barthes, Lacan e outros inspiram uma certa atitude à reflexão pós--colonial, esses autores foram, na França, alvo de um "processo" no mesmo momento em que essa corrente de pensamento enceta a releitura de suas obras no resto do mundo – outra prova da discordância dos tempos. Com efeito, eles são acusados de serem, a esmo, coveiros do Iluminismo e inimigos do humanismo. São criticados por terem liquidado o sentido e a transcendência, de terem favorecido o advento de um processo sem sujeito e de terem inventado um mundo e uma história que nos escapam por todos os lados[17]. De resto, escaldada pelo espetáculo infeliz dos dias seguintes da independência e das derivações autoritárias dos novos regimes; convencida de que estava, de modo geral, enganada quanto a seus engajamentos passados com a causa anticolonial, e agora determinada a esquecê-la ou até renegá-la, uma parte importante da *intelligentsia* não perde a oportunidade de mostrar seu arrependimento e acredita encontrar na cruzada antitotalitária seu novo caminho de Damasco.

Mas, na realidade, esse grande movimento de redistribuição das cartas conceituais e a transformação decisiva do espaço ideológico que dele resulta começaram muito antes da descolonização propriamente dita. Esta serviu sobretudo como aceleradora de uma dinâmica iniciada em meados da década de 1930. Já nessa época, nos meios da democracia cristã, certas correntes liberais

---

16. BETI, M. *Main basse sur le Cameroun*. Op. cit.
17. Sobre os paradoxos da crítica do "pensamento 68" em geral, cf. AUDIER, S. *La pensée anti-68* – Essai sur les origines d'une restauration intellectuelle. Paris: La Découverte, 2009 [2008].

e dissidentes da esquerda se interrogaram sobre a natureza da URSS e as tentações que espreitavam a democracia liberal[18]. No período posterior à Segunda Guerra Mundial, ao sair do nazismo, uma parte importante do pensamento francês encontrou-se diante da questão do comunismo em sua versão stalinista[19]. Mas é durante o período da Guerra Fria que a passagem do antifascismo ao anticomunismo atinge um ponto sem volta. Dentro da *intelligentsia* francesa, a leitura das relações internacionais passa a ser feita no quadro do antagonismo capitalismo/comunismo, por um lado, e democracia liberal/totalitarismo, por outro[20]. Pontuada por acontecimentos como os processos de Kravtchenko e de Rousset[21], a revolta húngara e a Primavera de Praga, essa dinâmica atingiu seu ponto culminante na década de 1950 e volta a se fortalecer nos anos de 1970, quando os arrependidos da "luta de classes" (intelectuais de percursos e interesses diferentes, mas que têm em comum o fato de terem vindo, ou de terem estado próximos, ao marxismo-leninismo) realizam a transformação do filocomunismo e da fé laica no socialismo na invocação da dissidência e dos direitos humanos. Num contexto de crise das relações entre os intelectuais e os partidos de esquerda, eles se

---

18. Cf., p. ex., o número especial da revista *Esprit* de jan.-fev./1934. • SOUVA-RINE, B. *La critique sociale, 1931-1934.* Paris: La Différence, 1983. • GUÉRIN, D. *Fascisme et grand capital.* Paris: Syllepse, 1999.

19. Cf., p. ex., MERLEAU-PONTY, M. *Humanisme et terreur* (1947). • "Les aventures de la dialectique". In: Œuvres. Paris: Gallimard, 2010 [Col. "Quarto"].

20. ARON, R. *Démocratie et totalitarisme.* Paris: Gallimard, 1987 [1965].

21. Viktor Kravtchenko (1905-1966) foi um dissidente soviético que, ao se exilar nos Estados Unidos, publicou um livro denunciando o regime stalinista (*Eu escolhi a liberdade – A vida pública e privada de um alto funcionário soviético*). Por isso, ele foi atacado ferozmente pelo semanário *Les Lettres Françaises*, ligado ao Partido Comunista Francês, o que levou Kravtchenko a processar a revista num episódio que ficou conhecido como "o processo do século" na França e foi uma das primeiras fontes a revelar ao país a existência dos gulags stalinistas. David Rousset (1912-1997) participou da resistência francesa e sobreviveu a um campo de concentração nazista. Também se opôs às guerras colonialistas francesas. Depois da publicação do livro de Kravtchenko, Rousset criou uma comissão de investigação dos regimes totalitários do Leste Europeu, o que levou a ataques do mesmo *Les Lettres Françaises* e também resultou num processo. Kravtchenko e Rousset ganharam esses processos [N.T.].

apossam então do conceito de "totalitarismo", cujo uso é ligado a uma militância polêmica e a uma apologia à dissidência e aos direitos humanos dentro dos países do Pacto de Varsóvia[22].

O advento do pensamento pós-colonial durante o último quarto do século XX coincide então com a tentativa, na França, de saída dos marxismos (oficiais e de oposição) e o patrulhamento do pensamento pelo projeto antitotalitário[23]. Contrariamente às intuições de Hannah Arendt, a maioria das teorias francesas do totalitarismo esquece-se não apenas do fascismo e do nazismo, mas também do colonialismo e do imperialismo. Isso ocorre porque o conceito de "totalitarismo", teoricamente pobre, funciona antes de tudo, e com poucas exceções, como uma matraca. Sua elaboração está subordinada aos imperativos da política interna francesa, e ele é utilizado em primeiro lugar para fundamentar o processo contra o marxismo[24].

Os fatores evocados brevemente acima retardaram a difusão do pensamento pós-colonial na França, e, além disso, turvaram fortemente sua recepção. Ainda falta mencionar aquilo que poderíamos chamar de razões "epistêmicas". Estas se referem às condições e modalidades de produção do conhecimento sobre os mundos fora da Europa nas ciências sociais e nas humanidades durante a colonização e imediatamente após a descolonização. Como mostrou Pierre Singaravélou, os anos de 1880 a 1910, durante os quais culminaram o cientismo e a expansão colonial, correspondem ao momento da institucionalização do conheci-

---

22. CHRISTOFFERSON, M. *Les Intellectuels contre la gauche* – L'Idéologie antitotalitaire en France (1968-1981). Marseille: Agone, 2009. Cf. tb. BOURG, J. *From Revolution to Ethics*: May 68 and Contemporary French Thought. Montréal: McGill-Queen's University Press, 2007.

23. Cf., nessa perspectiva, CASTORIADIS, C. *L'Institution imaginaire de la société*. Paris: Seuil, 1975, esp. o cap. 1: "Le marxisme: bilan provisoire".

24. CASTORIADIS, C. *La société bureaucratique*. Paris: Bourgois, 1990. • LEFORT, C. *La complication* – Retour sur le communisme. Paris: Fayard, 1999. • *L'Invention démocratique. Les limites de la domination totalitaire*. Paris: Fayard, 1981.

134

mento sobre as colônias e as populações colonizadas[25]. As "ciências coloniais" na França (história, geografia, legislação, economia) tinham como objeto central as "raças atrasadas"[26]. Sua função principal era contribuir, por um lado, com a encenação da diversidade humana, por outro, com a elevação através do conhecimento dessa humanidade primitiva ao nível dos "povos evoluídos"[27]. Encontravam-se três postulados em sua fundamentação: evolucionismo, diferencialismo e primitivismo[28]. Se as "ciências coloniais" propriamente ditas saíram de cena progressivamente após a descolonização, com muita frequência foram substituídas pelas "ciências da Guerra Fria". Entretanto, a "grande repartição" que presidiu seu nascimento e que justificava a existência de um verdadeiro *apartheid* não somente do conhecimento, mas também das instituições, persiste. Tanto nas disciplinas históricas quanto nas geográficas, jurídicas, econômicas, etnográficas ou políticas, a valorização da diferença e da alteridade constitui, de um ponto de vista epistêmico, a pedra angular de toda organização cognitiva dos mundos fora da Europa.

A epistemologia que fundamenta essas "ciências" é a *diferença*. É ela que explica em parte muito grande a segregação entre os discursos e os saberes sobre os mundos colonizados no passado e os discursos e saberes sobre a França. Por outro lado, como o espaço concedido aos estudos extraeuropeus era dos mais reduzidos no dispositivo acadêmico e cultural francês, esses saberes não estão integrados nem na "biblioteca nacional dos conheci-

---

25. SINGARAVÉLOU, P. (org.). *L'Empire des geografes – Géographie, exploration et colonisation, XIXe-XXe siècle*. Paris: Belin, 2008.

26. Cf. PYENSON, L. *Civilizing Mission*: Exact Sciences and French Overseas Expansion, 1830-1940. Baltimore: Johns Hopkins University Press, 1993. • OSBORNE, M.A. *Nature, the Exotic, and the Science of French Colonialism*. Bloomington: Indiana University Press, 1994.

27. Sobre seus paradoxos e ambiguidades, cf. SIBEUD, E. *Une science impériale pour l'Afrique?* – La construction des savoirs africanistes en France, 1878-1930. Paris: L'Ehess, 2002.

28. POUTRIN, I. (org.). *Le XIXe siècle* – Science, politique et tradition. Paris: Berger-Levrault, 1995.

mentos" nem numa verdadeira história-mundo[29]. Pelo contrário, ainda domina uma topografia dos saberes baseada numa nova repartição do mundo em "áreas culturais" (*area studies*). Encontra-se a mesma lógica de discriminação e de acantonamento em espaços reservados nos dispositivos institucionais e editoriais. Os institutos e centros de pesquisa sobre os mundos fora da Europa funcionam como guetos dentro do dispositivo universitário, enquanto a grande maioria das obras científicas ou artigos sobre os mundos pós-coloniais é confinada, na maioria das disciplinas, há um grupo separado de revistas e casas editoriais[30].

Intelectual e culturalmente, hoje a França não busca recursos para alimentar o patriotismo e sua "função imaginária" no império e seus vestígios. Talvez ela não se feche completamente sobre seu território. Mas é apoiada nesse território, que além do mais lhe serve de filtro, que ela tenta fazer sua leitura de si própria e do mundo. Entre 1980 e 1995, uma geração de universitários formados nas instituições francesas, e composta, na maior parte, de cidadãos franceses "de cor" e de pertencentes a minorias vindas das antigas posses coloniais, começou a sofrer as consequências desse inverno cultural e intelectual. Alvos da "monocromia" e do sistema mandarínico e burocrático em vigor nas universidades e centros de pesquisa, eles emigraram para os Estados Unidos, onde, seja no *linguistic turn* [giro linguístico], ou no *self-reflexive moment* [momento autorreflexivo] da antropologia, na crítica feminista e nos *critical race studies* [estudos críticos da raça], uma verdadeira efervescência tomava conta das humanidades e das ciências sociais. Eles voltam às

---

29. RIVET, D. "Le fait colonial et nous – Histoire d'un éloignement". In: *Vingtième Siècle*, n. 33, jan.-mar./1992, p. 127-138. • COQUERY-VIDROVITCH, C. "Plaidoyer pour l'histoire du monde dans l'université française". In: *Vingitème Siècle*, n. 61, 1999, p. 111-125.

30. Um sinal desse anacronismo na suposta hora da "literatura-mundo": a prestigiada Editora Gallimard – diferentemente da Editora Seuil – não conseguiu fazer algo melhor do que encontrar um gueto editorial chamado "Continentes Negros" (!) para colocar a maioria de seus autores não brancos.

raízes no encontro dos pensamentos afro-americanos, do Caribe anglófono, dos mundos sino-indianos e latino-americanos, e das novas interpretações da história e da literatura francesas que surgem na academia americana[31].

Vibrações de expressões plurais

As observações precedentes não se inscrevem numa lógica de processo. Elas visam contextualizar não somente o deslocamento na recepção dos estudos pós-coloniais na França, mas também a defasagem francesa em relação a um mundo que, depois que a descolonização terminou, hoje se reconstitui segundo um modelo da circulação de fluxos fragmentados e diaspóricos[32]. Enquanto a França se agarra com força a suas problemáticas tradicionais da "assimilação" e da "integração", em outros lugares privilegia-se a problemática das "modernidades alternativas"[33]. É no começo da década de 1990 que a França começa timidamente a livrar-se de seu langor pós-colonial. Como é frequente, esse movimento começa nas margens da sociedade. Observa-se uma vibração primeiro no domínio artístico e cultural. O enxerto de elementos da cultura popular afro-americana na cultura popular dos *banlieues* começa a produzir efeitos nos jovens pertencentes a minorias. Isso ocorre especialmente nas esferas da música, do esporte, da moda e da estilística do eu[34].

---

31. Em relação aos olhares de historiadores americanos sobre a história contemporânea da França, cf., p. ex., o número especial de *Cahiers d'Histoire* — Revue d'Histoire Critique, n. 96-97, 2005. Cf. tb. os artigos reunidos no número especial de *French Politics, Culture and Society*, vol. 18, n. 3, 2000. • *Yale French Studies*, n. 100, 2001.

32. APPADURAI, A. *Modernity at Large*. Mineápolis: University of Minnesota Press, 1996.

33. GAONKAR, D.P. (org.). *Alternative Modernities*. Op. cit.

34. RAPHAEL-HERNANDEZ, H. (org.). *Blackening Europe*: The African-American Presence. Nova York: Routledge, 2003.

A era de ouro da presença afro-americana no coração de Paris (de 1914 até a década de 1960, mais ou menos) certamente terminou[35]. O período muito longo de dominação do *jazz*, do *reggae* e do *rhythm and blues* chega a seu fim, e o surgimento do *hip-hop* e a recepção das diversas variantes do *rap* não estão livres de ambiguidades. Mas certas figuras de destaque dessa nova forma de expressão dão a esse gênero musical uma tonalidade política inegável[36]. Essa nova sensibilidade estética se alimenta igualmente, ainda que indiretamente, da lenta dominação do futebol (o esporte mais popular da França) por atletas negros e de origem árabe. Além disso, alguns desses atletas não hesitam em intervir em debates sobre o racismo e a cidadania[37]. Do mesmo modo que certas figuras negras do basquete norte-americano e do atletismo americano e caribenho, eles representam um papel de modelo, pelo menos entre os jovens de *banlieues* que se deparam com processos contraditórios de autoidentificação e corroídos por um desejo descomedido de participar da sociedade de consumo, na qual a *global black culture* [cultura negra global] tornou-se um sinal planetário[38].

Essa vibração também é observada nas formas novas que revestem as lutas das minorias, sejam elas pertencentes à categoria

---

35. Sobre esse período, cf. STOVALL, T. *Paris Noir*: African Americans in the City of Light. Nova York: Houghton Mifflin, 1996. Cf. tb. THOMAS, D. *Black France*: Colonialism, Immigration, and Transnationalism. Bloomington: Indiana University Press, 2007. • JULES-ROSETTE, B. *Black Paris*: The African Writers' Landscape. Urbana: University of Illinois Press, 2000.

36. BOUCHER, M. *Rap, expression des lascars* – Significations et enjeux du Rap dans la société française. Paris: L'Harmattan, 1999. • PRÉVOS, A.J.M. "Two Decades of Rap in France: Emergence, Development, Prospects". In: DURAND, A.-P. (org.). *Black, Blanc, Beur*: Rap Music and Hip-Hop Culture in the Francophone World. Oxford: Scarecrow, 2002, p. 1-21.

37. DUBOIS, L. *Soccer Empire*: The World Cup and the Future of France. Los Angeles: University of California Press, 2010. • THURAM, L. *Mes étoiles noires*. Paris: Philippe Rey, 2010.

38. O que corresponde mais ou menos às observações de Paul GILROY em *Darker than Blue*. Op. cit. Cf. tb. PRÉVOS, A.J.M. "'In It for the Money': Rap and Business Culture in France". In: *Popular Music and Society*, vol. 26, n. 4, 2003, p. 445-461.

dos intrusos e *complete outsiders* [forasteiros completos] – imigrantes ilegais e clandestinos – para os quais recusa-se o direito de ter direitos; sejam elas da categoria dos *sans-parts* da democracia francesa – aqueles que, apesar de nominalmente franceses, consideram-se todavia privados do desfrute pleno e completo dos lucros simbólicos ligados à cidadania, a começar pelo *direito à visibilidade*. O fato é que, a partir de meados da década de 1970, os *think tanks* da extrema-direita desenvolveram a ideia de que a identidade nacional francesa estaria manchada pelos imigrantes. Inicialmente agitada pelo Fronte Nacional, essa ideia conquistou pouco a pouco a direita republicana e se infiltrou em boa parte da esquerda, e até da extrema-esquerda. Mesmo que, depois da carnificina das duas guerras mundiais, a França tenha com efeito organizado uma imigração destinada a suprir a necessidade premente de mão de obra para suas indústrias, essa imigração efetivamente parou depois da crise petrolífera de 1974. Desde então, a imigração na França é apenas marginal – através de regrupamentos familiares, pedidos de asilo, de estudantes e daqueles que entram por razões turísticas ou clandestinas.

Mas apesar da imigração não ser mais do que marginal, as leis não param de endurecer durante esse período de suspensão, e cada ministro do Interior se coloca o dever de aprovar uma ou mais leis anti-imigração sempre mais draconianas do que as anteriores. Além de criar obstáculos à entrada, uma das consequências imediatas dessa enxurrada de dispositivos legislativos e de repressão é deixar a vida dos estrangeiros já estabelecidos na França cada vez mais precária. Além disso, o acúmulo de leis e o entusiasmo regulamentar produziram, nos últimos vinte anos, um número considerável de "sem-documentos"[39] que o Estado busca então acossar em nome da luta contra a imigração clandestina. Desde então a França se orgulha de suas "cotas de expul-

---

39. FASSIN, D.; MORICE, A. & QUIMINAL, C. (orgs.). *Les lois de l'inhospitalité*. Op. cit.

são"[40]. É nesse contexto que alguns não hesitam mais em falar de uma "xenofobia de Estado"[41].

Se a primeira forma de mobilização tem como campo de batalha central o direito a ter direitos (começando pelo *direito de estadia* na França), a segunda (que surge no final da década de 1990) é uma luta pela visibilidade e contra a minoração e os estereótipos. Ela combate indiretamente um dos principais nãoditos do modelo republicano francês: a "brancura" implícita da "francidade". Com efeito, em nome do princípio constitucional francês de igualdade entre os indivíduos, as diferenças de origem, de raça (etnia), de gênero ou de religião entre os indivíduos e os grupos não podem ser levadas em conta. A República se deseja laica e *color blind* [indiferente à cor]. O imperativo da igualdade exigido "para tornar cada pessoa um sujeito de direito e um cidadão completo implica considerar os seres humanos de modo relativamente abstrato. Todas as suas diferenças e distinções devem ser postas de lado para que sejam consideradas apenas em sua qualidade comum e essencial: a de sujeito autônomo"[42]. As consequências dessa indiferença radical quanto às diferenças são tais que a coleta de "estatísticas étnicas" é proibida por lei, e qualquer veleidade de programas de discriminação positiva é depreciada[43]. O efeito perverso dessa indiferença às diferenças é então uma relativa indiferença às discriminações.

A este respeito, e até o final da década de 1990, a mídia em geral e a televisão em particular constituíram o cenário principal de uma violência simbólica dupla: por um lado, a violência da indiferença e da minoração, por outro, a violência implicada à

---

40. Cf. *Cette France-là*. Paris: La Découverte, 2009 [obra coletiva].

41. Cf., em particular, LE COUR GRANDMAISON, O. *La république impériale* – Politique et racisme d'État. Paris: Fayard, 2009.

42. ROSANVALLON, P. *Le peuple introuvable* – Histoire de la représentation démocratique en France. Paris: Gallimard, 1998, p. 13.

43. Quanto a essas discussões, cf. RENAUT, A. *Un humanisme de la diversité* – Essai sur la décolonisation des identités. Paris: Flammarion, 2009.

produção de estereótipos e preconceitos racistas. Nessa época, as minorias certamente não são invisíveis na televisão. Mas quando aparecem nela, é em transmissões musicais ou esportivas. Em particular, os negros quase que só aparecem na tela e no campo público como comediantes, cantores ou saltimbancos. Quando estão presentes nas ficções, trata-se quase sempre de ficções americanas e não francesas. Ocorre o mesmo na publicidade e nos programas sobre a vida cotidiana. Os futebolistas e outros atletas não têm melhor sorte. Eles são assimilados a "franco-atiradores" modernos, cujo corpo e potência física são completamente dedicados à bandeira, mas sobre os quais sempre recai a suspeita de não quererem cantar *A marselhesa* a plenos pulmões.

A encenação dos árabes obedece a uma lógica paralela. Os preconceitos sobre a natureza violenta do árabe e suas pulsões incontroláveis constituem elementos duradouros dos dispositivos históricos de estigmatização. Devido à sua suposta propensão ao estupro, o jovem árabe procedente da imigração do Magrebe seria uma fonte de insegurança dentro e fora de sua comunidade[44]. O próprio Islã é compreendido menos como religião e mais como cultura; ou, quando é compreendido como religião, sua teologia é a de um Deus impetuoso, colérico, sedento de sangue e irracional. As repetidas controvérsias sobre o "lenço islâmico" ou sobre a burca estão saturadas pela imagética orientalista que foi denunciada por Said. Elas permitem, antes de mais nada, colocar em cena as violências que *esses* homens fazem com *essas* mulheres – violências que não se parecem com as "violências aqui de casa": circuncisão feminina, casamentos forçados, poligamia, "lei dos irmãos mais velhos", obrigação do véu, testes de virgindade. Apieda-se então da vulnerabilidade das "mulheres muçulmanas". Mas, acima de tudo, teme-se que as mulheres francesas tornem-se, por sua vez, objeto de uma violência sexista exógena, ameaçadas

---

44. GUÉNIF-SOUILAMAS, N. & MACÉ, É. *Les féministes et le garçon arabe*. Paris: L'Aube, 2004.

como estão no espaço público por agressores não brancos e não cristãos[45].

A produção de estereótipos tem como objetivo mandar as minorias de volta a suas origens "lá" (em oposição a aqui) e lhes atribuir uma alteridade irredutível. Esses estereótipos são então reciclados e reinterpretados como constitutivos de seu caráter estrangeiro essencial[46]. Além disso, as minorias seriam o objeto de uma integração verdadeira na sociedade a ponto desse próprio caráter estrangeiro ameaçar contaminar a identidade francesa de dentro. Assim, a feminista Élisabeth Badinter pôde afirmar que "o véu completo simboliza a recusa absoluta de entrar em contato com o outro ou, mais precisamente, a recusa da reciprocidade [...] Nessa possibilidade de ser olhada sem ser vista e de olhar o outro sem que ele me veja, percebo no meu ponto de vista a satisfação de um gozo triplo sobre o outro através da não reciprocidade, do gozo exibicionista e do gozo voyeurístico [...]. Penso que se trata de mulheres muito doentes, falo isso com muita seriedade, e não creio que devamos nos determinar em função da patologia"[47].

Diferente dos "franceses de origem", as minorias se caracterizam acima de tudo pelo exotismo de seus costumes, vestuário e culinária; pelas tropicalidades dos lugares de onde vieram, das frutas e perfumes que caracterizam muitas peças publicitárias, sejam aquelas que promovem destinações turísticas ou aquelas que enfatizam o cacau, a banana, os coqueiros, a baunilha, os

---

45. Cf., sobre este ponto, DORLIN, E. "Le grand strip-tease: féminisme, nationalisme et *burqa* en France". In: BANCEL, N.; BERNAULT, F.; BLANCHARD, P.; BOUBEKER, A.; MBEMBE, A. & VERGÈS, F. *Ruptures postcoloniales* – Les nouveaux visages de la société française. Paris: La Découverte, 2010.

46. Cf. os artigos: COOPER, F. "From Imperial Inclusion to Republican Exclusion? France's Ambiguous Postwar Trajectory". • GONDOLA, D. "Transient Citizens: The Othering and Indigenization of Blacks and Beurs within the French Republic". In: TSHIMANGA, C.; GONDOLA, D. & BROWN, P.J. (orgs.). *Frenchness and the African Diaspora*: Identity and Uprising in Contemporary France. Bloomington: Indiana University Press, 2009.

47. Disponível em http://www.assemblee-nationale.fr/13/cr-miburqa/08-09/c0809004.asp – Acesso em 03/10/2018.

camelos ou as praias ensolaradas. A lógica dessas representações é "mandar os franceses não brancos de volta às causas [geográficas, climáticas ou outras] da sua falta de integração com a nação". A utilização repetida do adjetivo "étnico" para nomeá-los e designar suas práticas é estratégica para esse fato. Por um lado, ele só pode ser compreendido em referência ao não-dito segundo o qual "os franceses brancos não são 'étnicos'"[48]. Por outro lado, ele busca enfatizar a impossibilidade de sua assimilação. É contra esse dispositivo simbólico que surge, em 1998, o *Collectif* Égalité [Coletivo Igualdade] composto de artistas e intelectuais negros[49]. As lutas pela visibilidade e contra a minoração têm como ponto de partida a ideia segundo a qual a nação francesa não existe de antemão, toda feita: ela é, em grande parte, a soma das identificações contraditórias que seus membros reivindicam. Esses membros fazem com que ela exista concretamente através do modo como essas formas contraditórias de identificação são postas em cena e em narrações. E, longe de constituir um obstáculo à existência de um espaço público, essas formas contraditórias são recursos para um aprofundamento da relação entre democracia, reciprocidade e mutualidade.

É também no começo da década de 1990 que iniciativas paralelas são esboçadas no campo acadêmico. Uma jovem geração de historiadores começa a se interessar pelo comércio de olhares entre (ex-)colônias e (ex-)metrópole, pelas formas de colisão entre a memória e a história e pela permanência e mutação dos olhares coloniais na cultura popular francesa. Outros privilegiam o estudo das imagens e das representações e buscam pôr em relevo o lugar central do colonialismo na evolução da modernidade

---

48. Sobre todo esse parágrafo precedente, cf. síntese em MACÉ, É. "Postcolonialité et francité dans les imaginaires télévisuels de la nation". In: BANCEL, N.; BERNAULT, F.; BLANCHARD, P.; BOUBEKER, A.; MBEMBE, A. & VERGÈS, F. *Ruptures postcoloniales*. Op. cit.

49. RIGONI, I. (org.). *Qui a peur de la télévision en couleurs?* – La diversité culturelle dans les médias. Montreal: Aux Lieux d'Être, 2007. • BREKHUS, W. "Une sociologie de l'invisibilité: réorienter notre regard". *Réseaux*, n. 129-130, 2005.

francesa[50]. Essa perspectiva os conduz inevitavelmente ao exame do papel constitutivo que a ideologia colonial desempenhou na formação da identidade republicana. Depois, a partir desse reconhecimento das relações entre republicanismo e império, eles se esforçam para compreender as novas formas híbridas que surgiram da presença imperial francesa no mundo ao explorar aquilo que chamam de "fratura colonial". Assim, seu modo de pensar se afasta de uma tradição bem estabelecida da historiografia colonial francesa em pelo menos três planos. Primeiro, através da maneira como essa geração estabelece o laço entre história colonial e história metropolitana, alterando assim a separação cômoda entre o estudo daqui e o estudo "dali"; segundo pela maneira como ela repercute seus trabalhos no campo público e contribui *ipso facto* para a contribuição de um campo de pesquisa que se parece com a *public history* [história pública]; e por fim pelo modo como ela reproblematiza o imaginário nacional francês[51].

É apenas no começo do novo milênio que, superando a indiferença e muitas reticências, começa uma crítica legítima do pós-colonialismo enquanto tal. Assim, em particular no campo da teoria, *Sobre a pós-colônia* – que muitas vezes é colocado erroneamente sob a rubrica de "estudos pós-coloniais" – combate três bezerros de ouro da ortodoxia pós-colonialista, a saber: primeiro, a tendência a reduzir a longa história das sociedades antigamente colonizadas a um momento único (a colonização), quando a questão é refletir em termos de concatenação das durações; segundo, a fetichização e a fusão das duas noções de "resistência" e de "subalternidade"; terceiro, os limites das problemáticas da diferença e da alteridade. Ao longo de uma exploração histórica, literária, política, filosófica, estética e escultural das *qualidades*

---

50. BANCEL, N.; BLANCHARD, P. & DELABARRE, F. *Images d'Empire, 1930-1960*. Paris: La Martinière/La Documentation Française, 1997.
51. BANCEL, N.; BLANCHARD, P. & VERGÈS, F. *La république coloniale*. Paris: Albin Michel, 2003. • BLANCHARD, P.; BANCEL, N. & LEMAIRE, S. *La fracture coloniale*. Paris: La Découverte, 2005.

do poder depois da descolonização, esse livro faz o contrário de toda uma tradição dos estudos pós-coloniais e propõe uma hipótese de que uma das dimensões constitutivas – mas geralmente negligenciada – da "condição pós-colonial" é a inscrição dos dominantes e de seus sujeitos numa mesma *épistémè*. Ele critica ao mesmo tempo a dependência de um certo pensamento pós-colonial das categorias hipostasiadas da "diferença" e da "alteridade" e mostra como, em relação ao exercício e à cultura do poder após a descolonização, a lógica da repetição muitas vezes leva a melhor sobre a da diferença. O livro tenta assim complicar o conceito de *agency* [agência, ação] ao mostrar como a ação dos subalternos, longe de estar preestabelecida à ruptura revolucionária, muitas vezes produz situações paradoxais. Essas situações de encaixe obrigam, por sua vez, à rejeição do falso dualismo entre ou uma visão vitimista ou uma visão heroica da subalternidade na direção de uma verdadeira crítica da responsabilidade[52].

Paralelamente, outras tentativas ficaram claras, especialmente no campo da crítica literária[53]. Observamos, por outro lado, uma retomada de interesse pelos estudos histórico-filosóficos e sociológicos da raça[54] e uma releitura das formas de sua cristalização na escravidão e suas consequências póstumas[55], e também dos processos de constituição contemporânea das minorias enquanto sujeitos políticos distintos[56]. Por exemplo, em *A matriz da raça*, Elsa Dorlin estuda a genealogia sexual e

---

52. MBEMBE, A. *De la postcolonie*. Op. cit. Cf. esp. o prefácio à 2ª edição, 2005, esp. p. X-XI.
53. MOURA, J.-M. *Littératures francophones et théorie postcoloniale*. Paris: PUF, 1999. • BARDOLPH, J. Études *postcoloniales et littérature*. Paris: Champion, 2002. • BENIAMIANO, M. & GAUVIN, L. *Vocabulaire des* études *francofones* – Les concepts de base. Limoges: Presses Universitaires de Limoges, 2005.
54. DORLIN, E. *La matrice de la race* – Généalogie sexuelle et coloniale de la nation française. Paris: La Découverte, 2009 [2006].
55. VERGÈS, F. *Abolir l'esclavage* – Une utopie coloniale. Paris: Albin Michel, 2001.
56. Cf. estudo em NDIAYE, P. *La condition noire* – Essai sur une minorité française. Paris: Calmann-Lévy, 2008.

colonial da nação francesa no cruzamento da filosofia política, da história da medicina e dos estudos de gênero. Sem necessariamente reivindicar uma filiação pós-colonial, esse trabalho ecoa os estudos iniciados por essa corrente de pensamento que não somente afirmam um laço estreito entre o patriarcado e o colonialismo, mas também insistem no caráter sexuado do processo de produção da raça e da nação. Françoise Vergès, por sua vez, repensa a distinção tradicional entre a nação republicana e o império colonial e sugere tratá-los não como esferas hermeticamente fechadas e separadas, mas como uma unidade interativa tanto sob a escravidão quanto durante a colonização e depois. Ao mesmo momento, vários trabalhos se dedicam ao modo como a França trata seus imigrantes e suas minorias. Pouco a pouco esboça-se uma crítica da alteridade do modo como ela é produzida pela sociedade francesa nas práticas cotidianas – sejam de habitação, de cuidados médicos, da família, da gestão ordinária dos centros de retenção de imigrantes e daqueles cujo direito de asilo foi negado, da vida cotidiana dos estrangeiros em situação irregular e das vivências do racismo[57]. Desde então, um conjunto de acontecimentos permitiu uma visibilidade crescente do pensamento pós-colonial para o público francês. Fenômeno de moda ou não, muitos anos depois da publicação em francês das obras de Edward Said, textos importantes do *corpus* pós-colonial finalmente foram traduzidos e submetidos a debates inumeráveis[58]. Muitos jovens pesquisadores produzem trabalhos originais apresentados em vários colóquios, seminários ou revistas.

---

57. Cf. em particular FASSIN, D. & FASSIN, É. *De la question sociale à la question raciale?* – Représenter la société française. Paris: La Découverte, 2009 [2006]. Cf. tb. FASSIN, D. (org.). *Les nouvelles frontières de la société française.* Paris: La Découverte, 2010.
58. BHABHA, H. *Les lieux de la culture* – Une théorie postcoloniale. Paris: Payot, 2008. • LAZARUS, N. (org.). *Penser le postcolonial.* Op. cit.

Querelas bizantinas

Como acabamos de mostrar, o surgimento do pensamento pós-colonial no campo discursivo francês e os debates que ele suscita dependeram de muitos fatores, salvo circunstâncias contingentes. De qualquer forma, recentemente a crítica se deslocou do campo estritamente literário e teórico para as ciências sociais. Durante esse deslocamento, ela se degenerou numa querela bizantina, movida por um grupo de depreciadores cujos assaltos, frequentemente impertinentes, não se furtam a insinuações maldosas e buscam antes de mais nada rebaixar os autores de obras que eles não se deram ao trabalho de ler bem, muito menos de compreender. Essa querela não surge nem se desenrola num vazio ideológico. Especialmente para os zelotes do antipós-colonialismo, o que está em jogo não é – nem inicialmente – questões de saber e de conhecimento, como bem explica Catherine Coquery-Vidrovitch numa obra bastante destacada[59]. Movidos por um fervor completamente pentecostalista, eles utilizam o pensamento pós-colonial, antes de mais nada – como outros se serviram antes deles do "terceiro-mundismo" e do "pensamento 68" – para chamar a atenção. É esse o caso do panfleto de estilo fraudulento do africanista Jean-Loup Amselle, *O Ocidente desenganchado*[60]. Na maioria dos casos, ele literalmente "fabrica" enunciados apodíticos. Em seguida ele os imputa a autores que qualifica, com autoridade, de "pós-colonialistas", ainda que não somente esses últimos não afirmem fazer parte dessa corrente de pensamento, mas também jamais tenham enunciado os argumentos que são colocados em suas bocas para serem atacados por nosso cruzado. Criticando uma lista de argumentos que montou de qualquer jeito segundo modalidades que não são explicitadas em nenhum

---

59. Cf. COQUERY-VIDROVITCH, C. *Les enjeux politiques de l'histoire coloniale*. Marseille: Agone, 2009.

60. AMSELLE, J.-L. *L'Occident décroché* – Enquête sur les postcolonialismes. Paris: Stock, 2008.

momento, ele consegue assim construir um fronte de luta aparentemente homogêneo, mas na verdade imaginário, incluindo nele, para criar polêmica, textos e autores cujo lugar não é ali.

Onde existem essas batalhas de conhecimento, como afirma não sem razão Jean-François Bayart num ensaio precipitado[61], elas não podem ser separadas, como ele parece sugerir, das batalhas éticas e filosóficas[62]. Pois a colonização não era apenas uma forma particular de *racionalidade*, com suas tecnologias e seus dispositivos. Ela pretendia ser também uma certa *estrutura do conhecer*, uma *estrutura de crença*, até, como propôs Edward Said, um *regime epistêmico*. Em suma, ela reivindicava um estatuto duplo de *jurisdição* e de *veridição*. Enquanto tal, existe realmente uma singularidade moral da colonização como ideologia e prática da conquista do mundo e da submissão das raças consideradas inferiores; e a crítica do conhecimento histórico das situações coloniais deve efetivamente alternar entre aquilo que Paul Ricœur chamava de "preocupação epistemológica" (própria à operação historiográfica) e a "preocupação ético-cultural" (isenta do juízo histórico)[63]. Ela é, além disso, aquilo que Ricœur chamava uma "hermenêutica crítica". As pessoas têm o direito de ficar indiferentes a essa empreitada, mas ela é legítima, assim como as críticas de tipo nominalista ou filosófico da colonização formuladas através de análises históricas, literárias, psicanalíticas ou fenomenológicas.

Com o objetivo de desqualificar no atacado *"os* estudos pós-coloniais", os fanfarrões sustentam com muito gosto o amálgama entre essa corrente de pensamento e o uso que fazem dela alguns de seus partidários franceses. Eles se agarram, em particular, ao modo como a crítica pós-colonial é manejada

---

61. BAYART, J.-F. *Les* études *postcoloniales* – Un carnaval académique. Paris: Karthala, 2010.
62. Para uma tentativa de formulação filosófica dessas batalhas, cf. RENAUT, A. *Un humanisme de la diversité*. Op. cit.
63. RICŒUR, P. *Histoire et vérité*. Paris: Seuil, 1955, p. 11.

no mundo real – especialmente o fato de que, para muitos de seus partidários locais, esse pensamento tende a se tornar um instrumento de luta, de afrontamento e de recusa. Com uma cegueira cômoda, eles além disso agem como se não existisse uma tradição dos "estudos pós-coloniais" que, desde suas origens, continua a reintegrar a história da colonização na perspectiva de uma história do imperialismo – ou, precisamente, do anti-imperialismo[64]. Depois, argumentando que em muitas regiões do mundo a colonização foi breve, eles buscam minimizar seu impacto e importância, que qualificam de superficial, sem que se saiba exatamente quais critérios permitem estabelecer historicamente tal conclusão. Nos dois casos, o objetivo é negar à colonização qualquer função fundadora na história das sociedades autóctones; minimizar sua violência e fazer dela algo sem consequências; afirmar que os impérios coloniais não tinham lá grande coisa de novo; que o colonialismo era apenas um caso particular de um fenômeno trans-histórico e universal (o imperialismo); e que o mundo imperial está longe de constituir um "sistema" onipotente, já que é perpassado por tensões e enfrentamentos internos, e até impossibilidades e descontinuidades[65]. Em seguida, como se essa categoria disciplinar fosse inteiramente clara a si mesma, alguns propõem recorrer à "sociologia histórica" para dar conta dos fatos coloniais, que reduzem ou a um simples problema de passagem do Império ao Estado-Nação,

---

64. Trata-se de um modo de investigação que consiste em tomar como ponto de partida as formas de resistência aos três tipos de poder característicos do imperialismo colonial, a saber: o poder de conquistar e dominar, o poder de explorar e o poder de submeter. Para uma avaliação, cf. BUSH, B. *Imperialism and Post-colonialism*. Londres: Longman, 2006. • WOLFE, P. "History and Imperialism: A Century of Theory, from Marx to Postcolonialism". In: *American Historical Review*, n. 102 (2), 1997, p. 388-420. Cf. tb., no campo histórico-literário, BOEHMER, E. *Empire, the National and the Postcolonial, 1890-1920*. Nova York: Oxford University Press, 2001.

65. Para uma formulação às vezes caricatural e polêmica dessa posição, cf. BUR-BANK, J. & COOPER, F. "'Nouvelles' colonies et 'vieux' empires". In: *Mil Neuf Cent* – Revue d'Histoire Intellectuelle, n. 27, 2009. • BAYART, J.-F. *Les études postcoloniales*. Op. cit.

ou a um simples inventário comparado das práticas de governança imperial[66].

Para isso, eles mobilizam figuras totêmicas como Max Weber e Michel Foucault, e em seguida se esforçam para reativar a velha querela explicação/interpretação/compreensão que, todavia, autores como Paul Ricœur já haviam mitigado. Isso vem de uma época – que acreditávamos encerrada – onde as ciências sociais sofriam as chicotadas fortes da atração dos modelos quantitativos e positivistas em vigor nas ciências da natureza[67]. De resto, como lembram Paul Ricœur e Michel de Certeau, a interpretação é uma característica da pesquisa da verdade na história. O mesmo ocorre com a dimensão narrativa ou literária de todo discurso histórico. Ela sempre contém, *a priori*, uma dimensão cognitiva[68]. Por trás dos dois sacerdotes, Weber e Foucault, e sob o abrigo de um apelo a uma releitura da "história imperial", somos na verdade convidados ao casamento de Auguste Comte e do estruturalismo. Afinal, não é preciso colocar em dúvida os conceitos de verdade, realidade ou conhecimento para aceitar que a atividade científica é uma construção social. Por outro lado, e em grande medida, os fatos só existem através da linguagem com a qual eles são expressados e das descrições que os produzem. Quanto ao adjetivo "histórico" ligado a essa "sociologia", ele muitas vezes pouco tem a ver com as contribuições da crítica francesa da segunda metade do século XX. Ao insistir no fato de que não existe um modo privilegiado de explicação na história, essa crítica afirma, indire-

---

66. BAYART, J.-F. *Les* études *postcoloniales*. Op. cit. • GROSSER, P. "Comment écrire l'histoire des relations internationales aujourd'hui? – Quelques réflexions à partir de l'Empire britannique". In: *Histoire@Politique* – Politique, culture, société, n. 10, jan.-abr./2010 [Disponível em www.histoire-politique.fr].

67. Atração que já tinha sido fortemente questionada por Husserl em meados da década de 1930. Cf. HUSSERL, E. *La crise des sciences européennes et la phénoménologie transcendentale*. Paris: Gallimard, 1976 [1936].

68. DE CERTEAU, M. *L'Écriture de l'histoire*. Paris: Gallimard, 2002 [1975]. • RICŒUR, P. *Temps et Récit* – Vol. 1: L'Intrigue et le récit historique. Paris: Seuil, 1991, em particular o cap. 2.

tamente, que existem vários tipos de explicação[69]. A "sociologia histórica" é apenas um tipo de explicação entre outros. Quando se trata da análise das situações coloniais, não é necessariamente verdadeiro que, nas escalas de observação, seja melhor pensar o pequeno e não o grande, que o detalhe vale mais do que o conjunto e a exceção mais do que a generalização[70]. Também não é verdade que "*os* estudos pós-coloniais" só façam textualismo, ideologia e denúncias militantes ou "compadecidas", enquanto a "sociologia histórica" faz "ciência" pura e "cínica". Em diversos graus, tanto os "estudos pós-coloniais" quanto a "sociologia histórica" trabalham com representações, transmitem incessantemente juízos morais, nem sempre realizam a distinção entre aquilo que é verdadeiro e aquilo que é considerado verdadeiro, manipulam séries causais contingentes por definição, e são, no final das contas, herdeiros de um mesmo gênero discursivo: a "filosofia crítica da história".

Por outro lado, também se afirma que "*os* estudos pós-coloniais" só se ocupam com "discursos" e textos e não com "práticas reais", como se os discursos das pessoas não fizessem parte de sua "realidade" e como se o exame das dimensões imaginárias da colonização e também dos fatos psíquicos ou iconográficos não tivesse importância para a reconstituição das representações e das práticas dos atores da época[71]. Silencia-se assim sobre o fato de que um dos objetos privilegiados dos "estudos pós-colo-

---

69. VEYNE, P. *Comment on* écrit *l'histoire* – Essai d'épistémologie. Paris: Seuil, 1996 [1971].

70. REVEL, J. (org.). *Jeux d'*échelles – La micro-analyse à l'expérience. Paris: Seuil, 1996.

71. "É preciso desmistificar a instância global do *real* enquanto totalidade a restituir. Não existe 'o' real ao qual nos reuniremos se falarmos de tudo ou de algumas coisas mais 'reais' que as outras, e que nos faltará, em benefício de abstrações inconsistentes, se nos limitarmos a fazer aparecer outros elementos e outras relações. Talvez seja preciso também interrogar o princípio, muitas vezes admitido implicitamente, de que a única *realidade* que a história deve pretender é a própria *sociedade*". Para uma concepção ampliada do real e das práticas, ler, portanto, FOUCAULT, M. *Dits et* écrits *IV, 1980-1988.* Paris: Gallimard, 1994, p. 15.

niais" é justamente o estudo das transações materiais e simbólicas e das interações intersubjetivas que, no contexto colonial, permitiam constituir o laço colonial. Na realidade, muitos estudos que se valem dessa corrente de pensamento dissecam não apenas os discursos, textos e representações, mas também os comportamentos dos sujeitos coloniais e suas respostas à pressão das normas coloniais, as diversas manobras de negociação, justificação ou denúncia que sempre eram empregadas, particularmente em contextos de incerteza às vezes radical[72]. Eles mostram como os sujeitos coloniais estão presos não apenas em relações de produção, mas também de poder, sentido e de saber – coisas que exigem, se quisermos seguir o próprio Weber, combinar desde o começo do jogo explicação, compreensão e interpretação[73]. Há então ao lado da "sociologia histórica" espaço para outros modelos (mistos) de explicação e interpretação das situações coloniais e seus dispositivos. Na experiência colonial não existem "práticas sociais" (ou aquilo que os zelotes do antipós-colonialismo chamam de "realidades concretas") separadas dos "discursos", linguagens ou representações. Discursos, linguagens e representações, além de serem componentes simbólicos e imaginários na estruturação do laço colonial e na constituição dos sujeitos colonizados, constituem eles mesmos recursos completos da ação e das práticas[74].

Se a querela lançada na França pelos defensores do antipós-colonialismo é anacrônica de um ponto de vista epistemológico, por outro lado ela é muito sintomática de um ponto de vista cultural e político porque o que está em jogo aqui trata da própria identidade da França, dos limites de seu modelo democrático

---

72. Cf., p. ex.: CHAKRABARTY, D. *Rethinking Working-Class History*: Bengal, 1890-1940. Princeton: Princeton University Press, 1989. • PRAKASH, G. *Bonded Histories*: Genealogies of Labor Servitude in Colonial India. Cambridge: Cambridge University Press, 1990.

73. WEBER, M. *Économie et Société* – Vol. 1: Les catégories de la sociologie. Paris: Pocket, 2003, em particular a primeira parte do cap. 1.

74. Sobre esse gênero de argumento, cf. LEPETIT, B. *Les formes de l'expérience* – Une autre histoire sociale. Paris: Albin Michel, 1995.

e das ambiguidades de seu universalismo republicano. Pois, no fundo, a querela em torno do pensamento pós-colonial – como aquelas sobre a regulação do Islã, o "lenço islâmico" ou a burca, os debates patrocinados recentemente pelo Estado sobre a identidade nacional, a febre de comemorações e os inumeráveis projetos de monumentos, museus e estelas funerárias – é em primeiro lugar o sintoma de um quiasma profundo no presente, e do mal-estar da França na globalização. Esse quiasma – outro nome para aquilo que Ann Stoler chama de afasia – é uma consequência direta das doenças francesas da colonização, como outrora se falava das doenças do espírito[75]. Ele encontra seus impulsos privilegiados nos confrontos em curso de dois desejos antagônicos: por um lado o desejo de fronteira e de controle das identidades, portado por uma nebulosa neorrevisionista, e, por outro, o desejo de reconhecimento simbólico e de ampliação de uma *cidadania em suspenso*[76], portado em particular pelas minorias e aqueles que as apoiam. Uma coisa une essas minorias fragmentadas sob outros aspectos: aquilo que elas percebem subjetivamente como uma condição de espoliação simbólica. Essa espoliação é agravada pela aparente remanência e reprodução na França contemporânea de práticas, esquemas de pensamento e representações herdadas de um passado de inferiorização jurídica e de estigmatização racial e cultural.

Um desejo de provincialização

O desejo de fronteiras – e, portanto, de separação e provincialização – reúne correntes neorrevisionistas e provincialistas muito heteróclitas cuja unidade reside na rejeição quase visceral de qual-

---

75. STOLER, A.L. "Colonial Aphasia: Race and Disabled Histories in France". In: *Public Culture*, 23 (1), 2011, p. 121-156.

76. Utilizamos aqui o termo "cidadania em suspenso" no sentido de uma carta em suspenso, que não chegou ao seu destino e, por isso, ficou sem resposta.

quer visão que não seja ocidental sobre o próprio Ocidente e o mundo dos outros. Essa constelação – na verdade uma adição de trajetórias com origens e destinos diferentes – agrupa ideólogos vindos de horizontes diversos. Lá se encontra, desordenadamente, aqueles para quem a perda do Império e em particular da Argélia francesa foi uma catástrofe, marxistas dogmáticos – para quem a luta de classes constitui a palavra final da história –, anciãos da esquerda proletária, catequistas da laicidade e do modelo republicano, defensores autoproclamados dos valores do Ocidente ou ainda da identidade cristã da França, críticos da Europa materialista, nostálgicos do sagrado e da cultura clássica, leitores confusos de Maurras e de Mao, membros da Academia francesa, partidários do antiamericanismo de esquerda e de direita, cruzados antipós-modernistas e adversários do "pensamento 68", aqueles para quem Auschwitz deve permanecer como o eixo da memória coletiva do mundo ocidental e a metáfora fundadora da narrativa da reunião da Europa, diversas faces do extremismo francês (da esquerda revolucionária ao populismo aristocrático, passando pelos monarquistas), transmissores político-culturais como France Culture, *Le Figaro Magazine*, *Le Point*, *L'Express* e *Marianne*[77].

Recorrendo liberalmente sempre que preciso ao uso de estereótipos e não-ditos racistas, essa nebulosa trabalha para reativar o mito da superioridade ocidental enquanto coloca em termos estridentes e medrosos a questão do pertencimento e da coesão nacional. Mas, acima de tudo, ao explorar todo o conjunto das emoções e paixões populares, ela cultiva o fantasma do "ser humano sem Outro" e de uma França livre de seus imigrantes. A contrapelo de uma tradição de pensamento filosófico que vai de Maurice Merleau-Ponty a Emmanuel Lévinas, até Jacques Derrida e Jean-Luc Nancy, o novo "Outro" é por definição aquele com o qual não é possível se identificar, cujo desaparecimento é dese-

---

77. BIRNBAUM, J. *Les Maoccidents* – Un néoconservatisme à la française. Paris: Stock, 2009.

jado e que devemos, em todos os casos, impedir de se introduzir em nossas formas de vida, pois ele acabará envenenando-as. Nas próximas linhas, examinaremos sucessivamente alguns debates político-culturais ao redor dos quais se articula a arremetida neorrevisionista. Mostraremos a seguir como esses debates, por um lado, alimentam e exacerbam o desejo de fronteira e de separação, pelo outro, sempre conclamam a uma polícia das mais severas e estritas para as identidades, de preferência sob a forma de proibições de todos os tipos, e por fim influenciam negativamente a recepção do pensamento pós-colonial na França.

O primeiro debate trata da decifração do tempo do mundo e da caracterização do momento contemporâneo. As correntes neorrevisionistas consideram que nossa época seria marcada por uma transformação qualitativa da violência mundial e por uma nova redistribuição planetária do ódio. Essa situação caótica em muitos sentidos constituiria o equivalente de uma guerra civil mundial e teria um impacto direto sobre a natureza dos riscos de segurança aos quais a França e outros países ocidentais estariam expostos. Estaria em jogo a própria sobrevivência da "civilização ocidental". Uma das consequências dessa leitura ultrapessimista do momento contemporâneo é a definição – em curso – do estrangeiro como um tipo social aparentado tanto ao imigrante clandestino (figura por excelência do intruso e do indesejável) quanto ao inimigo[78]. O estatuto polêmico que a figura do estrangeiro ocupa hoje no imaginário e no campo francês dos afetos, das paixões e das emoções anda de mãos dadas com um desejo renovado da fronteira, assim como uma reativação das técnicas de separação e seleção associadas a ela – em particular os *controles de identidade* e a lógica das deportações[79]. O estrangeiro não é somente o cidadão de um outro Estado: ele é acima de tudo

---

78. APPADURAI, A. *Géographie de la peur*. Paris: Payot, 2007.

79. Sobre essa questão da fronteira, ler em particular BALIBAR, É. *We, the People of Europe? – Reflections on Transnational Citizenship*. Princeton: Princeton University Press, 2004.

aquele diferente de nós, cujo perigo é real, do qual nos separa uma distância cultural comprovada e que, sob todos os aspectos, constitui uma ameaça mortal ao nosso modo de existência.

As correntes neorrevisionistas e provincialistas estimam por outro lado que, para responder às dimensões de segurança dessa angústia existencial, o Estado de direito em sua acepção clássica deve ser emendado. A diferenciação entre as funções da polícia (que se ocupa dos estrangeiros no território nacional) e as das forças armadas (que se ocupam dos inimigos exteriores) deve ser atenuada. Novas políticas devem ser estabelecidas para defender o território contra a imigração clandestina e, nos últimos tempos, o terrorismo islâmico. Assistimos assim ao aparecimento no próprio interior da ordem democrática e republicana de uma forma específica de governabilidade que poderíamos chamar de *regime da clausura*. Esse regime se caracteriza, entre outras coisas, pela militarização crescente das tecnologias civis do governo, a extensão das práticas e domínios que caem sob a chancela de segredos de Estado, uma expansão e miniaturização formidável das lógicas policiais, judiciárias e penitenciárias, em especial aquelas que tratam da administração dos estrangeiros e dos intrusos. Com o objetivo de gerir populações consideradas indesejáveis, estabeleceram-se inúmeros dispositivos jurídicos, regulamentares e de vigilância para facilitar as práticas de armazenagem, retenção, encarceramento, acantonamento em campos e também de deportação[80].

Disso resultou não somente uma proliferação sem precedentes das zonas de falta de direitos no próprio coração do Estado de direito, mas também a instituição de uma clivagem radical entre, por um lado, os cidadãos para os quais o Estado se esforça para garantir proteção e segurança e, por outro lado, um conjunto de pessoas literalmente assediadas e, às ve-

---

80. AGIER, M.; BAZENGUISSA-GANGA, R. & MBEMBE, A. "Mobilités africaines, racisme français". In: *Vacarme*, n. 43, 2008, p. 1-8.

zes, privadas de qualquer direito, abandonadas à precariedade e para quem se recusa não somente a possibilidade de ter direitos, mas até de uma existência jurídica[81]. Um complexo de disposições diferenciadas, legislações, acordos internacionais formais ou informais entre a França e outros Estados completa esse dispositivo. O conjunto desse processo culminou com a formação de um "ministério da Identidade nacional e da imigração"[82]. Tomadas em conjunto, esse complexo tem como alvo principal certas categorias de indivíduos e certos grupos sociais definidos em termos de suas características étnicas, religiosas, raciais e de nacionalidade. Ele busca restringir sua liberdade de movimento e até anulá-la pura e simplesmente. Como o que está em jogo em toda política de controle de fronteiras e de identidades é a possibilidade de controlar as próprias fronteiras da política, a política na França torna-se progressivamente o objeto de uma fragmentação segundo linhas biorraciais que o poder busca, através da negação e da banalização, ratificar como parte do senso comum[83].

O segundo debate trata especificamente do "Islã radical", objeto fantasmagórico por excelência que, nas condições contemporâneas, serve como fronteira imaginária da nacionalidade e da identidade francesas. Nesta circunstância, um certo número de práticas tanto domésticas quanto públicas do Islã são questionadas em nome da laicidade. Três princípios ou ideais são, com efeito, pressupostos como o pilar da laicidade ou do republicanismo à francesa. Para começar, o ideal de igualdade, que exige que as mesmas leis se apliquem igualmente a todos –

---

81. Cf. "L'Europe des camps – La mise à l'écart des étrangers", número especial de *Cultures et Conflits*, n. 57, 2005.

82. Decreto n. 2007-999, de 31 de maio de 2007, relativo às atribuições do Ministro da Imigração, da Integração, da Identidade Nacional e do Codesenvolvimento. • Esse ministério, estabelecido pelo governo de Nicolas Sarkozy, foi extinto em novembro de 2010 [N.T.].

83. AGIER, M. "L'encampement comme nouvel espace politique". In: *Vacarme*, n. 44, 2008, p. 2-3.

a lei republicana deve em todas as circunstâncias ter prioridade sobre as regras religiosas. Em seguida, o ideal de liberdade e de autonomia, que pressupõe que ninguém deverá ser submetido de mau grado à vontade de outra pessoa. Por fim, o ideal de fraternidade, que impõe a todos um dever de assimilação – condição necessária para a constituição da comunidade de cidadãos. Ora, para os olhos das frações mais conservadoras do movimento neorrevisionista, o "Islã radical" se define como o avesso obscuro do Iluminismo e a figura invertida da Modernidade. Ele seria incompatível com a noção republicana da laicidade. Pois ele não busca aplicar na França um direito "estrangeiro" – sinal da recusa da integração e assimilação da parte de seus adeptos? Esse direito não está em contradição com os princípios da liberdade, da igualdade dos sexos e da fraternidade que fundamentam a República, já que consagra o tratamento inumano das mulheres (porte da burca, imposição do véu, mutilações genitais, casamentos forçados, estupros, poligamia, excisão, testes de virgindade)? Nos termos do consenso neorrevisionista, as mulheres muçulmanas sofreriam sob o peso de um jugo duplo – a submissão a seu marido ou seus irmãos e a submissão a uma religião da desigualdade. Nos casos em que os tratamentos indexados não infringem nenhuma lei, seria preciso criar uma lei que permita proibi-los e reprimi-los. A República teria como obrigação libertar as muçulmanas desse jugo. Eventualmente, ela poderia forçá-las a ser livres sem se colocar a questão de seu consentimento. Como uma repetição do processo de civilização colonial, seria possível, em nome do paternalismo republicano, emancipá-las recorrendo, se necessário, à coerção.

Assim, por trás das controvérsias sobre o hijabe ou a burca – ou, de modo mais geral, sobre o destino das mulheres muçulmanas – perfilam-se e sobrepõem-se vários processos. O primeiro é a instituição de um "feminismo de Estado" que se serve da questão das "mulheres muçulmanas" para conduzir um combate de natureza racista contra uma cultura islâmica colocada como fundamentalmente sexista[84]. À esquerda e à direita, o feminismo republicano é transformado numa chocadeira da fobia do Islã. Ele é usado não somente para alimentar representações e práticas racistas, mas também para torná-las aceitáveis, visto que são expressas através de eufemismos e lítotes[85]. O segundo consiste numa "injunção paradoxal de liberdade" que anda de mãos dadas com a culturalização dos valores republicanos[86]. Vindo diretamente do processo colonial de civilização, o projeto é emancipar, em boa consciência, os indivíduos "para o seu próprio bem", se preciso for contra a sua vontade, e através da proibição, do ostracismo e da lei cuja função principal não é mais fazer justiça, mas estigmatizar e produzir figuras infames[87].

Na perspectiva dos movimentos neorrevisionistas e provincialistas, como os ideais republicanos se encarnam numa cultura e numa língua, sua realização se efetiva tanto no respeito ao direito da República quanto na fidelidade a uma cultura específica: a cultura francesa católica e laica, que prescreve os comportamentos públicos e privados e abole – ou, pelo menos, suaviza – a separação que costumava-se estabelecer entre essas duas esferas da vida[88].

---

84. DORLIN, E. *Pas en notre nom* [Disponível em http://topicsandroses.free.fr/spip.php?article214 – Acesso em 06/10/2018].

85. Cf. TEVANIAN, P. *La république du mépris* – Les métaphores du racisme dans la France des années Sarkozy. Paris: La Découverte, 2007. • BOUAMAMA, S. *L'Affaire du voile, ou la production d'un racisme respectable*. Lille: Du Geai Bleu, 2004.

86. Cf. a contribuição de Nilüfer Göle. In: NORDMANN, C. (org.). *Le Foulard islamique en questions*. Paris: Amsterdam, 2004.

87. TISSOT, S. "Bilan d'un féminisme d'État". In: *Collectif les Mots sont Importants*, fev./2008 [Disponível em http://lmsi.net/Bilan-d-un-feminisme-d-Etat – Acesso em 06/10/2018]. Cf. tb. FASSIN, É. *La démocratie sexuelle et le conflit des civilisations* [Disponível em http://www.multitudes.net/La-Democratie-sexuelle-et-le/ – Acesso em 06/10/2018].

88. Essa é, em suma, a economia interna do Relatório Stasi. Cf. STASI, B. *Laïcité et republique* – Rapport de la commission de réflexion sur l'application du principe de laïcité dans la République remis au président de la République le 11 décembre 2003. Paris: La Documentation Française [Disponível em http://www.ladocumentationfrancaise.fr/var/storage/rapports-publics/034000725.pdf – Acesso em 06/10/2018].

Pouco importa se, ao fazer isso, instala-se uma confusão entre a moralidade pública (os valores da República) e os preconceitos culturais da sociedade francesa. Como Cécile Laborde demonstrou amplamente, a decifração do sentido dos signos religiosos muçulmanos se baseia menos no direito do que em preconceitos culturalistas e estereotipados. Se o Estado laico soube fazer "conciliações razoáveis" em favor dos cristãos e dos judeus, ele insiste, quando se trata dos muçulmanos, que sejam eles que façam essas conciliações ao impor limites à expressão de sua identidade pública[89]. O republicanismo enaltecido pelas correntes neorrevisionistas tende, por sua vez, a assimilar as práticas culturais francesas à neutralidade ideal. Ele afirma, *a contrario*, que a esfera pública francesa não é cultural e religiosamente neutra. Aos seus olhos, as demandas das minorias por conciliações razoáveis não constituem demandas de justiça porque ele as qualifica de "comunitarismo" exatamente para melhor as desqualificar[90].

O terceiro parâmetro dos discursos neorrevisionistas e provincialistas trata do reencantamento da mitologia nacional num momento onde a França experimenta um aparente declínio e sofre um rebaixamento relativo no tabuleiro mundial. A temática do declínio não é nova nem exclusiva a essa esfera de influência. Ela ressurge em intervalos regulares na história francesa. Sua aparição geralmente coincide com tempos de crise e de grandes medos. Como um discurso da perda e da melancolia, um de seus efeitos imediatos é então acentuar irritações de identidade, despertar a nostalgia da grandeza e deslocar tanto o terreno quanto

---

89. LABORDE, C. *Critical Republicanism*: The Hijab Controversy and Political Philosophy. Oxford: Oxford University Press, 2008.
90. LABORDE, C. *Virginité et* burqa: *des accommodements déraisonnables?* – Autour des rapports Stasi et Bouchard-Taylor, 16/09/2008 [Disponível em https://laviedesidees.fr/Virginite-et-burqa-des-accommodements-deraisonnables.html – Acesso em 08/10/2018].

o conteúdo da política e das formas de antagonismo social[91]. Esse foi o caso no último quarto do século XX quando prevaleceu o sentimento para muitos, e não só na extrema-direita, de que a grande narrativa nacional havia desmoronado. Esse desmoronamento não teria como causa única as transformações da economia francesa e a crise do modelo republicano de integração. Ele seria também uma das consequências do pensamento desconstrucionista cujo avatar seria maio de 68. A identidade sólida e as certezas sobre as quais essa narrativa outrora repousava teriam sido varridas pelas ondas do relativismo em voga e das filosofias da "morte do sujeito". Como, nessas condições, reanimar a ideia nacional, se não reinvestindo no passado e reapropriando suas várias jazidas simbólicas? Daí surgem, já há vários anos, as tentativas de reabilitação de uma concepção cultural, sacrificial e quase teológico-política da história da França.

Inspirando-se nos materiais escolares do fim do século XIX e início do XX, essa concepção da história volta-se totalmente para as glórias do passado. Ela tem como característica situar a França numa relação francocêntrica com a Europa e o mundo, e designar à disciplina histórica as tarefas do civismo e da moral. Além de ser edificante, a história deve remeter a uma essência nacional que se forjaria ao longo da cronologia. Assim, a homogeneidade e unidade do povo se realizariam ao redor de três datas: a Batalha de Poitiers de 732, que permitiu bloquear a invasão árabe; a tomada de Jerusalém em 1099, que é evidência do poder ampliado da Europa cristã; e a revogação do Edito de Nantes em 1685, que confirma a longa tendência na história da França da "escolha de Roma" e demonstra simbolicamente que a França é antes de mais nada um país católico, mas também que sua identidade foi forjada através da exclusão dos árabes, dos judeus e dos

---

91. FASSIN, D. & FASSIN, É. (orgs.). *De la question sociale à la question raciale?* Op. cit.. • CASTEL, R. *La discrimination negative* – Citoyens ou indigènes? Paris: Seuil, 2007.

protestantes[92]. Uma história gloriosa tanto na medida em que dá conta de muitos fatos nobres quanto de uma sucessão de "grandes homens" e de acontecimentos considerados demonstrações do gênio francês.

É, portanto, uma história que tem como uma de suas funções a exaltação do patriotismo. Enfim, é uma história que dá um lugar de destaque à velha retórica de uma França que traz suas Luzes para as colônias e as propaga pelo mundo. Não se trata aqui de ocultar a colonização enquanto tal, mas de se servir dela como uma matriz ideológica da educação cidadã, como foi o caso na época da expansão imperial, quando não era possível pensar a República sem suas inúmeras posses além-mar. Trata-se igualmente de inverter os termos do reconhecimento da obra colonial. Entre os mais zelosos essa inversão passa, se preciso, pela atribuição de traços heroicos aos crimes coloniais e à tortura. Esses crimes não exigiriam nenhuma penitência porque só seriam crimes aos olhos de nossos contemporâneos. Com efeito, no espírito da época, eles eram sobretudo uma marca da civilização francesa – uma civilização capaz de se afirmar tanto pelo espírito quanto pelas armas[93]. Para outros, mesmo se alguns crimes possam ter sido perpetrados e algumas injustiças cometidas, a avaliação final da colonização é globalmente "positiva"[94]. E a França tem direito de pedir gratidão e reconhecimento aos seus ex-colonizados.

---

92. LEMOINE, H. *La Maison de l'Histoire de France* – Pour la création d'un centre de recherche et de collections permanentes dédié à l'histoire civile et militaire de la France / Rapport à Monsieur le ministre de la Défense et Madame la ministre de la Culture et de la Communication. Cf. tb. AZÉMA, J.-P. "Guy Môquet, Sarkozy et le roman national". In: *L'Histoire*, n. 323, set./2007. • CITRON, S. *Le mythe national* – L'histoire de France revisitée. Paris: L'Atelier, 2006. • APRILE, S. "L'histoire par Nicolas Sarkozy: Le rêve passéiste d'un futur national-libéral". In: *CVUH*, 30/04/2007 [Disponível em http://cvuh. blogspot.com/2007/04/lhistoire-par-nicolas-sarkozy-le-reve.html – Acesso em 08/10/2018].

93. AUSSARESSES, P. *Services spéciaux* – Algérie, 1955-1957. Paris: Perrin, 2001.

94. MICHEL, M. *Essai sur la colonisation positive* – Affrontements et accommodements en Afrique noire, 1830-1930. Paris: Perrin, 2009.

Encontramos mais do que os contornos dessa concepção sacrificial e cultual da história numa série de discursos pronunciados por Nicolas Sarkozy durante a última campanha presidencial francesa e no alvorecer de sua vitória[95]. Em relação à questão colonial, esses discursos se caracterizam pela mesma "recusa de penitência" e a mesma urgência de autoabsolvição e de inocência. Esses discursos – um feito em Toulon em 7 de fevereiro de 2007, o outro em Dacar em 26 de julho de 2007, onde ele declara que os africanos ainda não entraram o suficiente na história – buscam oficializar um trabalho cultural efetuado durante longos anos em muitas redes políticas e culturais não somente da extrema-direita, mas também da direita e da esquerda republicanas[96]: "O sonho europeu precisa do sonho mediterrâneo. Ele se encolheu quando se partiu o sonho que outrora lançou os cavaleiros de toda a Europa aos caminhos do Oriente, o sonho que atraiu para o sul tantos imperadores do Sacro Império e tantos reis da França, o sonho que foi o sonho de Bonaparte no Egito, de Napoleão III na Argélia, de Lyautey no Marrocos. Esse sonho que não era um sonho de conquista, e sim um sonho de civilização. [...] O Ocidente pecou por muito tempo pela arrogância e ignorância. Muitos crimes e injustiças foram cometidos, mas a maioria dos que partiram para o sul não eram nem monstros nem especuladores. Muitos concentraram sua energia na construção de estradas, pontes, escolas, hospitais. Muitos se esgotaram cultivando lotes de terra ingrata que ninguém jamais cultivara. Muitos partiram apenas para curar, para ensinar. Chega de denegrir o passado. [...] Podemos criticar o passado com os valores que são nossos hoje em dia, mas devemos respeitar os homens e mulheres de boa

---

95. Ou seja, em 2006 e 2007 [N.T.].
96. GRIOTTERAY, A. *Je ne demande pas pardon* – La France n'est pas coupable. Paris: Le Rocher, 2001. • LEFEUVRE, D. *Pour en finir avec la repentance coloniale.* Paris: Flammarion, 2006. • PAOLI, P.-F. *Nous ne sommes pas coupables* – Assez de repentances! Paris: La Table Ronde, 2006. • GALLO, M. *Fier d'être Français.* Paris: Fayard, 2006. • BRUCKNER, P. *La tyrannie de la pénitence* – Essai sur le masochisme occidental. Paris: Grasset, 2006.

vontade que pensavam de boa-fé que trabalhavam de modo útil para um ideal de civilização no qual acreditavam [...]".

O quarto debate trata da raça e do racismo. Esquecendo-se com muito gosto das experiências históricas da escravidão e da colonização, os movimentos neorrevisionistas e provincialistas afirmam que o racismo jamais penetrou completamente na sociedade francesa e que, ao contrário do caso dos Estados Unidos, a segregação racial na França nunca foi legal e institucional[97]. O racismo no país teria sempre sido alvo de uma desqualificação simbólica e sua existência nunca teria sido mais do que residual. As discriminações, quando existem, seriam insignificantes e desapareceriam se, para uns, as desigualdades econômicas fossem severamente reduzidas e se, para outros, a França pudesse "selecionar" seus imigrantes. Além do mais, os problemas sociais fundamentais do país teriam como origem o racismo contra os brancos. Quando a realidade do racismo contra os não brancos é admitida, é tratada como uma simples diferença cultural. Nessas condições, é estigmatizada qualquer evocação da raça com o objetivo seja de discriminação positiva, seja de reparação de danos causados à ideia de igualdade. Ela faria com que a República corresse o risco da etnização das relações sociais.

Assim, comentando os tumultos que ocorreram em vários dos *banlieues* franceses em novembro de 2005, Alain Finkielkraut viu nisso uma demonstração do ódio que os negros e árabes devotam à França. Com efeito, ele estimou que esses tumultos constituiriam um instantâneo da guerra que uma parte do "mundo árabe-muçulmano" teria declarado ao Ocidente e que teria a República como alvo principal. Segundo Finkielkraut, os negros que "odeiam a França como república" têm a pretensão de dar à escravidão o mesmo estatuto de exceção, o mesmo

---

97. Sobre o episódio da escravidão em particular e os paradoxos da raça e da cidadania, cf. DUBOIS, L. *A Colony of Citizens*: Revolution & Slave Emancipation in the French Caribbean, 1787-1804. Chapel Hill: University of North Carolina Press, 2004.

peso fatídico e sagrado e a mesma potência paradigmática de que desfruta a "Shoá". Entretanto, ele explica, "se colocamos a Shoá e a escravidão no mesmo plano, somos então forçados a mentir, porque [a escravidão] não é uma Shoá. E ela não foi um crime contra a humanidade porque não era somente um crime. Era alguma coisa ambivalente. [...] Ela começou muito antes do Ocidente. Na verdade, a especificidade do Ocidente para tudo que concerne a escravidão é exatamente tudo que concerne sua abolição [...]" De resto, para os africanos a República "só fez bem". Pois a colonização não tinha como objetivo "educá-los" e, ao fazê-lo, "trazer a civilização para os selvagens"?

Não se deve então procurar a causa dos tumultos no racismo. Esses tumultos seriam antes de mais nada a prova de uma ingratidão suprema. Em suma, o "racismo francês" seria um mito fabricado por aqueles que odeiam a França. Certamente, existem aqui e ali "franceses racistas [...] que não gostam de árabes e negros". Mas "como podemos querer que eles gostem de pessoas que não gostam deles?" Além do mais, "eles gostarão ainda menos agora [depois dos tumultos], quando tomaram consciência de quanto são odiados por elas". Em suma, os próprios negros e árabes não se consideram franceses. Será que fazem ideia do modo como falam francês? "É um francês degolado, o sotaque, as palavras, a gramática". "[Sua] identidade se encontra em outro lugar". Como eles só estão na França por "interesse", tratam o Estado francês como uma "grande companhia de seguros". Que hoje eles só respondam com ódio e grosseria aos enormes sacrifícios aceitos pela República é apenas a manifestação de sua alteridade radical – a mesma alteridade que faz com que eles jamais tenham sido e jamais serão verdadeiramente dos nossos; que os faz "inintegráveis" e que sua presença entre nós ameace, a longo prazo, colocar em perigo nossa própria existência. Segundo Finkielkraut, o verdadeiro problema é então o *antirracismo* que, em sua profecia, "será para o século XXI o que o comunismo foi para o XX". A principal função dessa ideologia seria produzir, a partir do nada, uma culpabilidade fingida exigida pelo pensamento "correto"[98]. Pior, o antirracismo é o novo nome do antissemitismo[99].

O colonialismo e as doenças póstumas da memória

As políticas oficiais da memória – seja republicana ou nacional – sempre foram marcadas por seu enorme peso de ambiguidades, além de estarem na origem de paixões, confrontos e rupturas intensas. Sobre a construção da memória republicana em particular, Pierre Nora disse que ela foi "ao mesmo tempo autoritária, unitária, exclusivista, universalista e intensamente passadista". Ela não somente ganhava sua coerência a partir do que excluía, mas também sempre se definiu contra inimigos reais ou fantasmagóricos[100]. Com efeito, como inventar um passado, investir o espaço, o espírito e o tempo e fazer surgir uma religião civil (com suas liturgias, altares e templos, suas estátuas, frescos, estelas e comemorações) quando o novo regime nascido da Revolução era contestado tanto pela direita quanto pela esquerda; confrontado ao mesmo tempo pelo perigo clerical, por um exército refratário e pela aliança entre a burguesia banqueira e industrial com o campesinato, tudo isso dentro de um país historicamente constituído por regiões mais ou menos compartimentadas?[101]

---

98. Sobre tudo que antecede, cf. a entrevista de Alain Finkielkraut publicada pelo semanário israelense *Haaretz* em 18 de novembro de 2005 e o artigo de Sylvain Cypel ("La voix 'très déviante' d'Alain Finkielkraut au quotidien *Haaretz*". In: *Le Monde*, 24/11/2005).

99. FINKIELKRAUT, A. *Au nom de l'Autre* – Réflexions sur l'antisémitisme qui vient. Paris: Gallimard, 2003. Sobre temas relativamente próximos, cf. TAGUIEFF, P.-A. *La judéophobie des modernes, des Lumières au Jihad mondial*. Paris: Odile Jacob, 2008. • *La nouvelle Judéophobie*. Paris: Mille et Une Nuits, 2002.

100. NORA, P. (org.). *Les lieux de mémoire*. Paris: Gallimard, 1997, p. 560 [Col. "Quarto"].

101. Sobre esses perigos, cf. ibid., p. 560. Sobre essa compartimentação, cf. BRAUDEL, F. *L'Identité de la France*. Op. cit. • ZELDIN, T. *Histoire des passions françaises*. Paris: Payot, 2003 [1978]. • WEBER, E. *La fin des terroirs* – La modernisation de la France rurale 1870-1914. Paris: Fayard/Recherches, 1983.

O fato de a política da memória constituir com frequência um tal elemento de divisão nacional se explica, por um lado, pela capacidade da memória de despertar as feridas de um passado difícil sobre o qual se pergunta como seria possível, através do trabalho do luto, colocá-lo em serviço da narrativa fundadora da nação. Por outro lado, ele se explica pela relação estreita que, desde a Revolução, sempre existiu na cultura política francesa entre a morte (sobretudo violenta), o esquecimento e a dívida – e, assim, pela relação entre a morte e a ideia de justiça[102]. Esse é especialmente o caso quando se tratou de proteger os crimes políticos e as mortes violentas da lógica da incriminação[103]. Desse ponto de vista, a Revolução engrenou um mecanismo sepulcral cujos prolongamentos são encontrados sob a Restauração (inflação das honras concedidas às cinzas, destaque descomedido aos locais de sepultura, incontáveis exumações e reenterros). Na época, o luto público constituía uma manifestação do poder político, e a própria memória era suscetível de ser utilizada como instrumento de justiça punitiva e força expiatória. Na política de Estado, a memória nacional sempre funcionou então como um espaço de expiação, a meio-caminho entre a lógica da incriminação e o desejo de reparação. Diante da lápide ou dos ritos encontra-se então o que Chateaubriand chamava de um "campo de sangue". É esse sangue derramado que os monumentos e ritos são convocados a expurgar. E essa é a razão pela qual eles têm como função ser testemunhas do esforço de reconciliação com a perda.

---

102. Para uma abordagem geral dessas relações, cf. RICŒUR, P. *La mémoire, l'histoire, l'oubli*. Paris: Seuil, 2003 [2000], esp. p. 459-480.

103. Esse, p. ex., foi o caso entre 1789 e 1795. Basta pensar nas execuções públicas de Luís XVI, Maria Antonieta e Madame Isabel, nas cabeças cortadas e expostas de Launey (comandante da Bastilha) e Flesselles (preboste dos comerciantes de Paris), na boca recheada de feno de Foulon [controlador-geral das finanças de Luís XVI – N.T.], no coração arrancado de Berthier de Sauvigny (intendente da comunidade de Paris), na cabeça do deputado Féraud cortada e exposta em plena Convenção de 1795, ou ainda na saturação dos cemitérios e ossuários de Madeleine, Picpus, Errancis e Sainte-Marguerite. Sobre esse tópico, cf. FUREIX, E. *La France des larmes* – Deuils politiques à l'âge romantique (1814-1840). Paris: Champ Vallon, 2009.

A formação de uma relação tão estreita entre a memória e o sofrimento da morte violenta e sua interiorização se explica, por um lado, através de uma concepção da nação que transforma essa última numa alma e num princípio espiritual e, pelo outro, através da virtude social e política que a cultura política francesa sempre concedeu ao cadáver. Os elementos constitutivos dessa alma e desse princípio espiritual são, por um lado, a posse comum de um legado rico de lembranças (o passado) e, por outro, o desejo de viver juntos e a vontade de continuar a afirmar no presente a herança que recebemos do passado. A essas duas características junta-se uma consciência republicana que se aproveita de uma excepcionalidade exorbitante, visto que ela pretende simplesmente fazer com que a singularidade francesa coincida com o universal. Composto de sacrifícios e devoção, o próprio passado é concebido em termos heroicos, gloriosos e prometeicos – um passado de esforços, de sacrifícios, de devoção. A valorização da herança e das lembranças comuns passa por uma espécie de *culto dos ancestrais* – os grandes homens. O culto dos ancestrais tem como complemento o culto do sacrifício. Visto que a nação é uma consciência moral, ela pode exigir com legitimidade, como assinalou Renan, a "abdicação do indivíduo" em benefício da comunidade. O culto dos ancestrais e de seus grandes feitos e o culto do sacrifício formam um capital social e simbólico tão decisivo para a construção da ideia nacional que, uma geração após o regicídio, o país enfrentou uma crise de representação e um déficit de sacralidade. O amor à pátria e o orgulho de ser francês se traduzem, por outro lado, através de gestos públicos e rituais de piedade cívica: desfiles militares, museus, memoriais, comemorações, estelas, estátuas, nomes de avenidas, ruas, pontes e grandes lugares e, por fim, no Panteão.

Na linha reta da concepção sacrificial e cultual da nação que descrevemos brevemente, foi em 4 de abril de 1873 que se votou, pela primeira vez na história da França moderna, uma lei relativa à conservação dos túmulos de soldados mortos, no caso aqueles que caíram na Guerra Franco-prussiana. Essa lei previa com detalhes "o estatuto do solo e o tipo de tumba ossuária a ser criada"[104]. Durante mais de um século, a política oficial da memória visava comemorar, antes de mais nada, os "mortos pela França", de modo que a comunidade cívica se originava e reproduzia simbolicamente através das celebrações fúnebres e se definia, desse ponto de vista, como uma "comunidade da perda", mas uma perda sem esquecimento. Já na passagem dos séculos XVIII e XIX ocorreu uma revolução funerária na França. As paixões políticas são expressadas através da construção de novas necrópoles, dos desfiles de cortejos fúnebres que atravessam a cidade, da prática dos elogios fúnebres diante da sepultura, do porte ostensivo de um luto público tanto expiatório quanto dolorífico e protestador, e também do culto de relíquias profanas[105]. O culto dos mortos deve supostamente produzir consenso e legitimidade. Mas, dependendo de quais mortos, ele também está suscetível a servir de local de expressão do dissenso, visto que o sangue dos vencidos, em particular, pode ser utilizado como um instrumento que conclama não à reconciliação, mas à vingança comunitária. Particularmente a partir de 1830, triunfa um republicanismo de tipo sacrificial, e esse é em parte o paradigma que hoje em dia alguns se esforçam para reatualizar.

Todavia, durante a década de 1980 ocorre uma modificação. A essa política da memória fundamentada na celebração dos mortos comuns sucede-se, pouco a pouco, uma outra economia das comemorações cujo centro está nos "mortos causados pela França". Por muito tempo, a França jamais quis reconhecer sua responsabilidade no genocídio dos judeus. Essa catástrofe foi

---

104. BANCEL, N. & BLANCHARD, P. "Colonisation: commémorations et mémoriaux – Conflictualité sociale et politique d'un enjeu mémoriel". In: BANCEL, N.; BERNAULT, F.; BLANCHARD, P.; BOUBEKER, A.; MBEMBE, A. & VERGÈS, F. *Ruptures postcoloniales*. Op. cit.
105. DEMARTINI, A.-E. & KALIFA, D. (orgs.). *Imaginaire et sensibilités au XIXe siècle*. Grâne: Créaphis, 2005.

imputada ao regime de Vichy que deveria carregar essa infâmia sozinho. Essa atitude mudou progressivamente e os primeiros "mortos causados pela França" a serem reconhecidos foram os "mortos pela deportação". Em 1990, a Lei Gayssot consagra definitivamente seu estatuto de "vítimas" e fixa o papel do Estado na construção de uma "memória da Shoá". Em 1993, um decreto instaura "um dia nacional comemorativo das perseguições racistas e antissemitas cometidas sob a autoridade *de facto* conhecida como 'governo do Estado francês'" seguido, em 1994, da inauguração do Memorial do Velódromo do Inverno[106] em memória das vítimas da Shoá. A última etapa desse processo é, em 1995, o reconhecimento de Jacques Chirac das responsabilidades da França no genocídio dos judeus. Seguiram-se as inaugurações do Memorial Nacional de Milles[107] em 2004; e do Memorial da Shoá e do Muro dos Nomes (dos 76.000 judeus deportados) em Paris em 2005. O ponto culminante desse processo foi a entrada dos Justos[108] no Panteão em 2007[109].

Se a nova política da memória abre espaço aos mortos causados pela França, ainda permanece uma distinção. Enquanto os "mortos pela França" são os mortos "sofridos" pelos franceses em nome da nação, vítimas transfiguradas em "heróis", os "mortos causados pela França" aparecem no altar da memória nacional sob o estatuto de "vítimas". Esse é particularmente o caso quando se trata do Holocausto. Mas acontece que em outros eventos há franceses que figuram entre os mortos causados pela França. É o caso da colonização. Ela perturba não somente a linha que geralmente separa nossos mortos dos mortos dos ou-

---

106. Palco do maior aprisionamento em massa de judeus na França durante a Segunda Guerra Mundial [N.T.].
107. Local do maior campo de concentração francês durante a guerra [N.T.].
108. Não judeus que protegeram judeus da perseguição durante a ocupação nazista [N.T.].
109. Sobre o que antecede, cf. BANCEL, N. & BLANCHARD, P. "Colonisation: commémorations et mémoriaux – Conflictualité sociale et politique d'un enjeu mémoriel". Op. cit.

tros, mas também divide a cidade política em seu centro e suas margens, já que, nesse caso, ela aparece ao mesmo tempo como sua própria vítima e seu próprio carrasco.

Essa é uma das razões pela qual ela constitui o próprio olho do furacão memorial que sopra sobre o país. Há alguns anos o próprio Estado atiça o tornado. Pelas razões evocadas acima, ele quer oficialmente "modernizar" as comemorações. Nessa inflação de cerimônias de lembrança, homenagens, inauguração de monumentos, museus e lugares públicos, as fronteiras entre a história, a memória e a propaganda são embaralhadas[110]. Assim, num projeto em curso, a guerra de 1914-1918 – que marcara um recuo singular da democracia e preparara a ascensão do fascismo e do nazismo – é dialeticamente reinterpretada como estando no começo da construção europeia. Não se diz mais que o conflito de 1939-1945 se tratou de uma "guerra mundial", mas sim uma guerra de ordem essencialmente europeia com prolongamentos internacionais importantes. Quanto aos soldados das tropas coloniais convocados para combates que, como agora se diz, lhes eram estrangeiros, propõe-se que eles "morreram pela liberdade e pela civilização", merecendo assim o privilégio de terem sido colonizados. Tanto nesse caso como em outros, a empreitada bélica em geral é assimilada a uma cruzada cujos mortos são mártires que, num arrebatamento patriótico, teriam voluntariamente renunciado à vida por uma causa justa[111].

O discurso contra a penitência busca encarregar-se serenamente da totalidade da história da França. Ele tem como objetivo a reabilitação da obra colonial. Alega-se que as verdadeiras vítimas da colonização não foram os indígenas e sim os colonos.

---

110. DE COCK, L.; MADELINE, F.; OFFENSTADT, N. & WAHNICH, S. *Comment Nicolas Sarkozy écrit l'histoire de la France*. Marseille: Agone, 2008.
111. Cf. o *Rapport de la Commission sur la modernisation des commémorations publiques* [presidente: André Kaspi], nov./2008 [Disponível em http://www.ladocumentationfrancaise.fr/rapports-publics/084000707/index.shtml – Acesso em 09/10/2018].

Aqueles devem ser gratos a estes. Essa lógica da inocência e da autoabsolvição encontra seu ponto de incandescência no caso da Argélia, em cuja memória se encontra o epicentro das doenças francesas da colonização[112]. A França esteve presente lá por quase um século e meio. Quatro ou cinco gerações de europeus fizeram da Argélia sua terra natal entre 1830 e 1962. Tropas importantes do exército francês (*Harkis*[113], recrutas, alistados) combateram lá. Da década de 1920 à de 1970, houve uma imigração importante vinda da Argélia. E, para coroar tudo, o conflito causou centenas de milhares de mortos[114]. Ainda não se estima até que ponto a perda da Argélia francesa, ocorrida depois da derrota de Diên Biên Phu[115], constituiu um verdadeiro trauma para a França, quase tão grande quanto a derrota de 1870[116]. Todavia, dessa vez tratava-se de uma derrota tanto militar quanto política e moral, que, entre outras coisas, escancarou a generalização da prática da tortura pelo exército francês. É especialmente a respeito dessa guerra que ficou muito tempo sem nome e rodeada de práticas sujas – conhecida até recentemente na França sob o eufemismo de "os eventos da Argélia" – que houve um processo de ocultação e de esquecimento organizado.

Mas, desde 2002, multiplicam-se testemunhos, livros, páginas na internet, artigos de jornal, filmes (*La trahison* [*A traição*] de Philippe Faucon em 2005; *Mon colonel* [*Meu coronel*] de

---

112. PERVILLE, G. *Pour une histoire de la guerre d'Algérie, 1954-1962*. Paris: Picard, 2002. • HARBI, M. & STORA, B. (orgs.). *La Guerre d'Algérie 1954-2004, fin de l'amnésie*. Paris: Robert Laffont, 2004. Cf. tb. BLANCHARD, P. & VEYRAT-MASSON, I. (orgs.). *Les guerres de mémoires* – La France et son histoire. Paris: La Découverte, 2010 [2008].

113. Argelinos que apoiaram ou participaram do exército francês durante a guerra [N.T.].

114. Segundo o demógrafo Kamel Kateb, a conta do conflito seria de 400.000 mortos, somando os combatentes dos dois lados e as vítimas civis.

115. Batalha que resultou na perda da Indochina francesa e na independência do Vietnã, dividido em dois Estados [N.T.].

116. SHEPARD, T. *The Invention of Decolonization* – The Algerian War and the Remaking of France. Ithaca: Cornell University Press, 2006.

Laurent Herbiet e *Indigènes* [*Indígenas*] de Rachid Bouchareb em 2006; *L'Ennemi intime* [*O inimigo íntimo*] de Florian Emilio Siri em 2007), documentários e ficções para televisão (*Nuite noire, 17 octobre 1961* [*Noite negra, 17 de outubro de 1961*] de Alain Tasma em 2005; *La Bataille d'Alger* [*A Batalha de Argel*] de Yves Boisset em 2006)[117]. É em grande parte a perda da Argélia que está na origem da famosa lei de 23 de fevereiro de 2005, cujo artigo 4 evoca os "benefícios de uma colonização positiva", talvez proposta por um "estrato de parlamentares de segundo escalão"[118], mas adotada pela Assembleia Nacional da França. É verdade que esse artigo foi revogado por Jacques Chirac em 2006, mas a controvérsia não acabou. Ela toca tanto a comemoração dessa guerra quanto a questão dos museus, memoriais, murais e estelas no sul da França (Marselha, Perpignan e Montpellier) e a contabilidade dos mortos franceses. No outro lado do Mediterrâneo, na própria Argélia, também se escutam os pedidos para contabilizar com precisão o número de argelinos mortos desde 1830 pela França, assim como o número de aldeias queimadas, tribos dizimadas e riquezas roubadas. É preciso juntar a isso a disputa sobre a restituição do plano sobre os 11 milhões de minas colocadas durante a guerra pelo exército francês nas fronteiras tunisiana e marroquina com o objetivo de impedir os militantes do Exército de Libertação Nacional de fugirem para a Tunísia e o Marrocos. Segundo a Argélia, essas minas causaram muitos prejuízos, entre os quais 40.000 mortos e feridos desde o fim da colonização. Além de tudo isso há o legado calamitoso dos testes nucleares no sul da Argélia na

---

117. STORA, B. "Guerre d'Algérie: 1999-2003, les accélérations de la mémoire". In: *Hommes et Migrations*, n. 1.244, jul.-ago./2003.

118. BAYART, J.-F. "Les études postcoloniales, une invention politique de la tradition?" In: *Sociétés Politiques Comparées*, n. 14, abr./2009 [Disponível em http://www.fasopo.org/sites/default/files/article_n14.pdf – Acesso em 10/10/2018].

década de 1960 e a questão do acompanhamento médico para as vítimas da radiação atômica no Saara[119].

Os cidadãos das antigas posses imperiais e seus descendentes não são as únicas vítimas dos traumas coloniais na França contemporânea. Esse também é o caso dos ex-colonos franceses na Argélia e seus descendentes. Devemos compreender essas doenças da memória em relação com a crise da democracia francesa e com um espírito do tempo que dá uma importância central à formação e à expressão de identidades machucadas e feridas[120]. Para serem levadas em conta politicamente, as lutas pelo reconhecimento devem cada vez mais se articular em torno de um significante excepcional – meu sofrimento e meus ferimentos. Arquetípico e incomparável, esse sofrimento deve necessariamente responder por um nome que supostamente vale mais do que qualquer outro nome. Na medida em que as doenças da memória (o quiasma no presente) muitas vezes tendem a abrir caminho a oposições absolutas entre as vítimas dos mesmos algozes, a querela sempre trata da questão de saber qual sofrimento humano deve ser santificado e qual sofrimento, no fundo, é apenas um incidente sem importância na escala das vidas e das mortes que realmente importam. Em consequência, essa luta visa recusar qualquer equivalência entre as diferentes vidas e mortes humanas, pois pensa-se que certas vidas e certas mortes são universais, enquanto outras não o são e nem devem aspirar a sê-lo[121].

No espírito do mundo contemporâneo, na verdade, muitos que acreditam na existência de um luto primordial, interminável, convocado incessantemente a voltar à cena do sintoma, mas ja-

---

119. Cf. o artigo: STORA, B. "Entre la France et l'Algérie, le traumatisme (post) colonial des années 2000". In: BANCEL, N.; BERNAULT, F.; BLANCHARD, P.; BOUBEKER, A.; MBEMBE, A. & VERGÈS, F. *Ruptures postcoloniales*. Op. cit.

120. BROWN, W. *States of Injury*: Power and Freedom in Late Modernity. Princeton: Princeton University Press, 1995.

121. BUTLER, J. *Precarious Life*: The Powers of Mourning and Violence. Nova York: Verso, 2004.

mais capaz de suturar a fenda. Completamente de acordo com o espírito do monoteísmo, esse luto primordial não pode ser comparado a nenhum outro. Em relação a esse luto primordial, qualquer outro luto seria apenas uma coisa de pagãos. Somente esse luto primordial estaria qualificado para aparecer no espelho da história. Sem igual, ele preencheria a superfície do espelho de uma borda a outra, à maneira do Um. Por consequência, todos os outros acontecimentos, por mais aterradores que sejam, devem ter o acesso proibido ao campo do discurso e da linguagem, já que esse campo está, de todos os modos, desde agora esgotado pelo acontecimento. Mas quando se concebe o luto primordial dessa forma, acaba-se transformando-o num luto impossível. E, por causa dessa impossibilidade e desse caráter interminável, chega-se àquele que constitui um dos principais paradoxos das doenças contemporâneas da memória: meu luto consiste em, antes de mais nada, dar a morte não ao meu algoz, mas de preferência a um *terceiro*. O que demonstra nossa aversão ao sofrimento de outra pessoa é a pulsão de morte que atua em toda consciência vitimária, especialmente quando ela só consegue se conceber através de uma relação de competição com outras consciências do mesmo tipo. Nesse caso é preciso fazer com que o Outro se cale ou, na falta disso, obrigá-lo a cair no delírio, de maneira que seu sofrimento histórico seja enviado a um estado anterior à linguagem – um estado anterior a qualquer nomeação. Aquilo que na França se chama "guerra das memórias" inscreve-se então no quadro das lutas pela transcendência no contexto das ideologias vitimárias que marcaram o final do século XX e começo do XXI. Essas lutas participam fundamentalmente de projetos *necropolíticos*. Com efeito, à medida que não se funda jamais o transcendente sobre sua própria morte, é preciso que o sagrado seja instituído sobre a morte sacrificial de algum outro.

De resto, longe de ser uma era da penitência, esta era é antes de tudo a da *boa consciência*. Através da colonização, as potências europeias buscaram criar o mundo à sua imagem. "Raça dura e laboriosa de futuros mecânicos e construtores de pontes"[122] e de estátuas, os colonos, em última instância, só conseguiram realizar trabalhos grosseiros. Mas eles estavam armados com um punhado de certezas que a descolonização não apagou e cujo ressurgimento e mutações podem ser constatados nas condições contemporâneas[123]. A primeira era a fé absoluta na força. Os mais fortes mandam, arranjam, dispõem e dão forma ao resto da manada humana. A segunda, bastante nietzscheana, era que a própria vida seria antes de mais nada vontade de poder e instinto de conservação. A terceira era a convicção de que os indígenas representavam formas mórbidas e degeneradas do ser humano, corpos obscuros que esperavam socorro e precisavam de ajuda. Quanto à paixão de comandar, ela se alimentava do sentimento de superioridade sobre aqueles que deviam obedecer. Juntava-se a isso a certeza íntima de que a colonização era um ato de caridade e de beneficência, para o qual os colonizados deveriam exibir sentimentos de gratidão, afeição e submissão.

É nesse complexo triplo que estão situados os fundamentos da boa consciência europeia. Ela sempre foi uma mistura de *laisser-faire*, indiferença, vontade de não saber e prontidão para se abster de suas responsabilidades. Ela sempre consistiu em não querer ser responsável por nada, não ser culpada de nada. Essa recusa obstinada de qualquer sentimento de culpabilidade repousa sobre a convicção de que os instintos de ódio, inveja, cupidez e dominação são "algo que tem de estar presente, por princípio e de modo essencial, na economia global da vida"[124]. E mais, ela não consegue ter uma moral válida *para todos*, os fortes e os fracos. O homem superior pode ser condenado com base na moral

---

122. NIETZSCHE, F. *Par-delà le bien et le mal.* Paris: Gallimard, 1971, p. 33 [*Além do bem e do mal.* São Paulo: Companhia das Letras, 1992, p. 21].
123. Cf. GREGORY, D. *The Colonial Present*: Afghanistan, Palestine, Iraq. Londres: Blackwell, 2005. • WEIZMAN, E. *Hollow Land*: Israel's Architecture of Occupation. Londres: Verso, 2008. • OPHIR, A.; GIVONI, M. & HANEFI, S. (orgs.). *The Power of Inclusive Exclusion.* Nova York: Zone Books, 2009.
124. NIETZSCHE, F. *Par-delà le bien et le mal.* Op. cit., p. 41 [p. 29].

do fraco. E, já que existe uma hierarquia entre os seres humanos, também deve existir uma entre as morais. Daí o cinismo com o qual as questões relativas à memória da colonização são tratadas. Para os olhos de muitos, a lembrança desse passado só serve para enfraquecer a virilidade europeia e enlanguescer sua vontade. Daí também a recusa em enxergar o "animal com chifres" que, segundo Nietzsche, sempre exerceu a maior atração para a Europa. Meio século mais tarde, ele ainda é tentador.

5

África: a cubata sem chaves

Movida por potentes forças demográficas e migratórias, a África enfrenta aquilo que convém chamar de sua "grande transformação" – uma mutação para a qual o episódio colonial aparecerá, com a distância da história, como um parênteses. Está em curso uma reorganização formidável dos espaços, da sociedade e da cultura. Ela procede através de muitos desvios e muitas oscilações. Por todos os lados, ela se traduz numa acentuação das formas de mobilidade, uma radicalização das disputas de pertencimento e exclusão, o deslocamento relativo dos critérios da dominação, a formação de identidades negativas e uma recomposição simbólica substancial da realidade.

Neste capítulo examinaremos inicialmente o modo como as fronteiras da África não pararam de se esticar e se contrair durante o século passado. O caráter estrutural dessa instabilidade contribuiu em grande parte para a modificação do corpo territorial do continente. Surgiram formas inéditas de territorialidade e figuras inesperadas de localidade. Seus limites não coincidem necessariamente nem com as fronteiras oficiais nem com as normas ou linguagem dos Estados. Em seguida, trataremos em maiores detalhes três acontecimentos importantes que, no último quarto do século XX, afetaram profundamente as condições materiais de produção da vida e da cultura da África Subsaariana.

178

Esses acontecimentos são os seguintes: o endurecimento da restrição monetária e seus efeitos de revivificação dos imaginários do longínquo e das práticas históricas da longa distância; a concomitância entre a democratização, a informalização da economia e as estruturas estatais; a difração da sociedade e o estado de guerra. Sobrevindos quase ao mesmo tempo e na sequência da descolonização, esses três acontecimentos às vezes se revezam. Às vezes também seus efeitos se anulam reciprocamente ou, pelo contrário, incentivam uns aos outros até o ponto de provocar uma espiral de experiências sociais e culturais. Em sua simultaneidade, esses acontecimentos constituem o quadro do surgimento de imaginários do político que concedem um lugar preponderante às lutas pelo poder ou contra ele, enfrentamentos belicosos que têm como finalidade a captura de recursos, de corpos e, em última análise, da vida.

Cartografias novas e antigas

Historicamente, o estabelecimento das fronteiras africanas precede a Conferência de Berlim (1884-1885), cujo objetivo era garantir uma repartição da soberania entre as diferentes potências europeias engajadas na partição do continente. Sua protogênese remonta à época da economia das feitorias, implantadas pelos europeus nos litorais com o objetivo de negociar com os autóctones. Na fachada atlântica, o estabelecimento dessa economia seguido pelos séculos de tráfico de escravizados explica em parte algumas das características físicas dos Estados africanos, começando pelas divisões entre o litoral e o interior que marcam tão profundamente a estrutura geográfica de diferentes países, e também o encravamento de entidades vastas situadas longe dos oceanos. As fronteiras se cristalizaram pouco a pouco no período do "império informal" (da abolição do tráfico de escravizados até a submissão dos primeiros movimentos de resistência), graças à ação combinada de negociantes e missionários. O nascimento das fronteiras ganha um aspecto militar com a construção de fortes, a penetração do interior e a repressão de revoltas locais.

Longe de ser um simples produto da colonização, as fronteiras atuais são, portanto, a expressão das realidades comerciais, religiosas e militares desses períodos, as rivalidades, relações de força e alianças que existiram entre as diferentes potências imperiais, e depois entre elas e os africanos ao longo dos séculos que precederam a colonização propriamente dita. Sua constituição salienta, nesse ponto de vista, um processo social e cultural de duração relativamente longa. Antes da conquista colonial, as fronteiras se apresentavam como espaços de encontro, negociações e oportunidades entre os europeus e os habitantes locais. No momento da conquista, sua principal função era marcar no espaço os limites que a partir desse ponto separavam as posses coloniais entre si, efeito não das ambições, mas da ocupação real e efetiva da terra. Mais tarde, o controle físico dos territórios conquistados e submetidos abrirá o caminho para a instituição de dispositivos de disciplina e comando, a exemplo das chefias [*chefferies*] onde elas não existiam, e postos e circunscrições administrativas. Com a demarcação das circunscrições, a coleta de tributos, os trabalhos forçados e outras corveias, a difusão das monoculturas de exportação, escolarização e urbanização, a funcionalidade administrativa, econômica e política acabam sendo combinadas – o poder administrativo, social e do mercado tecem uma rede com a qual o Estado colonial tentará assentar se não a legitimidade, pelo menos o controle.

Todavia, o fator decisivo foram as fronteiras internas que a empreitada colonial delimitou no interior de cada país. Novamente, é preciso enfatizar que houve várias formas de estruturação colonial dos espaços econômicos, políticos e administrativos. Mesmo essas formas eram tributárias das mitologias espaciais específicas de cada potência de ocupação. Em particular, esse foi o caso nas colônias de povoamento, onde a raça se tornou um fator estruturante do espaço. No caso da África do Sul, por exemplo, os deslocamentos massivos da população durante os séculos XIX e XX conduziram progressivamente ao estabelecimento, no interior de um mesmo país, de quatorze entidades territoriais com estatutos distintos e desiguais. Como o pertencimento a uma raça ou a uma etnia servia de condição de acesso ao solo e aos recursos, surgiram três tipos de territórios: de um lado, as províncias brancas onde somente os europeus desfrutavam de direitos permanentes (o Estado Livre de Orange, a Província do Cabo, Transvaal, Natal); do outro, os bantustões supostamente "independentes" constituídos de grupos étnicos teoricamente homogêneos (Bofutatsuana, Venda, Transkei, Ciskei); e por fim os bantustões "autônomos" (KwaNdebele, KaNgwane, KwaZulu, QwaQwa, Lebowa e Gazankulu). O mesmo tipo de recorte estava em vigor no planejamento urbano. Ao delimitar espaços urbanos reservados especificamente aos não brancos, o sistema do *apartheid* os privava de qualquer direito nas zonas brancas. Essa excisão teve como resultado colocar todo o peso financeiro da reprodução das populações negras sobre elas mesmas, e circunscrever o fenômeno da pobreza a enclaves territoriais de conotação racial.

A marca do *apartheid* era igualmente visível na paisagem e organização do espaço rural. Diferenciações dos regimes imobiliários (propriedades individuais nas zonas comerciais e brancas e regimes mistos nas zonas comunais), apropriação racial e distribuição étnica dos recursos naturais mais favoráveis à agricultura, fluxos migratórios que resultaram numa multilocalização das famílias negras – tudo isso constituía as marcas mais características da organização dos espaços rurais. Em países como o Quênia e o Zimbábue, ocorreu o mesmo processo de espoliação das terras africanas em benefício dos brancos. Reservas foram estabelecidas ao mesmo tempo que a legislação buscava estender o modo de posse individual e limitar as formas de arrendamento de propriedades brancas por lavradores negros. Foi assim que se criaram os reservatórios de mão de obra.

Essa estruturação colonial dos espaços econômicos não foi totalmente abolida pelos regimes pós-coloniais. Em muitos casos, estes últimos a prolongaram. Às vezes, radicalizaram a lógica da criação de fronteiras internas que lhes era inerente. Esse foi especialmente o caso nas zonas rurais. Certamente, as modalidades da penetração estatal variaram de uma região a outra, em decorrência do peso das elites locais e até, em certos casos, de confrarias religiosas. Mas, logo após adquirir a independência, a África oficiosa entrou num vasto movimento de remodelagem das entidades territoriais ao mesmo tempo que, oficialmente, consagrava-se o princípio da intangibilidade das fronteiras entre Estados. Em quase todos os lugares a redelimitação das fronteiras internas ocorreu sob pretexto da criação de novas circunscrições administrativas, províncias e municipalidades. Esses recortes administrativos tinham fins ao mesmo tempo políticos e econômicos. Mas também contribuíram para a cristalização de identidades étnicas. Com efeito, enquanto durante a colonização propriamente dita, a atribuição do espaço às vezes precedia a organização dos Estados ou ocorria ao mesmo tempo que ela, observa-se, desde o início da década de 1980, o inverso.

Por um lado, está em curso uma reclassificação das localidades por massas grandes e pequenas. Essas massas grandes e pequenas são projetadas sobre a base de culturas e línguas supostamente comuns. A essas entidades que associam parentesco, etnia e proximidades religiosas e culturais, o Estado confere o estatuto de Estado federado (caso da Nigéria), província ou distrito administrativo. Por outro lado, esse trabalho burocrático é precedido (ou acompanhado) por um outro: a invenção de parentescos imaginários. Ela é fortemente suprida pela proliferação recente de ideologias promovendo os valores da autoctonia. Por todos os lados, a distinção entre autóctones e alógenos foi acentuada e o princípio etnorracial serve cada vez mais como base da cidadania e condição de acesso ao solo, recursos e cargos de responsabilidade eletiva. Graças ao multipartidarismo, as lutas pela autoctonia ganharam um aspecto mais conflituoso à medida que são acompanhadas pelo estabelecimento de novas circunscrições eleitorais.

Uma das principais heranças da colonização foi colocar em movimento um processo de desenvolvimento desigual nas regiões e nos países. Esse desenvolvimento desigual contribuiu para uma distribuição do espaço ao redor de locais às vezes claramente diferenciados. Na escala continental, uma primeira diferenciação opõe assim regiões de forte concentração demográfica a outras quase vazias. Da década de 1930 até o final da década de 1970, dois fatores principais contribuíram para a consolidação dos grandes centros de gravidade demográfica: o desenvolvimento de monoculturas de exportação e dos grandes eixos de comunicação (especialmente ferrovias). O enfraquecimento da produção de algumas monoculturas de exportação e a transição para outras formas de exploração de recursos e de comércio tiveram como consequência o êxodo acelerado – e às vezes de importância regional – de populações para o litoral ou para as grandes concentrações urbanas. Assim, cidades como Lagos, Duala, Dacar ou Abdijã tornaram-se receptáculos enormes de cargas humanas. Elas constituem hoje grandes metrópoles de onde surgem figuras inéditas de uma nova civilização urbana africana.

Essa nova urbanidade, crioula e em muitos aspectos cosmopolita, caracteriza-se pela mistura e miscelânea de formas tanto no vestuário, música e línguas quanto do ponto de vista das práticas de consumo. Dos dispositivos que regulam a vida urbana no cotidiano, um dos mais importantes é sem dúvida a multiplicidade e heterogeneidade dos regimes religiosos. Com a ajuda da proliferação de igrejas e mesquitas, uma verdadeira esfera territorial e simbólica muitas vezes transnacional se constituiu ao redor dos lugares de culto. Ela se distingue claramente da administração territorial do Estado, não somente pelos serviços que as instituições religiosas oferecem, mas também pela ética da vida que promovem. Ao lado das fundações beneficentes encarregadas do sustento de hospitais e escolas, surge um individualismo religioso em cuja fundamentação se encontra a ideia da soberania de Deus. Essa soberania se traduz por atos milagrosos e se exerce em todas as esferas da vida. Ela se exprime através da forma da graça e da salvação. Graça e salvação são obtidas como recompensa de uma transformação radical da pessoa e da natureza de seus laços com o mundo profano e o da tradição. Esse "nascer de novo" implica a rejeição dos costumes associados ao princípio demoníaco e a interiorização da graça se efetua através do rigor dos costumes, o gosto pela disciplina e pelo trabalho e a preocupação trazida para a vida sexual e familiar.

Nos países muçulmanos, uma territorialidade em redes está na base do poder de jurisdição que os marabutos exercem sobre seus fiéis. Espalhadas no quadro nacional e, muitas vezes, internacional, as redes estão atadas a cidades santas e figuras proféticas às quais os discípulos juram fidelidade. O caso de Touba, a cidade dos muridistas no Senegal, é emblemático. A mesquita se tornou, na década de 1980, um dos símbolos marcantes da tentativa de reconquista da sociedade e da cidade pelos religiosos. Ela serviu tanto de refúgio àqueles que se consideravam perseguidos quanto de retiro àqueles que não conseguiam mais avançar. Último refúgio para os desesperados, ela se tornou o referente principal para todos aqueles cujas certezas estavam abaladas pelas mutações em curso. Em algumas partes do continente, ela às vezes serviu como sede de uma cultura da contestação, onde novas figuras do imame dão corpo a novas práticas do culto e da predicação, e a uma espiritualidade de natureza propriamente política.

Nos países de domínio cristão, a proliferação das igrejas gerou uma lógica territorial de tipo capilar. Com a ajuda da ruptura do dogma, assiste-se a uma relativa democratização dos carismas e a uma redistribuição da autoridade sacerdotal. O exercício do sermão, a administração dos sacramentos, a liturgia e vários rituais consagrados à cura, à luta contra os demônios ou à busca de riquezas não são mais o apanágio de uma classe de sacerdotes totalmente distinta dos leigos. As guerras, crises econômicas e acasos da vida cotidiana também abriram o caminho a reinterpretações às vezes originais das narrativas da paixão e do calvário, assim como das figuras do juízo final, da ressurreição e da redenção. Ocasionalmente, essa dimensão escatológica encontrou uma válvula de escape pronta em certos movimentos armados. A reislamização e a recristianização andam de mãos dadas, ambos os processos sentindo-se capazes de recombinar elementos díspares e até contraditórios, paganismos africanos, pietismos em geral, e até sociedades secretas e práticas da geomancia.

O longínquo e a longa distância

Vejamos o endurecimento da restrição monetária e seus efeitos de revivificação dos imaginários do longínquo e das práticas da longa distância. Esse endurecimento está ligado em parte à modificação das modalidades de inserção da África na economia internacional somente dez anos após as independências. Iniciada no começo da década de 1970, essa modificação se desenrolou por quase um quarto de século. Ela está longe de chegar a seu fim. Mesmo que eles não tenham desempenhado sozinhos os papéis que seus críticos, de modo geral, lhes acusam, os programas de ajuste estrutural dos anos de 1980 e 1990 constituíram uma de suas reviravoltas mais marcantes. Esses programas não conseguiram modificar em favor dos países africanos a estrutura da especialização internacional de suas economias. Mas eles contribuíram em grande parte para estabelecer novas configurações do econômico que não são mais descritas e explicadas nem pelos velhos esquemas estruturalistas "centro-periferia", nem pelas teorias da dependência, muito menos pelas da "marginalização"[1].

---

1. Cf., neste ponto de vista, as análises de FERGUSON, J. *Global Shadows.* Berkeley: University of California Press, 2001.

Com efeito, entre os anos de 1980 e 2000, um capitalismo atomizado, sem efeito de aglomeração nem polos gigantescos de crescimento, desenvolveu-se sobre os escombros de uma economia monocultora outrora dominada, por um lado, por sociedades de Estado controladas pelas clientelas no poder, pelo outro, por monopólios em sua maioria datados da era colonial que operavam em mercados cativos. A dicotomia economia urbana/rural, ou ainda economia formal/informal característica do momento imediato pós-colonização voou pelos ares. Ela foi substituída por uma colcha de retalhos, um mosaico de esferas – em resumo, uma economia difratada, composta de vários núcleos regionais mais ou menos emaranhados, às vezes paralelos e travando relações mutáveis e extremamente voláteis com as redes internacionais. Surge dessa fragmentação extrema, com frequência no interior de um mesmo país, uma multiplicidade de territórios econômicos, às vezes envoltos uns nos outros e frequentemente desagregados.

Notemos que essa nova geografia não deixa de lembrar aquela que prevalecia durante o século XIX, na véspera da conquista colonial e da partição. Cada espaço econômico, na época, fazia parte de um vasto conjunto regional e multinacional mais ou menos coerente, onde o poder e o comércio com frequência andavam de mãos dadas. Esses conjuntos regionais e multiétnicos se caracterizavam não por fronteiras estáveis e precisas nem por figuras claras de soberania, mas por uma gama complexa de cores verticais, eixos laterais, redes muitas vezes imbricadas umas nas outras segundo o *princípio da mistura e da multiplicidade.* Toda economia, na época, era sustentada por uma dinâmica dupla de ordem espacial e de ordem demográfica. Vejamos o exemplo da Bacia do Chade. Antes da colonização, ela era fixada por três polos de poder e influência que eram a Cirenaica (na periferia extrema do Império Otomano), o Sudão egípcio, o califado de Sokoto e as cidades hauçás (Sokoto, Katsina, Kano). No interior desse triângulo cuja base repousava sobre o Equador, cujos flancos oriental e ocidental remetiam ao Saara e o Nilo e cuja

186

ponta avançada era o Mediterrâneo, rotas partiam de Canem e de Uadai, passavam por Murzuque de um lado e Kufra do outro, desembocando diretamente em Trípoli e Bengasi depois de atravessar vários oásis. Esse eixo norte-sul era completado por um enorme corredor que ligava a região ao sultanato de Darfur conectando-se a Cordofã e Bahr-el-Ghazal.

A esse roteiro de dimensão dupla (vertical e lateral) juntava-se uma segunda dinâmica de natureza propriamente institucional. Até o começo do século XIX, as duas instituições dominantes que efetuavam a socialização das elites e também a mobilização dos recursos e das ideias eram a zauia, por um lado, e a *zariba*, por outro[2]. Essas duas instituições muito originais tinham como função, entre outras, regular o comércio transnacional de caravanas, cimentar as alianças comerciais, políticas e religiosas, negociar a proximidade entre vizinhos (caso dos bideyats e dos tubus, p. ex.) e os conflitos entre diversas facções e, se necessário, conduzir a guerra através de uma série de implantações fortificadas – havia, assim, tanto o nomadismo quanto a construção de cidadelas. A terceira dinâmica combinava guerra, mobilidade e comércio. Pois, aqui, a guerra e o comércio andavam de mãos dadas com a prática do Islã. Não havia comércio sem a capacidade de criar alianças transversais, estender e investir em pontos centrais num espaço que se movia sem parar. Do mesmo modo, a própria guerra era sempre uma guerra de movimento – nunca local, sempre transnacional. As instituições encarregadas de regular a guerra e o comércio eram, por outro lado, geridas pela confraria dos senussi[3]. As caravanas percorriam distâncias enormes e contribuíam para vários ciclos comerciais (ciclo dos grãos e das tâmaras, ciclo do gado, ciclo do marfim e dos escravizados e, hoje em dia, ciclo do petróleo, e assim por diante). Se a maioria

---

2. Zauias são escolas religiosas ou monastérios islâmicos. As *zariba* são fortificações militares cercadas de arbustos espinhosos [N.T.].

3. Ordem político-religiosa sufi com grande influência na Líbia e no Sudão [N.T.].

dos estabelecimentos comerciais de Trípoli e depois de Bengasi estavam nas mãos de comerciantes judeus italianos e de malteses, os intermediários eram árabes mejabras e zauias.

Aqui, o drama da colonização não consistiu no recorte arbitrário de entidades outrora reunidas – a balcanização que a vulgata afronacionalista não cessa de invocar. Ele foi, pelo contrário, tentar modelar pseudo-Estados a partir do que, fundamentalmente, era uma *federação de redes*, um *espaço multinacional*, constituído não por "povos" ou "nações" enquanto tais, mas por *redes*. Foi querer fixar fronteiras rígidas naquilo que era, estruturalmente, um *espaço de circulação* e de barganha, flexível, de geometria variável.

Historicamente, os verdadeiros meios do poder nessa região sempre se estruturaram em favor de um ciclo duplo: do comércio e da predação. O comércio e a predação sempre foram sustentados pela possibilidade da guerra, de preferência sob a forma de raides. As lutas de poder e os conflitos em torno da captação, controle e repartição dos recursos – tudo isso sempre se desenrolou ao longo de linhas translocais por definição. Pouco importa que essas linhas remetessem a confrarias, clãs ou linhagens. Sua formação sempre obedeceu àquilo que poderíamos chamar de *lógica das areias movediças*. Além disso, por não conseguir transformar essas lógicas, a colonização tentou utilizá-las em benefício próprio, com os resultados catastróficos que conhecemos. O fato do poder se estruturar e desorganizar graças a ciclos predatórios não é novo. Foi esse o caso com a economia do deserto, dominada pelo comércio de frutas e cereais, o controle dos oásis, a técnica dos raides e a constituição de entrepostos. Além do mais, o sistema de circulação, as fronteiras móveis que se deslocam constantemente em função de oportunidades de exploração – nada disso é novo.

Antes da colonização, guerreiros, comerciantes e marabutos podiam, a partir de Kufra, atravessar alegremente o maciço de Tibesti e ocupar a capital de Uadai, Abéché. O eixo Darfur/

Cordofã/Bahr-el-Ghazal era castigado pelos núbios arabizados da região de Dongola, assim como os *jallaba*. Foram esses últimos quem, lucrando com as expedições turco-egípcias da década de 1840, abriram a fronteira econômica do sul de Darfur, dos montes Nuba, do Nilo Azul até as portas da Etiópia. Ainda mais importante, eles desenrolaram seus tentáculos para o Equador, forçaram sua presença nas grandes planícies que se estendiam do Nilo nas direções oeste e sul, até o Congo e a atual República Centro-Africana (RCA), onde se distinguiram no comércio de escravizados e de marfim. Lá estabeleceram fortificações (*zariba*) no meio de povos nilóticos como os Dinka, os Nuer, os Azande (atuais Sudão e Sudão do Sul), os Banda (atual RCA), os Bongo e Saras (atual República do Chade). Encontra-se esses *jallaba* também ao leste, em Darfur, Canem e Bornu.

Hoje em dia, a nova fronteira – pelo menos nessa região – é o petróleo. Em outros lugares, são outros recursos: madeira, diamante ou cobalto. A exploração desses recursos criou novos ciclos de extração e predação. Uma grande parte dos tributos é recolhida através ou da guerra ou de intermináveis conflitos de baixa intensidade. É a extrema fluidez e volatilidade dessa nova fronteira dos tributos, extração e predação que dá aos conflitos africanos suas significações internacionais. É nesse contexto que os enclaves de mineração, petróleo ou pesca ganharam uma importância decisiva. Sejam marítimos ou terrestres, as economias dos enclaves são de natureza extrativa. Eles ou são desconectados do resto do território nacional, ou são ligados a este apenas por redes tênues. Esse é especialmente o caso da exploração petrolífera no mar. Em contrapartida, essas economias se articulam diretamente com as redes do comércio internacional. Quando não alimentam as lógicas da guerra, os próprios enclaves tendem a ser espaços disputados. Às vezes controlados por multinacionais para as quais o Estado subempreita – ou praticamente delega – sua soberania, às vezes em colusão com formações armadas dissidentes, os enclaves apresentam uma economia que simboliza a osmose entre a atividade de extração, a atividade predatória e bélica, e a atividade mercantil.

Um outro aspecto da transnacionalização das economias africanas durante o último quarto do século XX é o surgimento de zonas "francas" ou "cinzas" ou de corredores que têm como uma de suas características proteger a exploração intensiva de territórios ricos e favorecer a circulação e escoamento de recursos produzidos em contextos de militarização latente. Essas zonas "cinzas" ou "francas" operam como capitações ou concessões. Elas são constituídas ou por territórios abandonados, ou por parques e reservas naturais, verdadeiros extraterritórios administrados por vários regimes indiretos, explorados por companhias privadas que muitas vezes dispõem de força militar. De todas as consequências que resultaram desse processo de atomização da economia de mercado, duas em particular tiveram um papel de primeiro plano na formação dos imaginários do político como relação belicosa, jogo de azar e confronto até a morte. A primeira é a violência do mercado. Ela é posta em movimento através de lutas pelo controle e privatização das novas fronteiras da extração, predação e tributos. A segunda é a violência social tornada incontrolável por causa da perda de seu monopólio pelo poder público. Um exemplo da violência do mercado é o endurecimento da restrição monetária e a drenagem generalizada da liquidez, e depois sua concentração progressiva ao longo de algumas redes cujas condições de acesso se tornam sempre mais draconianas. Isso provocou uma contração brutal do número de indivíduos capazes de passar dívidas a outros. A natureza da própria dívida tende a mudar, e a "dívida de proteção" (que inclui o dever de nutrir) se torna o significante principal das relações de parentesco (reais ou fictícias) ou simplesmente das relações sociais. Mais do que antes, o dinheiro se tornou uma força de separação dos indivíduos e objeto de conflitos intensos. Surgiu uma nova economia das pessoas fundamentada na mercantilização de relações que, até então, escapavam pelo menos em parte da mercadoria. O laço através das coisas e dos bens se solidificou ao mesmo tempo que a ideia de que tudo pode ser vendido e comprado.

Diante das restrições resultantes de uma redução drástica da circulação fiduciária, um fato central do último quarto do século XX é o surgimento de práticas que consistem em ir ganhar dinheiro em lugares distantes. As novas dinâmicas de aquisição do ganho, ocasionadas pela escassez de dinheiro, conduziram a uma revivificação sem precedentes dos imaginários do longínquo e da longa distância. Essa revivificação se traduz, por um lado, por um crescimento inédito das capacidades de mobilidade extensiva de agentes privados e, por outro, por tentativas violentas de imobilização e fixação espacial de categorias inteiras de populações, chegando ao extremo da organização da morte em massa. A gestão da mobilidade das pessoas e até de grupos é às vezes garantida por jurisdições ou formações armadas fora do Estado. Essa própria gestão é indissociável do domínio dos corpos submetidos ao trabalho em explorações que combinam o mercantilismo e o militarismo, arrancados para servir de mão de obra para vários mercados militares, empurrados em êxodos gigantescos ou imobilizados em espaços de exceção como os campos e outras "zonas de segurança"; incapacitados fisicamente através de mutilações diversas; ou destruídos em massa através de massacres. As técnicas de policiamento e de disciplina utilizadas no período autoritário para garantir o controle dos indivíduos; a escolha entre obediência e desobediência que caracterizava o modelo do comando colonial e do despotismo pós-colonial – isso é substituído, em condições extremas, por uma alternativa mais trágica: a escolha entre a degradação, a sobrevivência ou a morte lenta e demorada.

De hoje em diante, o que está em jogo no exercício de um poder mais retalhado e capilar do que nunca é em grande parte a possibilidade de produção e reprodução da própria vida. Essa nova forma de poder fundamentada na multiplicação de situações extremas ou de vulnerabilidade enfrenta os corpos e a vida apenas para melhor controlar o fluxo de recursos variáveis. Mas como a vida se tornou, mais do que no passado, uma colônia dos poderes imediatos, seus termos não são somente econômicos.

Em consequência, é bom examinarmos um instante a significação desse trabalho de destruição, que tem como parte importante o dispêndio de inumeráveis vidas humanas. Georges Bataille observara que essa forma de dispêndio colocava em questão o princípio clássico da utilidade. Apoiando-se em particular nos sacrifícios e guerras astecas, ele se debruçou sobre o que chamava de "preço da vida" em sua relação com a "consumação". Ele estabeleceu, por consequência, a existência de uma formação de poder onde a preocupação em sacrificar e imolar o maior número possível de pessoas constitui, por si só, uma forma de "produção". Para os astecas, os sacrifícios humanos se explicavam pela crença de que o sol devia comer o coração e beber o sangue do maior número possível de pessoas, especialmente de prisioneiros, para continuar a brilhar. Sendo esse o caso, a guerra tornava-se necessária para garantir a reprodução do ciclo solar. Ela não estava ligada logo de saída a uma vontade qualquer de conquista. Sua significação central era tornar possível o ato de consumação. Através desse ato, o risco de ver o sol se apagar – e, assim, a vida se extinguir – era descartado. Os sacrifícios humanos permitiam, enquanto tais, restituir ao mundo sagrado aquilo que a atividade servil degradara e tornara profana. Essa forma de destruição – ou ainda de consumação violenta e sem lucro – constituía, segundo Bataille, o melhor meio de negar a relação utilitária entre o ser humano e a coisa.

No caso que nos preocupa aqui, os massacres e a destruição de vidas humanas representam, em muitos aspectos, um princípio de negação mais ou menos semelhante. Todavia, não é certo que esses desperdícios sanguinolentos contribuam para a produção de coisas sagradas – função que Bataille designa ao sacrifício em geral. Pelo contrário, na origem desses desperdícios encontra-se a ideia de um inimigo, um corpo estranho que é preciso expulsar ou erradicar. À medida que a relação com o inimigo, antiparente por excelência, se enuncia no modo da luta entre espécies diferentes, é possível afirmar que tal lógica da inimizade é uma forma de "política total". Aqui, o complexo de guerra (que inclui os tributos, a extração e a predação) engloba o conjunto de atividades que Bataille descreveu como parte do "dispêndio". Trata-se de todas as formas supostamente "improdutivas" que, por isso, nem sempre servem à produção nem a curto nem a longo prazo: o luxo, o luto, o culto, os espetáculos, as atividades sexuais perversas, a dor e a crueldade, os suplícios parciais, as danças orgíacas, as cenas lúbricas, os prazeres fulgurantes, a satisfação violenta do coito, em suma, o transporte da exaltação que favorece a excreção. Enquanto corpo estranho ou como "veneno", o inimigo é então submetido à pulsão de excrementos: ele deve ser expulso, como uma coisa abjeta da qual é preciso se separar brutalmente. Nessas condições, a violência está suscetível a tomar o aspecto da defecação. Mas a lógica da defecação não exclui outras dinâmicas. Esse é o caso dessa outra forma de violência que busca engolir e incorporar o inimigo morto ou partes de seu corpo. Essa lógica da ingestão tem como finalidade a captação da condição viril da vítima e de sua potência germinativa. Tanto a lógica da defecação quanto a da ingestão exigem a violação de proibições e de tabus – um modo de profanação.

Como elas se baseiam em grande parte nos valores do que é itinerante em oposição ao que é sedentário, as novas dinâmicas de aquisição do ganho contribuíram para uma modificação profunda das figuras do pertencimento. A violência social tende a se cristalizar ao redor de questões hoje cruciais que são a constituição das identidades, as modalidades da cidadania, a gestão da mobilidade das pessoas, a circulação e captação de recursos variáveis. Nessas novas formas de luta social e política, privilegia-se três temáticas: a da comunidade de origem (terra e autoctonia), a da raça e a da religião. Pelo menos duas concepções de cidadania às vezes se opõem e às vezes se completam. Por um lado, vale a ideia oficial segundo a qual é cidadão de um país aquele a quem o Estado reconhece esse atributo. Por outro, domina a concepção segundo a qual o princípio de cidadania resulta principalmente dos laços de sangue (reais ou supostos), do nascimento e da genealogia. Os laços de sangue permitem, com efeito, fundamentar a distinção entre os "autóctones" e os "alógenos", os "antigos" (originais) e os "estrangeiros". Essa produção de identidades permitiu o restabelecimento de antigos reinos e territórios tribais, o nascimento de novos grupos étnicos ou por separação com os antigos ou por amalgamação. Ela também criou conflitos violentos que resultaram em vários deslocamentos de populações. Por fim, ela alimentou os irredentismos, especialmente nos países onde as minorias sentiam-se excluídas dos benefícios materiais do poder.

Duas *polis* e dois tipos de espaços cívicos com formas de entrelaçamento complexas apareceram então: por um lado, a cidade *intramuros* (lugar das origens e dos costumes, cujos signos, se necessário, são portados consigo em proporção aos deslocamentos para longe) e, por outro, a cidade *extramuros* (possibilitada pela dispersão e pelo mergulho no mundo). O papel emblemático desempenhado atualmente pelos migrantes e pelas diásporas resulta do fato de que cada *polis* possui, hoje em dia, seu duplo e também seu "longe". De resto, o processo duplo de transnacionalização das sociedades africanas e de recuo às origens, em conjunto com o aumento da mercantilização do trabalho resultante do crescimento das capacidades de mobilidade extensiva tiveram como efeito reviver os conflitos em torno da relação entre comunidade, pertencimento e propriedade. A dispersão e o espalhamento impostos pelas necessidades de aquisição de ganhos em lugares distantes certamente não aboliram as caracterizações antigas da comunidade. Em muitos casos, ela permanece sendo esse território de origem, situado concreta e geograficamente, que é apropriado, defendido e protegido dos intrusos e daqueles que não lhe pertencem. Ela também é essa ficção em cujo nome se está pronto para matar e morrer se necessário. Contudo, apareceram inflexões consideráveis na relação entre aquilo que pertence a mais de um, a muitos ou a todos (e que é compartilhável em razão da dívida de dádiva decorrente do pertencimento à mesma comunidade de origem) e aquilo que, por ser estritamente privado, está reservado a um desfrute estritamente individual.

Do fato de que o domínio das consequências da transnacionalização implica não somente o controle e a dominação das distâncias, mas também da arte de multiplicar os pertencimentos, sobrevalorizou-se o estatuto de uma corrente de intermediários que tecem conexões com o mundo externo, agentes e especialistas do negócio dos objetos, narrativas e identidades. A sobrevalorização desses estatutos beneficiou-se do afastamento crescente entre as fronteiras oficiais e as reais. Seguiu-se não somente uma maior velocidade das migrações, mas também a constituição de redes que, ultrapassando os quadros territoriais dos Estados pós--coloniais, especializaram-se na mobilização de recursos a longa distância. Num outro registro, a posse monetária (ou sua impossibilidade) deslocou profundamente os quadros de formação da individualidade e dos regimes de subjetividade. Por um lado, onde prevalece a escassez, a intensidade das necessidades e a impossibilidade de satisfazê-las são tais que ocorreu uma ruptura no modo como os sujeitos sociais experimentam o desejo, a inveja e a saciedade. Hoje domina a percepção para a qual tanto o dinheiro quanto o poder e a vida são governados pela lei do acaso. Fortunas imensas são feitas de um dia para o outro, sem que os fatores que contribuíram para elas estejam aparentes de alguma forma. Outras fortunas se volatilizam no mesmo ritmo, sem causa visível. Como nada é certo e tudo é possível, arrisca-se o dinheiro como se arrisca o corpo, o poder e a vida. Tanto o tempo como a vida e até a morte reduzem-se a um imenso jogo de azar. Em contrapartida, entre as categorias sociais capazes de acumular fortunas facilmente, são as relações entre o desejo e seus objetos que mudaram — a preocupação sensualista e hedonista do consumo, a propriedade idólatra e o gozo ostentativo dos bens materiais tornaram-se o lugar por excelência da representação de novos estilos de vida.

Todavia, nos dois casos os conteúdos culturais do processo de diferenciação são os mesmos, a saber, por um lado, uma consciência aguda da volatilidade e da frivolidade do dinheiro e da fortuna, por outro, uma concepção "instantaneísta" do tempo e do valor – o tempo curto da vida. Mesmo quando as estratégias utilizadas pelos atores individuais variam de uma situação para outra, a concepção do tempo e do valor como contidos – e esgotados – no instante e a concepção do dinheiro como volátil e frívolo contribuíram em grande parte para a transformação dos imaginários tanto da riqueza quanto da penúria e do poder. Tanto o poder quanto a fortuna, o gozo, a miséria e até a própria morte são desde o começo experimentados segundo critérios materialistas. Daí o surgimento de subjetividades em cujo centro se encontra a necessidade de tangibilidade, palpabilidade e tacticidade. Afinal, encontramos essas características nas formas de expressão tanto da violência quanto do gozo, ou ainda no uso geral dos prazeres.

Informalização da economia e difração do político

Examinemos agora os efeitos da concomitância entre a democratização e a informalização da economia e das estruturas estatais. Por todo o último quarto do século XX, a informalização da economia e a dispersão do poder do Estado andaram de mãos dadas. Com muita frequência, uma reforça a outra. Desde os anos de 1980, os mecanismos culturais e institucionais que tornavam possível a submissão e graças aos quais a subordinação operava alcançaram seus limites. Diante da máscara da ordem e do teatro do Estado, um processo subterrâneo de dispersão gradual do poder estava em curso. Certamente, nos lugares onde o Estado se consolidara durante as décadas precedentes, a administração ainda dispunha de boa parte de seus recursos coercivos. Todavia, as condições materiais do exercício do poder e da soberania haviam se deteriorado de acordo com a piora das restrições ligadas ao pagamento da dívida e à aplicação das políticas de ajuste estrutural. Como a crise das economias não abrandou, o desgaste perdurou por toda a década de 1990 e a desagregação das estruturas estatais tomou formas às vezes inesperadas. No coração do processo de informalização das estruturas estatais está a ameaça de insolvência geral que, durante o último quarto de século, caracterizou a vida econômica e material como um todo. Afetando tanto o Estado quanto a sociedade, a escassez da liquidez contribuiu para modificar substancialmente os sistemas de troca e de equilíbrio que estavam na base da socialização estatal durante o período autoritário. Enquanto no nível do Estado a prática dos calotes orçamentários tornou-se regra, a corrente de calotes estendeu-se para o nível da sociedade.

Os atores sociais reagiram então ou intensificando as práticas de contornos e desvios, ou apelando a formas diversas de evasão fiscal, ou amplificando as práticas de falsificação e deserção. Paralelamente, a distribuição dos ativos do Estado através do processo de privatização resultou na cessão de uma grande parte do patrimônio público a operadores privados, alguns dos quais já eram detentores de poder político. A simultaneidade dos dois processos (de um lado, a insolvência geral, do outro, a modificação dos regimes de apropriação daquilo que até então era objeto de uma posse comum, mesmo que fictícia) acentuou a crise da propriedade. Em suma, os processos esboçados acima deslocaram os parâmetros da luta pela subsistência. A distinção entre as lutas pela subsistência propriamente dita e as lutas pela simples sobrevivência se dissipou. Em ambos os casos, a vida cotidiana se define cada vez mais a partir do paradigma da ameaça, do perigo e da incerteza. Pouco a pouco, tomou forma um mundo social onde a desconfiança e a suspeita sobre todos se junta à necessidade de proteção contra inimigos cada vez mais invisíveis. Essa sensibilidade social foi reforçada, em muitos lugares, pela pregação das novas igrejas pentecostais cuja mensagem consiste em seu cerne na luta generalizada contra os demônios. Pouco a pouco, a ideia da separação do outro, fonte de inquietação, ganhou força. Como a produção da vida agora se efetua num contexto geral de insegurança – e, em casos extremos, de proximidade com a morte –, as lutas sociais se parecem cada vez mais com a atividade bélica propriamente dita. Em contrapartida, como a guerra enquanto significante maior da conduta da vida diária tornou-se, por extensão, a metáfora central da luta política, a luta pelo poder se exerce em primeira instância como o poder de causar a morte; e a resistência ao poder tem agora como seu próprio objeto e ponto de sustentação o vivo em sua generalidade.

A dispersão do poder do Estado assumiu formas paradoxais. Por um lado, o enfraquecimento das capacidades administrativas do Estado anda de mãos dadas com a privatização de algumas de suas funções soberanas. Por outro lado, o prêmio concedido à desregulamentação se traduziu na prática por um movimento de desinstitucionalização, ele mesmo inclinado à generalização das práticas informais. Encontraremos essa informalidade não apenas nos domínios do econômico, mas também no próprio coração do Estado e da administração e em muitos setores da vida social e cultural que tenham alguma relação com a luta pela sobrevivência. Ora, a generalização das práticas informais conduz a não apenas uma proliferação das instâncias de produção das normas, mas também a uma multiplicação sem precedentes das possibilidades de fraude das regras e das leis exatamente quando as capacidades de sanção detidas pelos poderes públicos e outras autoridades estão mais enfraquecidas. Desde então, as condutas que buscam desviar-se das normas para aumentar a renda e obter o maior benefício possível da fraqueza das instituições formais prevalecem tanto entre agentes públicos quanto privados.

A multiplicidade de identidades, alianças, autoridades e jurisdições, a acentuação da mobilidade e da diferenciação, a ve-

198

locidade da circulação das ideias, a reapropriação dos signos e a transformação dos símbolos, a volatilidade do próprio tempo e da duração, as capacidades aumentadas de troca dos objetos e da conversão das coisas em seu contrário, a funcionalidade ampliada das práticas de improvisação: tudo isso é utilizado para atingir todos os tipos de objetivos e tudo se torna objeto de negociação e barganha. O fracionamento do poder público é respondido, como um eco, pela constituição, multiplicação e depois disseminação de núcleos de conflito dentro da sociedade. Surgem novas arenas do poder à medida que os imperativos da sobrevivência acentuam o processo de autonomização das esferas da vida social e individual. Mais do que antes, as práticas da informalização não se limitam mais aos aspectos econômicos e às estratégias de sobrevivência material. Elas se tornam, pouco a pouco, as formas privilegiadas da imaginação cultural e política.

As consequências desse novo estado cultural sobre a vida psíquica e sobre a constituição dos movimentos sociais e formação de alianças e coalizões são consideráveis. Por um lado, o tempo curto marcado pelo improviso, arranjos pontuais e informais, imperativos da conquista imediata do poder e necessidade de conservá-lo a qualquer preço são privilegiados em detrimento de projetos de longo prazo. Resulta disso uma instabilidade cultural de natureza estrutural. Alianças são feitas e desfeitas incessantemente. O caráter provisório e constantemente renegociável dos contratos e acordos acentua a reversibilidade fundamental dos processos. Em outro plano, a oposição só consegue se institucionalizar de maneira frouxa. Ela age à mercê das circunstâncias, ziguezagueando entre princípios, compromissos e comprometimentos, no meio de reviravoltas bruscas de situações, da fluidez e do caráter aberto das coisas. A sobreposição das lógicas segmentares e lógicas hierárquicas, as dinâmicas profanas e do invisível, a divergência dos interesses, a multiplicidade das alianças e das relações de autoridade impedem qualquer coalescência ou cristalização duradoura dos movimentos sociais. Daí uma interminável divisão em parcelas dos conflitos, o vácuo de legitimação e o caráter enclausurado, fragmentário e cissíparo das lutas organizadas. Os fatores estruturantes examinados acima influenciaram não apenas nos resultados da democratização na África: eles também serviram de quadro da transformação dos imaginários do político e dos modelos de poder.

Sob o período autoritário, muitos regimes políticos cultivaram a noção de que nas sociedades marcadas pelas diferenças culturais e diversidade étnica, a fundamentação da comunidade política deveria estar antes de tudo na ameaça direta ou indireta à integridade física dos sujeitos. Daí sua necessidade de se proteger permanentemente contra essa ameaça, não através da contestação de seus fundamentos, mas medindo a cada passo o risco que tal contestação representaria para sua sobrevivência. Assim, proteger-se contra o poder consistia, para o sujeito, no cálculo permanente do risco que suas próprias palavras e ações poderiam representar. Em consequência, a perspectiva com a qual o sujeito encarava a vida era o desejo de evitar a morte a qualquer preço. E era esse desejo que o Estado institucionalizava, não para libertar o sujeito da angústia que era seu corolário, mas para agravar a incerteza. A instabilidade, desse ponto de vista, tornava-se um recurso nas mãos do poder. Esse foi o caso nas experiências de democratização.

As elites no poder desde as independências resistiram com sucesso à pressão das forças de oposição e conseguiram impor unilateralmente limites à abertura política. Ao determinar sozinhas seus contornos, natureza e conteúdo, elas escreveram sozinhas as regras do jogo. Essas regras se conformam com os aspectos procedurais mais elementares da concorrência. Não obstante, elas permitem manter o controle sobre as principais alavancas do Estado e da economia e garantem sua continuidade no poder. Desacordos fundamentais entre o poder e aqueles que se opõem a ele persistem nesses países ao mesmo tempo que lá perduram situações de conflito cujos períodos latentes se alternam com períodos de manifestação violenta e aguda. Na maioria dos casos, a imposição unilateral das regras do jogo político teve duas fases. Durante a primeira, tratava-se de conter os impulsos de protesto, se necessário através de uma repressão tanto dissimulada quanto explícita, brutal e sem reservas (prisões, fuzilamentos, demissões de opositores, instauração de medidas de emergência, censura da imprensa, diversas formas de coerção econômica). Para facilitar a repressão, os regimes no poder buscaram despolitizar os protestos sociais, dar contornos étnicos ao enfrentamento e atribuir aos movimentos da rua o caráter de simples motins. Durante essa fase repressiva, esses regimes estenderam o papel do exército para as tarefas de manter a ordem e controlar o movimento das pessoas. Em certos casos, regiões inteiras foram postas sob uma administração civil-militar dupla.

Nos lugares onde os regimes estabelecidos se sentiam mais ameaçados, eles empurraram até o limite a lógica da radicalização ao suscitar ou apoiar o surgimento de gangues ou milícias controladas ou por cúmplices operando nas sombras ou por responsáveis militares ou políticos detentores de posições de poder em estruturas formais. Em certos casos, a existência das milícias se limitou ao período de conflito. Em outros, as milícias ganharam autonomia progressivamente e se transformaram em verdadeiras formações armadas com estruturas de comando distintas das estruturas dos exércitos regulares. Ainda em outros casos, as estruturas militares formais serviram de cobertura para atividades ilegais, e a multiplicação dos tráficos andou de mãos dadas com a pilhagem dos recursos naturais, o confisco de propriedades e a repressão propriamente dita.

Três consequências resultaram do fracionamento do monopólio da força e da distribuição desigual dos meios da violência na sociedade. Por um lado, a dinâmica de desinstitucionalização e de informalização acelerou. Por outro, surgiu uma nova divisão social que separa aqueles que são protegidos (por estarem armados ou porque se beneficiam da proteção de quem está armado) daqueles que não são (e que estão expostos). Por fim, mais do que no passado, as lutas políticas têm a tendência de se regulamentar através da força, e a circulação das armas na sociedade tornou-se um dos principais fatores de divisão e um elemento central nas dinâmicas da insegurança, da proteção da vida e de acesso à propriedade.

Depois, foi preciso dividir a oposição envenenando-se as tensões étnicas e aproveitando-se das rivalidades dentro dela. Às vezes, nas regiões onde a oposição tinha apoio maciço, atiçou-se conflitos locais entre autóctones e alógenos, sedentários e nômades, pescadores e agricultores, para melhor justificar a repressão e o armamento das milícias. Em seguida contou-se com o tempo para garantir o apodrecimento da situação, enfraquecer os protestos, secar seus recursos internos e para reunir as condições de esgotamento das massas. A dinâmica da exacerbação de conflitos étnicos e diferenças religiosas e culturais também permitiu dividir a *intelligentsia*, separando-a na defesa dos interesses de suas regiões e comunidades de origem. Uma vez realizada essa emasculação – ou durante sua evolução –, foi necessário fazer concessões, especialmente através do estabelecimento de reformas secundárias que deixassem intacta a estrutura da dominação, ou de "governos de união nacional". De modo geral, essa fase da violência foi acompanhada, ou seguida, de um vasto movimento de privatização da economia. Em suma, esses regimes acabaram destruindo as atividades econômicas de sua dominação: desde então, esta repousa sobre outras bases materiais.

Não houve então nesses países nenhuma alternância pacífica. Alguns segmentos da oposição se juntaram ao poder. As formas da violência e as modalidades de sua gestão assumiram contornos inéditos. Por um lado, a criminalidade urbana e o banditismo rural se acentuaram. Surgiram novas formas de fragmentação territorial, de modo que zonas rurais ou urbanas inteiras escapam efetivamente do controle do poder público. Os conflitos fundiários tornaram-se agudos. Por outro lado, as formas de apropriação violenta de recursos variáveis ganharam complexidade com o surgimento de laços entre as forças armadas, a polícia e às vezes a justiça com os submundos da predação. Os parâmetros dos conflitos permitem manter parte dos militares permanentemente ocupada seja com tarefas de repressão interna, seja com guerras de baixa intensidade nas fronteiras. Essas guerras são então combinadas com a extração de recursos locais. Como as guerras e os tráficos andam juntos, a maioria das primeiras encontra seu lucro nos segundos. Quando as mudanças na chefia do Estado não eram a consequência de golpes de força, eram o resultado de rebeliões mantidas pelo exterior. Seja sob uma forma natural (doença) ou criminosa (assassinato), a morte do autocrata, seu desaparecimento ou fuga – em suma, sua remoção muitas vezes violenta do poder – permanece sendo o ponto nevrálgico do imaginário político nas configurações culturais examinadas acima. Esse desejo de homicídio está profundamente ligado ao postulado da duração subjacente à experiência do poder. À medida que o poder se configura como uma duração sem fim, o postulado da não-mortalidade só pode ser desmentido através do fator definitivo, o assassinato. Como a possibilidade de derrubada do poder pela via eleitoral quase não existe, apenas o assassinato pode contradizer o princípio de continuidade indefinida do poder.

Militarismo e lúmpen-radicalismo

Surge enfim uma outra configuração cultural: aquela que, na definição do político, designa um grande lugar para a possibilidade de que qualquer um pode ser morto por qualquer outro. Essa configuração apresenta três características próprias. Primeiramente, ela se baseia numa pirâmide da destruição da vida lá onde esta insiste sobre as condições de sua conservação. Em segundo lugar, ao estabelecer uma relação de quase igualdade entre a capacidade de matar e a possibilidade de ser morto – uma

203

igualdade relativa que só pode ser suspensa pela posse ou não de armas –, essa configuração autoriza a política a se traduzir fundamentalmente em experiência de morte. Finalmente, ao elevar a violência a formas tanto paródicas quanto capilares e paroxísticas, ela acentua o caráter funcional do terror e do pânico e torna possível a destruição de todos os laços sociais ou, em todo o caso, a transformação de todo laço social em laço de inimizade. É esse laço de inimizade que permite normalizar a ideia de que o poder só pode ser adquirido e exercido ao preço da vida do outro. Três processos tiveram um papel determinante a esse respeito. O primeiro corresponde às formas da diferenciação no interior das instituições militares no decorrer do último quarto do século XX. O segundo trata da modificação da lei de repartição das armas na sociedade nesse período. O último está relacionado à ascensão do militarismo enquanto cultura e da masculinidade enquanto ética baseada na expressão pública e violenta dos atributos viris.

Falando do primeiro processo, é importante assinalar que a instituição militar sofreu transformações importantes no decorrer dos últimos vinte e cinco anos do século XX africano. Esses anos coincidiram com o fim das principais lutas armadas anticoloniais e com a aparição e depois extensão de uma nova geração de guerras que apresentam três características. Por um lado, elas têm como alvo principal não tanto as formações armadas adversárias, mas sim as populações civis. Por outro, o que está em jogo é fundamentalmente o controle de recursos cujas modalidades de extração e formas de comercialização alimentam, em contrapartida, os conflitos homicidas e as práticas de predação. Por fim, para legitimá-las, os atores dessas guerras não recorrem mais à retórica anti-imperialista ou a algum projeto de emancipação ou de transformação social revolucionária, como era o caso nas décadas de 1960 e 1970. Eles apelam a categorias morais cuja especificidade está em conjugar os imaginários utilitaristas modernos e os resíduos das concepções autóctones da vida – feitiçaria, riqueza e devoração, doença e loucura.

Esse novo ciclo da guerra surgiu ao mesmo tempo em que os exércitos experimentavam um agravamento das diferenciações internas. Devido à crise econômica, as condições de vida nas casernas se deterioraram. Em muitos países, o empobrecimento acelerado dos soldados esteve na origem de violências e desordens públicas que tiveram como uma de suas causas o não pagamento de soldos. Pouco a pouco, as saídas da caserna se multiplicaram, especialmente para diversas operações para supostamente manter a ordem e realizar saques organizados. Em seguida, as práticas de extorsão se generalizaram a ponto de a soldadesca não hesitar em estabelecer bloqueios em estradas, taxar os moradores e até organizar verdadeiras invasões contra a população civil para ocupar suas propriedades. Com a ajuda do fim do confinamento sistemático das forças armadas no interior de espaços geográficos circunscritos e da multiplicação de seus excessos intermitentes (ou até regulares) em várias esferas da vida cotidiana, as tecnologias do controle político se tornaram cada vez mais táteis, e até anatômicas. Durante esse período, nos principais escalões do exército, coronéis e generais constituíram suas próprias redes, isso quando não passaram pura e simplesmente ao controle do contrabando, tarifas alfandegárias, revenda de armas e do tráfico de marfim, pedras preciosas ou até de dejetos tóxicos. Paralelamente, estabelece-se uma divisão relativamente rígida entre os diversos regimentos armados e as diversas instâncias encarregadas da segurança (brigada presidencial, forças especializadas, polícia, guardas, serviços de informação), isso quando a competição entre essas instâncias diferentes não conduz a uma dispersão geral, e a lógica da repressão acentua, por sua vez, a lógica da informalização.

O segundo processo que desempenhou um papel direto na generalização da relação belicosa envolve a lei da repartição das armas nas sociedades em questão. Por lei da repartição das armas, queremos dizer simplesmente a qualidade da relação de poder que se estabeleceu onde as contendas políticas, outras formas de disputas e todo tipo de aquisição podem ser regulados pelo recurso à força das armas por uma das partes. Essa capacidade de captura e de reorganização dos recursos coercivos favoreceu o desenvolvimento de formas inéditas da luta social. A guerra, por exemplo, não opõe mais necessariamente exércitos a exércitos ou Estados soberanos a Estados soberanos: ela cada vez mais opõe formações armadas privadas que agem por trás da máscara do Estado a Estados sem verdadeiros exércitos. Quando elas conduzem à vitória militar de uma das partes em conflito, as guerras contemporâneas não foram necessariamente seguidas pela liberalização dos regimes estabelecidos pela força.

Em vez disso, vimos o nascimento de formações sociais e políticas que combinam as características de principados militares, tiranias étnicas formadas a partir de um núcleo armado e um conjunto de cliques que exercem um controle quase absoluto sobre o comércio de longa distância e a extração de recursos naturais e da fauna. Nos casos onde as dissidências armadas não conquistaram a totalidade do poder do Estado, elas provocaram cisões territoriais e exercem controle sobre as porções que administram sob o modelo de capitações, especialmente onde existem jazidas minerais. Assim, a fragmentação dos territórios acontece sob formas variadas: o surgimento de feudos regionais controlados por forças distintas que contêm recursos comercializáveis e apoiados por Estados vizinhos; zonas de guerra nas fronteiras de vários Estados vizinhos; províncias mais ou menos dissidentes no interior do perímetro nacional; cinturões de segurança ao redor das capitais e regiões adjacentes; campos de confinamento de populações civis consideradas favoráveis aos rebeldes. O processo mais recente, em relação direta com a amplificação da relação belicosa, é o surgimento de uma cultura do militarismo que, como vimos, se baseia numa ética da masculinidade que designa um lugar importante à expressão violenta dos atributos viris.

Todas essas evoluções indicam que, longe de serem lineares, as trajetórias da luta social na África são variadas. Os itinerários seguidos de um país a outro certamente apresentam diferenças significativas, mas também exibem convergências profundas. Ou melhor, em cada país encontramos cada vez mais uma concatenação de configurações. As formas do imaginário político também são variadas. De resto, as condições materiais da produção da vida se transformaram profundamente. Essas transformações foram acompanhadas por mudanças decisivas nos paradigmas do poder. Apareceu igualmente uma gama de dispositivos que modificaram as relações que os africanos costumavam estabelecer entre a vida, o poder e a morte.

6

A circulação dos mundos: a experiência africana

A África pós-colonial é um encaixe de formas, signos e linguagens. Essas formas, signos e linguagens são a expressão do trabalho de um mundo que busca existir por si mesmo. No capítulo anterior, tentamos esboçar as linhas gerais desse labor, medir sua velocidade e sugerir os tipos de relações que, no contexto das transformações sofridas no último quarto do século XX, tendem atualmente a se estabelecer entre a violência e a vontade de vida que, como dissemos antes, constitui o principal impulso filosófico do projeto de uma comunidade descolonizada. É preciso sempre enfatizar que essas transformações se desenrolam ao longo de várias linhas oblíquas, paralelas, curvas. Linhas de fato frenéticas, que se quebram sem cessar, mudam de direção continuamente, abrem o caminho para um movimento turbilhonante – acidentes e não eventos, os espasmos, esticadas por baixo, o movimento no mesmo lugar e, em todos os casos, complicações e ambivalências. Agora se trata de descrever não mais o movimento de contração, mas outras mudanças de estrutura que ocorrem segundo outras lógicas: as da dilatação, dos pontos de fuga, das escapadas. Este capítulo examina essa produção dos intervalos e outras formas de montagem da vida.

Recomposições sociais profundas

No centro dessas transformações encontra-se a redefinição dos termos da soberania dos Estados africanos. Esse primeiro fator de mutação é em parte resultado da multilateralização cujos vetores mais visíveis nos últimos vinte anos foram as instituições financeiras internacionais, e, de modo ainda mais caricatural, a ação de inúmeros interventores cujo estatuto ultrapassa e muito as distinções clássicas entre o público e o privado (organizações não governamentais, atores privados...). Ao mesmo tempo, surgiu um labirinto de redes institucionais no plano local. Todas se dizem da "sociedade civil", mas algumas são na verdade criptoestatais. A maioria é resultado de uma imbricação entre redes fora do Estado e outras que constituem o prolongamento informal deste. Ainda outras são ou fachadas de partidos políticos e elites urbanas, ou satélites locais de organizações internacionais. A heterogeneidade das lógicas postas em movimento por esses diferentes atores explica quase totalmente o caráter fragmentado das novas formas de montagem da vida que prevalecem hoje em dia pelo menos no meio urbano. O velho mundo desmorona sem que seus costumes caduquem automaticamente.

Também as formas da estratificação social se diversificam. Na parte de baixo, a precariedade e a exclusão atingem classes cada vez maiores da população. Especialmente nas cidades, a pobreza em massa tornou-se um fator estrutural nas dinâmicas da reprodução. Na parte de cima, uma classe cada vez mais reduzida de proprietários se recompõe graças ao controle que exerce sobre recursos a longa distância e graças a sua capacidade de mobilizar socialidades locais e internacionais. Entre as duas, uma classe média tenta sobreviver, ou ao menos constituir algum legado, ao combinar recursos tanto da economia formal quanto dos mercados paralelos. Com a acentuação de sua vulnerabilidade econômica em relação ao exterior, os atores privados e estatais africanos foram obrigados a procurar novas fontes de renda em outros lugares, ao mesmo tempo em que as rivalidades pelo controle dos aparatos se intensificaram.

Contudo, a transnacionalização das economias no contexto da globalização abriu um grande espaço de autonomia para os empreendedores privados, que não hesitam em ocupá-lo. Uma das formas de exercício dessa autonomia relativa passa, paradoxalmente, pela capacidade de empreender guerras.

O segundo fator na origem das recomposições sociais do último quarto do século XX, a guerra é, por todos os lados, consequência de uma sobreposição de vários processos. Alguns são de ordem política. Várias guerras são, com efeito, o resultado de desacordos de tipo constitucional na medida em que tratam, em última instância, das razões de ser da comunidade política e da moralidade de seu sistema de repartição de cargos, poderes, bens e privilégios. Esses desacordos dizem respeito às condições de exercício da cidadania num contexto de rarefação das vantagens distribuídas pelo Estado e de aumento das possibilidades de reclamá-las abertamente (a democratização), quando não de monopolizá-las pela força. Hoje em dia elas se cristalizam ao redor do tríptico identidade, propriedade e cidadania. O que está em jogo é a refundação do Estado-nação.

Em suma, os argumentos que no período imediatamente posterior às independências serviram para legitimar o projeto do Estado-nação são objeto de contestações às vezes sangrentas. Os regimes autoritários pós-coloniais haviam tornado, com efeito, a dupla construção do Estado e da nação um imperativo categórico. Paralelamente, eles desenvolveram uma concepção da nação que repousava sobre a afirmação de direitos coletivos que os dirigentes opunham com muito gosto aos direitos individuais[1]. O desenvolvimento, enquanto metáfora central do poder e utopia da transformação social, representava o local de realização desses

---

1. Cf., p. ex., NYERERE, J. *Freedom and Socialism*. Oxford: Oxford University Press, 1968. • *Essays on Socialism*. Oxford: Oxford University Press, 1977.

direitos e também da felicidade coletiva[2]. O desenvolvimento passava pelo estabelecimento de um conjunto de dispositivos institucionais (partidos e sindicatos únicos, exército nacional) e pelo recurso a uma gama de práticas que supostamente se inspirariam em tradições autóctones de comunitarismo.

Fosse de inspiração socialista (como, p. ex., a *ujamaa* na Tanzânia) ou capitalista (Costa do Marfim, Camarões e Quênia), valendo-se do governo civil ou dos regimes militares, o comunitarismo pós-colonial enfatizava – mesmo que apenas verbalmente – a busca do consenso, o equilíbrio regional e étnico, a assimilação recíproca de diferentes segmentos da elite, a constituição de um mundo comum através do controle social e, se necessário, da coerção. Essas táticas e dispositivos tinham como objetivo prevenir o dissenso e a constituição de facções com bases étnicas. Ora, ao expor as noções de direitos individuais e reativar os debates sobre a legitimidade da propriedade e da desigualdade, o multipartidarismo e o modelo da economia de mercado arruinaram essa construção ideológica. Por outro lado, eles não conduziram a uma passagem automática para o modelo da democracia liberal, muito menos a uma reapropriação e traduções locais de seus principais núcleos filosóficos (o reconhecimento político do indivíduo como cidadão racional capaz de realizar por si mesmo escolhas independentes; a afirmação da liberdade individual e dos direitos ligados a ela). Um dos equívocos da democratização nas circunstâncias particulares do capitalismo atomizado que o continente experimenta é então o relançamento, numa escala inédita, das disputas sobre a moralidade da exclusão.

Graças a essas disputas surgiram novos imaginários do Estado e da nação. Dois em particular merecem atenção. O primeiro tenta resolver a contradição aparente entre cidadania e identidade

---

2. NYERERE, J. *Freedom and Development*. Oxford: Oxford University Press, 1974.

ao preconizar uma filosofia de refundação do Estado e da nação cujo princípio de base é o reconhecimento constitucional de identidades, culturas e tradições distintas. Essa tradição de pensamento nega a existência de indivíduos na África. Para seus olhos, existem apenas comunidades. Só há a individualidade do grupo. O grupo seria a manifestação por excelência da individualidade de cada um de seus membros. Nesse contexto, refundar o Estado e a nação consistiria numa arte sutil de organizar o acesso – se necessário, de modo rotativo – de cada grupo ou comunidade às vantagens e privilégios resultantes do controle do aparato estatal. O acesso a essas vantagens ocorreria graças à afirmação diferencial das identidades, culturas e tradições de cada grupo, e não com base na dignidade igual de todos os seres humanos enquanto cidadãos dotados de uma razão prática.

A legitimidade do Estado, nessas condições, repousaria em sua aptidão a levar em conta essas diferenças para aplicar um tratamento particular a cada grupo e comunidade dependendo das espoliações de que se consideram vítimas. Várias versões desse tratamento existem aqui e ali. Na África do Sul, por exemplo, onde o regime do *apartheid* deixou como herança estruturas de redistribuição de renda das mais desiguais do mundo, políticas preferenciais e de discriminação positiva foram estabelecidas em favor dos grupos prejudicados historicamente. Todavia, essas políticas se juntam ao reconhecimento dos direitos individuais prescritos por uma das constituições mais liberais do mundo[3]. Por outro lado, nas configurações mais perversas, as tentativas de reconstrução do Estado e da nação com base no princípio da diferença e do reconhecimento de identidades particulares serviram para excluir, marginalizar e até eliminar certos componentes da nação[4]. Em particular, esse foi o caso nos países onde as dis-

---

3. JEFFREY, A. "Spectre of the New Racism". In: *Frontiers of Freedom*. Johanesburgo: Fourth Quarter, 2000, p. 3-12.
4. LEMARCHAND, R. "Hate Crimes: Race and Retribution in Rwanda". In: *Transition*, n. 81-82, 1999, p. 114-132.

tinções entre autóctones e alógenos são retomadas na luta política. Em outros, os grupos que se consideram lesados em seus direitos e marginalizados no tabuleiro político nacional utilizam o discurso da diferença para reivindicar direitos coletivos, entre os quais um acesso maior aos recursos extraídos de seu subsolo[5]. O outro imaginário do Estado e da nação que se constitui é representado pelos fenômenos de transnacionalização. Assim, surgiram pelo menos duas versões do cosmopolitismo no último quarto do século XX. A primeira é um cosmopolitismo prático, de tipo vernáculo, que ao mesmo tempo em que se baseia na obrigação de pertencimento a uma entidade cultural ou religiosa distinta, deixa espaço para um comércio intenso com o mundo[6]. Desse comércio surgem formações culturais híbridas em processo acelerado de crioulização. Esse é em particular o caso da África muçulmana sudanesa e saheliana, onde as migrações e o comércio de longa distância se juntam à propagação das identidades e uma utilização hábil das tecnologias modernas[7]. Esse também é o caso dos movimentos religiosos pentecostais nos países cristãos. Para muitos africanos, a relação com a soberania divina serve hoje como principal provedora de significações. Em quase todos os lugares, a vida cultural se torna o lugar onde se formam novas parentelas. Estas não são necessariamente biológicas. Muitas vezes, transcendem os pertencimentos antigos, sejam de linhagem ou étnicos[8]. O desenvolvimento de novos cultos divinos se baseia na exploração de quatro formações ideossimbólicas cuja influência nas concepções contemporâneas do eu é manifesta: a noção de carisma (que autoriza a prática do oráculo, da profecia e da

---

5. EJOBOWAH, J.B. "Who Owns the Oil? – The Politics of Ethnicity in the Niger Delta of Nigeria". In: *Africa Today*, n. 37, 1999, p. 29-47.

6. DIOUF, M. "The Murid Trade Diaspora and the Making of a Vernacular Cosmopolitism". In: *Codesria Bulletin*, n. 1, 2000.

7. LAUNAY, R. "Spirit Media: The Electronic Meedia and Islam among the Dyula of Northern Côte d'Ivoire". In: *Africa*, 67 (3), 1997, p. 441-453.

8. MARSHALL, R. *Political Spiritualities*: The Pentecostal Revolution in Nigeria. Chicago: University of Chicago Press, 2009.

cura); a temática do milagre e da riqueza (ou seja, a crença de que tudo é possível); a temática da guerra contra os demônios; e, por fim, as categorias do sacrifício e da morte. Para pensar a discórdia e até o falecimento, recorre-se a figuras de linguagem. Elas constituem os quadros mentais a partir dos quais a memória do passado recente é reinterpretada, e as provações do presente ganham significado[9]. Essas figuras também servem para instituir relações imaginárias com o mundo dos bens materiais[10].

Esse cosmopolitismo dos pequenos migrantes resultou na proliferação de espaços da clandestinidade. Isso é visto através da existência de verdadeiras cidades não oficiais constituídas pelo conjunto das formas consideradas irregulares de acesso ao solo. Isso também é visto através das práticas fluidas que os imigrantes ilegais adotam nos países de destino e da xenofobia que, por outro lado, contribui para confiná-los ainda mais às sombras. Nessas esferas da ilegalidade, os quadros comunitários se rompem enquanto novos laços são tecidos. Em casos extremos, aparecem zonas fora da lei que introduzem rupturas significativas na tessitura urbana. Uma economia criminosa que funciona no interstício entre o institucional e o informal permite firmar geograficamente sistemas de troca com o ambiente tanto local quanto internacional. Ela obriga os atores sociais a criarem recursos em condições de instabilidade permanente, de incerteza quase absoluta e num horizonte temporal extremamente curto.

Encontra-se, no nível das elites, uma segunda forma de cosmopolitismo que se esforça em reconstruir a identidade africana e o espaço público segundo as exigências universais da razão. Essa reconstrução opera em duas direções. Uma delas consiste num esforço de reencantamento da tradição e dos costumes. A outra procede através da abstração da tradição, e sua preocupação

---

9. MBEMBE, A. "À propos des écritures africaines de soi". In: *Politique Africaine*, n. 77, 2000.

10. COMAROFF, J. "The Politics of Conviction: Faith on the Neo-Liberal Frontier". In: *Social Analysis*, vol. 53, n. 1, 2009, p. 17-38.

principal é o surgimento de um eu moderno e desterritorializado. Nessa vertente, insiste-se na temática do governo civil que deve encorajar a criação de instituições que favoreçam a participação igualitária no exercício da soberania e da representação. No plano filosófico, essa vertente afirma aquilo no qual os africanos são idênticos aos outros seres humanos[11]. A problemática da propriedade e dos direitos individuais ganha precedência sobre as individualidades raciais, culturais e religiosas e sobre as filosofias da irredutibilidade[12].

Essa segunda forma de cosmopolitismo é inseparável do surgimento difícil de uma esfera da vida privada. O impulso para a constituição de uma esfera privada é o resultado de vários fatores. O primeiro está ligado às possibilidades de migração de que as elites desfrutam. Elas podem, por causa disso, se eximir das demandas da família imediata e se libertar do controle social comunitário. O segundo está ligado às novas possibilidades de enriquecimento sem usurpação do Estado – possibilidades que as ideologias da privatização legitimam ainda mais. Em suma, o desfrute dos direitos individuais, especialmente em sua ligação com a propriedade, torna-se um elemento crítico das novas imaginações do eu.

O terceiro evento é a tensão entre a transnacionalização da produção cultural africana e as formas de produção da localidade e da autoctonia. Durante o último quarto do século XX, três locais em particular serviram de receptáculo dessa tensão: o movimento de transferência de poderes do Estado central a novas coletividades territoriais (descentralização), a metropolização do continente ao redor de grandes centros urbanos regionais e cosmopolitas, e o aparecimento de novos estilos de vida. Por um lado, o movimento de descentralização se junta a recortes territo-

---

11. Cf. MBEMBE, A. "À propos des écritures africaines de soi". Op. cit.
12. Cf. NDEBELE, N.S. "Of Lions and Rabbits: Thoughts on Democracy and Reconciliation". In: *Pretexts*: Literary and Cultural Studies, vol. 8, n. 2, 1999, p. 147-158.

riais profundos com consequências sociais e políticas múltiplas. Com efeito, esses recortes geralmente se traduzem em dotações de serviços e empregos. Ainda mais importante, no contexto da transnacionalização das sociedades africanas, o domínio de recursos locais mostrou-se um fator poderoso de acesso a recursos internacionais. Em muitos países, o recorte dos territórios permitiu às elites locais reforçarem suas posições de intermediação entre a localidade, o Estado e as redes internacionais. Como a mobilização de recursos locais é indispensável na negociação com o internacional, fica claro que as lógicas da localidade e as lógicas da globalização, longe de se oporem, reforçam-se mutuamente.

Por outro lado, como o domínio de recursos locais passa essencialmente pelo controle de funções administrativas, políticas e financeiras, muitos atores sociais buscam mobilizar as solidariedades de costume para vencer a competição que se abriu. Essa é uma das razões para os processos de descentralização e democratização terem contribuído tão claramente para o ressurgimento dos conflitos sobre a autoctonia e ao agravamento das tensões entre os nativos de uma localidade, por um lado, e os migrantes e alógenos, por outro[13]. Por todos os lados, as solidariedades com base genealógica e territorial são reinterpretadas e as rivalidades e contenciosos nas sociedades locais são relançados. A produção da localidade e a produção da autoctonia constituem as duas faces de um mesmo movimento animado por atores diversos: chefes tradicionais, notáveis, marabutos, elites profissionais, associações diversas, partidos políticos, agentes, subprefeitos, funcionários, redes de ajuda mútua e de solidariedade, elites urbanas[14]. Todos esses atores partici-

---

13. GESCHIERE, P. & NYAMNJOH, F. "Capitalism and Autochtony: The Seesaw of Mobility and Belonging". In: *Public Culture*, vol. 12, n. 2, 2000, p. 423-452. Cf. tb. GESCHIERE, P. *The Perils of Belonging*: Autochtony, Citizenship and Exclusion in Africa and Europe. Chicago: University of Chicago Press, 2009. • COMAROFF, J.L. & COMAROFF, J. *Ethnicity, Inc.* Chicago: University of Chicago Press, 2009.

14. BIERSCHENK, T. & OLIVIER DE SARDAN, J.-P. (orgs.). *Les pouvoirs au village.* Paris: Karthala, 1998.

pam da cristalização de arenas locais através de procedimentos tanto formais quanto informais, e dependendo de relações de força e de conivência sempre em mutação e muitas vezes difíceis de desvendar.

Esse processo ao mesmo tempo cultural, político e econômico não é encorajado somente por atores privados. Mas também pelo Estado, pelas instituições financeiras internacionais e pelas organizações não governamentais engajadas na luta pela proteção do meio ambiente e dos direitos dos povos indígenas. Em muitos países, a transferência da gestão dos recursos renováveis do Estado às comunidades rurais de base não apenas criou novas comunas e regiões – cuja maioria foi estabelecida segundo recortes de parentesco e etnia – mas também levou à promulgação de novas legislações e, às vezes, ao reconhecimento *de facto* dos direitos chamados de costumeiros. Um dos domínios onde ocorreu um certo reconhecimento dos direitos costumeiros é o imobiliário. Em particular, esse é o caso quando se tratou de delimitar as reservas ou parques naturais, ou definir as condições de exploração das concessões florestais ou das áreas de proteção[15]. O confisco de terras supostamente costumeiras e a atribuição desses domínios a indivíduos que supostamente as desenvolveriam não constituem mais as únicas alavancas de intervenção. O Estado não busca mais necessariamente opor-se ao peso do costume e enfraquecer as autoridades encarregadas de garanti-lo[16]. O resultado é uma sobreposição e imbricações inextricáveis de leis do Estado e costumes locais[17]. Esse pluralismo jurídico e normativo

---

15. ALEXANDER, J. & McGREGOR, J. "Wildlife and Politics: Campfire in Zimbabwe". In: *Development and Change*, vol. 31, jun./2000, p. 605-627.

16. EKOKO, F. "Balancing Politics, Economics and Conservation: The Case of the Cameroon Forestry Law Reform". In: *Development and Change*, vol. 31, jun./2000, p. 131-154.

17. Cf. LE BRIS, É; LE ROY, É. & MATHIEU, P. (orgs.). *L'Appropriation de la terre en Afrique noire*. Paris: Karthala, 1991. • LE ROY, É. (org.). *La sécurisation foncière en Afrique*: pour une gestion viable des ressources renouvelables. Paris: Karthala, 1996.

rege o comportamento e as estratégias dos atores privados e das comunidades em luta pela apropriação de terra.

E mais, como os novos dispositivos de regulação não bastam para produzir consensos sociais, os litígios dentro das populações se multiplicam. No caso das antigas colônias de povoamento onde a transformação das terras em mercadoria ocorreu às custas dos autóctones, as lutas fundiárias sofreram um giro mais radical (o caso do Zimbábue). Esse também é o caso nas regiões onde as consequências da transformação das terras e dos recursos em mercadoria não foram controladas e onde os conflitos se alimentam das relações de força desiguais entre as empresas multinacionais e as comunidades locais que se consideram lesadas[18]. Em outros lugares, é a persistência de regras costumeiras de herança e o peso do controle da linhagem que estão na origem da agravação de tensões entre os autóctones e os alógenos.

As lutas sexuais e os novos estilos de vida

No contexto de flutuação econômica forte e de volatilidade intensa característico do último quarto do século XX, a fragmentação social afetou, em particular, as estruturas da família. Esse é especialmente o caso nas grandes metrópoles[19]. As principais mutações sociais nesse domínio estão ligadas às condições de acesso dos jovens ao emprego, à transformação da posição das mulheres na atividade econômica graças à crise, e às mudanças nas formas de união. O enfraquecimento relativo do estatuto social e econômico dos homens jovens representa, nesse ponto de

---

18. Cf. EJOBOWAH, J.B. "Who Owns the Oil? – Politics of Ethnicity in the Niger Delta of Nigeria". Op. cit.

19. Cf. os estudos: ANTOINE, P.; OUÉDRAOGO, D. & PICHÉ, V. *Trois générations de citadins au Sahel*: Trente ans d'histoire sociale à Dakar et à Bamako. Paris: L'Harmattan, 1999. • ANTOINE, P. et al. *Les familles dakaroises face à la crise*. Dakar: Orstom-Ifan-Ceped, 1995.

vista, um fenômeno inédito. As taxas de desemprego aumentaram consideravelmente nessa categoria social. O processo de passagem da adolescência à idade adulta não é mais automático e, em alguns países, os chefes de família são mais velhos do que há alguns anos. A idade do primeiro casamento não corresponde mais à idade de entrada no mercado de trabalho. A distância social entre os mais novos e os mais velhos socialmente se aprofunda, enquanto a distribuição dos papéis e recursos entre gerações fica mais complexa. São muitos os homens jovens hoje mantidos em formas de dependência prolongada que só são rompidas com o alistamento como soldados em formações armadas.

As relações homens/mulheres e os papéis parentais também estão sendo redefinidos. A própria composição dos lares mudou profundamente. Famílias conjugais sem filhos, famílias poligâmicas sem colaterais e famílias monoparentais exibem a diversidade das formas de famílias sendo compostas. Em quase todos os lugares, a mobilidade dos homens modifica profundamente o controle dos lares. Em parte por causa da falta de coabitação entre pais e mães, muitos lares têm hoje mulheres como chefes[20]. Sob o efeito da precarização dos assalariados e do crescimento da exclusão social, os papéis masculinos e femininos no casamento também se transformam. Ocorre ainda um processo de nivelamento do estatuto das mulheres e dos homens jovens[21]. Por todo lado surge uma proliferação de estratégias da parte dos atores sociais. A poligamia, por exemplo, torna possível estratégias novas tanto masculinas quanto femininas de captação de recursos no interior da estrutura doméstica, num contexto onde as atividades das mulheres contribuem cada vez mais para a renda da família. Os sistemas de solidariedade baseados em práticas costumeiras e de parentesco coexistem hoje com relações comerciais muitas vezes brutais.

---

20. BISILLIAT, J. (org.). *Femmes du Sud, chefs de famille*. Paris: Karthala, 1996.
21. Cf. SINDJOUN, L. (org.). *La biographie sociale du sexe*. Paris: Karthala, 2000.

Uma outra grande recomposição que ocorreu no último quarto do século XX é a aparição lenta de uma esfera da vida privada que obtém seus símbolos na cultura global. Não há espaço mais característico dessa transnacionalização que os domínios do vestuário, da música, do esporte, da moda e do cuidado dedicado ao corpo em geral[22]. Os novos imaginários do eu, com efeito, estão relacionados a tudo isso e também à sexualidade[23]. Em muitas cidades, o divórcio ganha precedência sobre o celibato entre as mulheres. Surgem novos modelos conjugais sobre os quais pouco se sabe. Graças ao acesso aos meios de comunicação modernos, a sexualidade dos jovens fora do casamento também se transforma. São muitos aqueles que hoje vivem à margem daquilo que há pouco tempo era considerado a norma. Esse é o caso da homossexualidade.

Os africanos que consideram a homossexualidade como sintoma da depravação absoluta geralmente apresentam três argumentos. Por um lado, o ato homossexual seria a seus olhos o próprio exemplo do "poder do demônio" e do gesto antinatural – aplicar as partes genitais a um receptáculo que não seria o receptáculo natural. Por outro lado, a homossexualidade constituiria uma estrutura da sexualidade perversa e transgressiva. Através do ato carnal, ela apagaria todas as diferenças entre o humano e o animal: o ato homossexual, vil e imundo, seria nada mais do que uma copulação bestial contrária à perpetuação da vida e da espécie humana. Para os mais devotos, seria além disso uma fonte de lascívia e um sinal da *immoderata carnis petulantia* – a petulância imoderada da carne. Por fim – o argumento da inautenticidade – ela seria desconhecida na África pré-colonial e só teria sido introduzida no continente graças à expansão europeia.

---

22. Cf. a obra coletiva *The Art of African Fashion*. Trenton: Africa World Press, 1998. Cf. tb. MALAQUAIS, D. (org.). "Cosmopolis", n. esp. de *Politique Africaine*, n. 100, 2005.

23. GONDOLA, C.D. "Dream and Drama: The Search for Elegance among Congolese Youth". In: *African Studies Review*, 42 (1), 1999. • ASHFORTH, A. "Weighing Manhood in Soweto". In: *Codesria Bulletin*, 3-4, 1999.

Na base de tais afirmações encontram-se três pressupostos centrais. Para começar, a ideia muito falocrática – ainda que presente tanto para homens quanto para mulheres – de que, mesmo em estado de apoplexia, o membro viril seria o símbolo natural da gênese de toda vida e de todo poder. Sendo esse o caso, a única sexualidade legítima seria aquela que sempre utiliza bem o capital seminal. Regulado por completo para as tarefas da reprodução, ele não pode ser dilapidado em prazeres de pura perda. Vem então a crença muito disseminada de que o coito lícito só pode existir *dentro* do órgão feminino e que a ejaculação fora da vagina (onanismo) seria a própria marca da sujeira e da impureza, e até da feitiçaria. A função principal da vulva seria libertar o falo de sua semente e conservá-la preciosamente. Domina, por fim, o sentimento para o qual qualquer outra prática de coito – especialmente aquela que, em vez de colocar em contato imediato os órgãos genitais, os associam aos orifícios e outras vias de excreção, deglutição e sucção – seria uma profanação da carne e um abuso abominável.

Esses pontos de vista, que designam um lugar eminente ao pênis nos procedimentos de simbolização da vida, do poder e do prazer, ainda são em grande parte a regra. Ao dar tanto peso ao trabalho do falo, negligenciam as práticas homossexuais femininas, que, todavia, se difundem cada vez mais. Além disso, eles também se baseiam numa leitura muito contestável da história da sexualidade na África e suas significações políticas. De fato, tanto antes quanto durante e após a colonização, o poder na África sempre buscou se revestir com a aparência da virilidade. Seu estabelecimento, atuação e significação operam em grande parte sob o modo de uma ereção infinita. A comunidade política sempre pretendeu ser, antes de mais nada, o equivalente de uma sociedade dos homens ou, mais precisamente, dos anciãos. Sua efígie sempre foi o pênis ereto. Aliás, pode-se dizer que o conjunto de sua vida psíquica sempre se organizou ao redor do evento que é o inchaço do órgão viril. De resto, o romance africano pós-colonial soube expressar isso muito bem. Na obra de Sony Labou Tansi, por exemplo, o processo de turgescência faz parte dos principais rituais do déspota pós-colonial. Com efeito, ele é vivido como o momento no qual o déspota dobra de altura e se projeta para além de seus limites. Quando ocorre essa arremetida para as extremidades, ele se multiplica e produz um duplo fantasmático cuja função é apagar a distinção entre a potência real e a fictícia. Nos jogos de poder e de subordinação, o falo pode desempenhar a partir desse momento uma função espectral. Mas, ao buscar ultrapassar seus próprios contornos, o pênis do poder expõe, inevitavelmente, sua nudez e seus limites e, ao expô-los, expõe o próprio déspota e proclama, de modo paradoxal, sua vulnerabilidade no próprio ato através do qual ele pretende manifestar sua onipotência[24].

O déspota é então, por definição, sexual. O *déspota sexual* se baseia numa práxis do gozo. O poder pós-colonial, em particular, literalmente se imagina como uma máquina de gozo. Aqui, ser soberano é poder gozar *absolutamente*, sem reserva nem entraves. A gama dos prazeres se estende. Por exemplo, há uma ponte que liga o prazer de comer (a política do ventre) ao gozo causado pela felação e aquele que resulta do ato de torturar seus inimigos reais ou supostos[25]. Daí a posição significativa ocupada pelo ato sexual e as metáforas da copulação no imaginário e nas práticas de comando. Como exemplo, a sexualidade do autocrata funciona a partir do princípio de devoração e deglutição das mulheres, a começar pelas virgens que ele deflora alegremente. Banqueiros, burocratas, soldados, policiais, diretores escolares, até bispos, padres, pastores e marabutos andam por todos os cantos se aliviando, eliminando o excesso e semeando para onde quer que o vento sopre. A linguagem indecorosa e a copulação são, com efeito, o capricho favorito das elites e pessoas poderosas, como outros se dedicam à caça ou aos prazeres do álcool.

---

24. LABOU TANSI, S. *La vie et demie*. Paris: Seuil, 1979.
25. LABOU TANSI, S. *L'État honteux*. Paris: Seuil, 1981.

Assim, o falo trabalha. É ele que fala, dá ordens e age. É a razão pela qual, aqui, a luta política quase sempre ganha a aparência de uma luta sexual, e toda luta sexual recebe, *ipso facto*, o caráter de uma luta política. É preciso então toda vez regressar ao pênis do déspota se quisermos compreender a vida psíquica do poder e os mecanismos de subordinação na pós-colônia. Adepto do estupro voraz e afirmação brutal do desejo de potência, o pênis do déspota é um órgão furioso, nervoso, facilmente excitável e inclinado à bulimia. Em particular, esse é o caso quando o déspota se assanha sobre as mulheres de seus colaboradores e súditos, ou ainda se deixa espremer por todo tipo de rapazes (incluindo aí seus subordinados), misturando de passagem qualquer distinção entre homo e heterossexualidade. Com efeito, para o déspota a felação, venalidade e corrupção supostamente abrem as eclusas da vida. Nos países da floresta que passaram ao cristianismo e também na região muçulmana, o autocrata, engatado em seus súditos, reina sobre pessoas prontas a entregar-se à sua violência. Forçadas pela lógica da sobrevivência, elas devem então adular o poder para aumentar sua congestão e sua saliência. Ao empurrar seu falo no fundo da garganta de seus súditos, o déspota pós-colonial não precisa estrangulá-los.

Por outro lado, as tradições patriarcais do poder na África se baseiam numa repressão originária: a da relação homossexual. Apesar de na prática ela ter tomado várias formas, neste caso é a relação pelo ânus que é alvejada pelas práticas de repressão. Com efeito, no universo simbólico de muitas sociedades africanas pré--coloniais, ao contrário das nádegas, cuja beleza, curvas e saliência eram cantadas com grande gosto, o ânus era considerado um objeto de aversão e sujeira. Ele representava o próprio princípio da anarquia do corpo e o zênite da intimidade e do segredo. Um símbolo por definição do universo da defecação e do excremento, ele era, de todos os órgãos, o "inteiramente outro" por excelência. Aliás, sabe-se que na economia simbólica dessas sociedades, o "inteiramente outro", sobretudo quando se confundia com o "inteiramente íntimo", representava também uma das figuras da potência oculta. A homossexualidade era com frequência apanágio dos poderosos. Ela podia funcionar como um ritual de subordinação aos mais fortes. Ela também estava presente em alguns rituais sagrados. Hoje em dia, a recusa proclamada da submissão homossexual a um outro homem não significa a falta de vontade, tanto de homens quanto mulheres, de adquirir e se apropriar do pênis ideal e idealizado. Na prática, o aviltamento e a repugnância de que a analidade é alvo no discurso público andam de mãos dadas com sua aparição recorrente no palco do sintoma, sob a forma de fantasmas diversos. Basta ver, a esse respeito, as funções que ela desempenha nos fantasmas de permutação dos papéis masculinos e femininos, ou ainda no desejo – experimentado pela maioria dos homens e corrente nas técnicas políticas da submissão – de se servir de outros homens como se fossem mulheres submetendo-se à cópula e vivendo sua dominação sob o modo da consumação do coito. Juntemos ao que precede a existência, em contos e mitos, de criaturas de sexo duplo; ou ainda, nas lutas sociais e políticas, a prática que consiste em despojar o inimigo de tudo que constitui os emblemas da virilidade e consumi-los; ou ainda a obsessão pela regeneração de uma virilidade em declínio através de infusões e da utilização de todo tipo de casca de árvore. A homossexualidade está então inscrita na estratificação muito profunda do inconsciente sexual das sociedades africanas.

Finalmente, se o mapa sexual do continente hoje parece embaralhado, isso ocorre em grande parte porque o último quarto do século XX africano foi marcado por uma revolução silenciosa, infelizmente pouco documentada. Só agora nos damos conta disso, mas ela transformou radical e definitivamente o modo como muitos africanos imaginam sua relação com o desejo, o corpo e o prazer. Essa "revolução sexual silenciosa" ocorreu num contexto caracterizado por uma abertura sem precedentes das sociedades africanas ao mundo. Atualmente não existe nenhuma cidade africana onde não circulem vídeos pornográficos. O falo, enquanto significante central do poder e apanágio da dominação masculina, também sofreu questionamentos profundos. Em algumas sociedades, a contestação do poder fálico tomou a forma de uma instabilidade marital e de uma circulação de mulheres relativamente crônicas. Em outras, ela se traduz por uma agravação dos conflitos entre homens e mulheres. Por todos os lados, os homens mais pobres têm a impressão de serem desmasculinizados. Como vimos, o estatuto de "chefe de família", geralmente possuído pelos homens, sofreu uma desqualificação nas categorias mais empobrecidas da população, especialmente onde o poder de alimentar não pode mais ser exercido plenamente por falta de recursos. Aqui e ali, vemos pânicos urbanos em cujo centro se encontra o medo da castração. Na cartografia cultural do fim do século XX africano, estamos então diante de uma dinâmica fálica que, mais do que antigamente, é um campo de mobilidades múltiplas.

As crises sucessivas dos últimos trinta e cinco anos, em alguns casos, contribuíram para aprofundar as desigualdades já existentes entre os sexos. Em outros, elas causaram modificações profundas dos termos gerais pelos quais se exprimiam a dominação masculina e a feminilidade. Resultou disso uma agravação dos conflitos entre os sexos e um aumento da brutalidade nas relações entre homens e mulheres. Paralelamente, formas de sexualidade até então reprimidas surgem pouco a pouco no campo público. O repertório de gozos sexuais aumentou de modo notável. Atualmente, as práticas de felação proliferam. Também a linguagem da sexualidade se enriqueceu bastante. Entre os jovens, surgiram milhares de novas expressões, umas mais prosaicas do que as outras. Uma parte muito grande do discurso social gira em volta da temática da força fálica em declínio. Entre os idosos, multiplicam-se os recursos a plantas e raízes cujas propriedades supostamente tonificam o pênis do homem e permitem a multiplicação e frenesi do coito. Hoje em dia todo tipo de aditivo é integrado às liturgias da cópula, sejam salpicos de incenso, cebolas frescas, testículos de animais selvagens ou cascas e raízes em pó. Por fim, as práticas homossexuais são de modo geral mais conhecidas do que alguns gostariam de admitir. Se, em alguns países, os regimes no poder travam uma guerra contra os homossexuais e os consideram como escória e dejetos humanos, na África do Sul a Constituição lhes garante todos os direitos, incluindo o matrimônio. A homofobia contemporânea também é utilizada pelos "pequenos" como um meio de desqualificação das classes dirigentes. Essas transformações ocorreram enquanto a epidemia da Aids afetou proporções cada vez mais elevadas da população. Através da Aids, o sexo e a morte hoje se reúnem.

Num continente devastado pela guerra, vimos as práticas de devoração se multiplicarem. Há muitas crianças-soldados que, depois de matar um inimigo, o emasculam cortando seu pênis, que depois consomem – com o intuito de fazê-lo compreender, mesmo na morte, sua impotência.

Afropolitismo

Trate-se da literatura, da filosofia, da música ou das artes em geral, o discurso africano foi dominado por quase um século por três paradigmas político-intelectuais que, além disso, não se excluíam mutuamente. Havia, por um lado, diversas variantes do nacionalismo anticolonial. Este exerceu uma influência duradoura sobre as esferas da cultura, política, economia e até religião. Por outro lado, havia diversas releituras do marxismo, das quais resultaram, aqui e ali, muitas figuras do "socialismo africano". Surgiu, por fim, uma movimentação pan-africanista, que dava um lugar privilegiado a dois tipos de solidariedade – uma solidariedade racial e transnacional, e uma solidariedade internacionalista e de natureza anti-imperialista.

Na vertente africana do Atlântico, pode-se distinguir dois momentos marcantes do afropolitismo. O primeiro momento é propriamente pós-colonial. Essa fase foi inaugurada por Ahmadou Kourouma e seu *Soleil des indépendances* [*Sol das independências*][26], no começo da década de 1970, mas sobretudo por Yambo Ouologuem e seu *Devoir de violence* [*Dever de violência*][27]. A escrita do eu, que em Senghor e nos poetas da Negritude consistia na busca do nome perdido, e em Cheikh Anta Diop se confundia com a articulação de uma dívida em relação ao futuro em virtude de um passado glorioso torna-se, paradoxalmente, uma experiência de devoração do tempo – ou seja, uma cronofagia. Essa nova sensibilidade se separa da Negritude em pelo menos três níveis.

Primeiramente, ela relativiza o fetichismo das origens ao mostrar que toda origem é bastarda; que ela repousa sobre uma pilha de imundície. Ouologuem, por exemplo, não se contenta em questionar a própria noção da origem, do nascimento e da genealogia tão centrais para o discurso da Negritude. Ele busca pura e simplesmente misturá-las a ponto de aboli-las, com o objetivo de substituí-las por uma nova problemática, a da autocriação e do *autoengendramento*. Mas, se podemos criar a nós mesmos, isso também significa que podemos nos destruir. Portanto, a tensão entre o eu e o Outro, o eu e o mundo, tão característica do discurso da Negritude, passa ao segundo plano em benefício de uma problemática da evisceração, onde o eu, por não poder mais "se recontar histórias", está como que condenado a encarar a si mesmo, a se explicar para si mesmo – é a problemática da *autoexplicação*.

Em segundo lugar, essa nova sensibilidade reinterroga o estatuto daquilo que poderíamos chamar de "realidade". O discurso da Negritude se considerava um discurso sobre a diferença, um discurso da comunidade enquanto diferença. A diferença era concebida como o meio de recuperar a comunidade à medida que o pressuposto era que ela fora objeto de uma perda. Era preciso

---

26. KOUROUMA, A. *Le soleil des indépendances*. Paris: Seuil, 1968.
27. OUOLOGUEM, Y. *Devoir de violence*. Op. cit.

então convocá-la ou reconvocá-la, fazê-la voltar a si, através do luto de um passado erguido como significado, em última instância, da verdade do sujeito. Nesse ponto de vista, tratava-se de um discurso das lamentações. A partir de Ouologuem, substitui-se o princípio da perda e do luto pelo do excesso e do exagero. A comunidade é por definição o lugar do exagero, do consumo e do desperdício. Sua função é produzir dejetos. Ela vem ao mundo e estrutura-se a partir da produção de refugo e da gestão do que ela devora. Passamos a uma escrita do excesso ou ainda do excedente[28]. A realidade (seja da raça, do passado, da tradição ou, ainda melhor, do poder) não aparece apenas como aquilo que existe e é passível de representação, de figuração. Ela é também aquilo que recobra, envolve e excede o existente.

Por causa dessa sobreposição do existente e aquilo que o excede, e porque a realidade salienta, com efeito, nem tanto a combinação mas sim o enrolamento, só podemos falar dela como espiral, à maneira do turbilhão. Esse espaço turbilhonante é exatamente o ponto de partida da escrita de Sony Labou Tansi, por exemplo. Não é por acaso que seu último livro (póstumo) chama-se *L'Autre monde: Écrits inédits* [*O outro mundo: escritos inéditos*][29]. A preocupação com o eu torna-se então preocupação com o outro mundo, modo de escrutar a noite, os domínios do noturno onde, supõe-se, está escondida a soberania. Essa evolução é favorecida pela centralidade do fracasso que representa, na pós-colônia, a violência estatal e o aumento do sofrimento humano, a entrada numa nova época caracterizada pela crueza e pela crueldade[30].

Essa escrita turbilhonante é dominada por uma estética da transgressão. Escrever o eu, escrever o mundo e o outro mundo

---

28. Além dos escritos de Sony Labou Tansi, cf., p. ex., KOUROUMA, A. *Allah n'est pas obligé*. Paris: Seuil, 2000.

29. LABOU TANSI, S. *L'Autre monde*: écrits inédits. Paris: Revue Notre, 1997.

30. MBEMBE, A. *De la postcolonie*. Op. cit.

é antes de tudo *escrever em fusão*, escrever o estupro e a violação. A voz desaparece, substituída pelo "grito"[31]. Sony Labou Tansi escreveu assim no prefácio de seu romance *L'État honteux* [*O Estado vergonhoso*]: "O romance é na aparência uma obra da imaginação. Todavia, é preciso que essa imaginação encontre seu lugar em alguma parte de alguma realidade. Eu escrevo, ou grito, um pouco para forçar o mundo a vir ao mundo". Três instâncias desempenham esse papel triplo (escrever, gritar, forçar o mundo a vir ao mundo). Trata-se da religião, da literatura e da música (que engloba a dança e o teatro). É através dessas três disciplinas que se expressa, em toda sua clareza, o discurso africano sobre o ser humano sofredor, enfrentando a si mesmo e a seu demônio, e obrigado a criar de novo. Ocorreu efetivamente um desdobramento nessas disciplinas onde a imagem do eu aparece ao mesmo tempo como representação e como força de apresentação. Também em muitos aspectos a religião, a literatura e a música constituem as instâncias pelas quais se desenvolve a prática analítica, seja tratando da manifestação do inconsciente, das dinâmicas da repressão e da catarse, ou da própria experiência da cura (interpretação dos sonhos, sessões de quebra de feitiços, tratamento dos possuídos, até a luta contra aquilo que é chamado de "demônios" e as outras forças dependentes do "mundo da noite" e do "invisível").

O segundo momento do afropolitismo corresponde à entrada da África numa nova era de dispersão e circulação. Essa nova era se caracteriza pela intensificação das migrações e pela implantação de novas diásporas africanas no mundo. Com o surgimento dessas novas diásporas, a África não constitui mais um centro em si mesma. Hoje ela é feita de polos entre os quais há constantemente *passagem*, circulação e abertura de caminhos. Esses polos propagam-se um depois do outro e revezam-se. A criação africa-

---

31. CÉLÉRIER, P. "Engagement et esthétique du cri". In: *Notre Librairie*, n. 148, set./2002. • ÉLA, J.-M. *Le cri de l'homme africain*. Paris: L'Harmattan, 1980. • LABOU TANSI, S. *Le commencement des douleurs*. Paris: Seuil, 1995.

na não cessa de extrair deles regiões, camadas, jazidas. Seja no domínio da música ou da literatura, a questão não é mais saber de que essência é a perda: é saber como constituir novas formas do real – formas flutuantes e móveis. Não se trata mais de retornar a qualquer preço à cena primordial ou refazer no presente os gestos passados. Mesmo que desaparecido, o passado não está fora do campo visual. Ele permanece sob a forma de uma imagem mental. As formas e conteúdos são rasurados, apagados, substituídos, suprimidos, recriados. Procede-se através de ligações falsas, discordâncias, substituições e montagens – a condição para atingir uma força estética nova.

Em particular, esse é o caso no novo romance africano e na música, dança e artes plásticas, onde a criação ocorre através de encontros – alguns efêmeros, outros malogrados. O objeto da criação artística não é mais descrever uma situação onde nos tornamos espectadores ambulantes de nossa própria vida porque fomos reduzidos à impotência como consequência dos acidentes da história. Pelo contrário, trata-se de testemunhar o ser humano partido que, lentamente, se põe de pé novamente e se liberta de suas origens. Por muito tempo, a criação africana se preocupou com a questão das origens dissociando-a da questão do movimento. Seu objeto central era a primeiridade: um sujeito que só remete a si mesmo, um sujeito em sua pura possibilidade. Na era da dispersão e da circulação, essa mesma criação se preocupa agora com a relação não mais consigo mesmo ou com um outro, mas com um intervalo[32]. A própria África é hoje imaginada como um imenso intervalo, uma citação inesgotável passível de muitas formas de combinação e composição. Não se remete mais a uma singularidade essencial, mas a uma capacidade renovada de bifurcação.

Assim, na virada do século estão em curso reconfigurações culturais importantes, mesmo que persista o afastamento entre

---

32. MABANCKOU, A. *Black Bazar*. Paris: Seuil, 2008.

a vida real da cultura, por um lado, e as ferramentas intelectuais pelas quais as sociedades apreendem seu destino, pelo outro.

De todas as reconfigurações em operação, duas em particular correm o risco de ter um peso singular sobre a vida cultural e a criatividade estética e política dos anos que virão. Em primeiro lugar, há aquelas que tratam de novas respostas à questão de saber quem é "africano" e quem não é. Com efeito, há muitas pessoas para cujos olhos é "africano" aquele que é "negro" e, portanto, "não branco", e assim o grau de autenticidade se mede com a escala da diferença racial bruta. Ora, acontece que todo tipo de gente tem alguma ligação ou, simplesmente, alguma coisa a ver com a África – alguma coisa que os autoriza *ipso facto* a pretender ter a "cidadania africana". Existem, naturalmente, aqueles que são designados como "negros". Eles nasceram e vivem no interior dos Estados africanos, dos quais são cidadãos. Mas, se os negro-africanos formam a maioria da população do continente, eles não são seus únicos habitantes nem os únicos a produzir sua arte e cultura.

Vindos da Ásia, da Arábia ou da Europa, outros grupos de populações implantaram-se de fato em diversas partes do continente durante períodos diversos da história por razões diversas. Alguns chegaram como conquistadores, comerciantes ou zelotes, a exemplo dos árabes e dos europeus, fugindo de todo tipo de misérias, buscando escapar da perseguição, simplesmente com a esperança de uma vida pacífica ou ainda movidos pela sede de riquezas. Outros se instalaram graças a circunstâncias históricas mais ou menos trágicas, como os africâneres e os judeus. Mão de obra essencialmente servil, outros ainda lá desembarcaram no contexto de migrações de trabalho, como os malaios, indianos e chineses na África Austral. Mais recentemente, libaneses, sírios, indo-paquistaneses e, aqui e ali, algumas centenas ou milhares de chineses fizeram sua aparição. Todas essas pessoas chegaram com suas línguas, costumes, hábitos alimentares, modos de vestir, maneiras de rezar, em resumo, com suas artes de ser e de fazer. Hoje em dia, as relações que essas diversas diásporas travam com suas sociedades de origem são das mais complexas. Muitos de seus membros consideram-se africanos completos, mesmo que também pertençam a outro lugar.

Mas se a África constitui há muito tempo um lugar de destino de todo tipo de movimentos de populações e fluxos culturais, ela também é há séculos uma zona de partida na direção de muitas outras regiões do mundo. Esse processo de *dispersão* multissecular se estendeu a cavalo sobre aquilo que é geralmente designado como os tempos modernos, e tomou três cores: do Saara, do Atlântico e do Oceano Índico. A formação das diásporas negras no Novo Mundo, por exemplo, é resultado dessa dispersão. A escravidão, que sabemos que não concerne somente aos mundos euro-americanos, mas também aos mundos árabe-asiáticos, teve um papel decisivo nesse processo. Por causa dessa circulação de mundos, traços da África recobrem da cabeça aos pés a superfície do capitalismo e do Islã. Juntaram-se às migrações forçadas dos séculos anteriores outras cujo motor principal foi a colonização. Hoje em dia, milhões de pessoas de origem africana são cidadãs de diversos países do mundo.

Quando se trata da criatividade estética na África contemporânea, e também da questão de saber quem é "africano" e o que é "africano", a crítica política e cultural tende a se calar sobre o fenômeno histórico da *circulação dos mundos*. Visto da África, o fenômeno da circulação dos mundos tem pelo menos duas faces: a da *dispersão* que acabamos de evocar, e a da *imersão*. Historicamente, a dispersão das populações e das culturas não foi somente causada por estrangeiros que vieram se implantar na África. De fato, a história pré-colonial das sociedades africanas foi do começo ao fim uma história de pessoas movendo-se sem parar por todo o continente. Mais uma vez, é uma história de culturas em colisão, presas no redemoinho das guerras, invasões, migrações, casamentos mistos, diversas religiões que foram adotadas, técnicas que foram compartilhadas e mercadorias que foram vendidas. A história cultural do continente não pode ser compreendida fora do paradigma da viagem, da mobilidade e do deslocamento.

Aliás, é essa cultura da mobilidade que a colonização se esforçou, na sua época, para congelar através da instituição moderna da fronteira. Lembrar essa história da viagem e das mobilidades é a mesma coisa que falar das misturas, dos amálgamas, das sobreposições – uma *estética do entrelaçamento*, como já evocamos. Quer seja o Islã, o cristianismo, os modos de vestir, de fazer comércio, de falar, até os hábitos alimentares, nada disso sobreviveu ao rolo compressor da mestiçagem e da *vernaculização*. Esse era o caso muito antes da colonização. Com efeito, existe uma *modernidade africana pré-colonial* que ainda não foi levada em conta na criatividade contemporânea.

O outro aspecto dessa circulação dos mundos é a *imersão*. Ela tocou, em graus diversos, as minorias que, vindas de longe, acabaram criando raízes no continente. Com o passar do tempo, os laços com suas origens (europeias ou asiáticas) se complicaram singularmente. Através do contato com a geografia, o clima e as pessoas, seus membros se tornaram bastardos culturais, mesmo que, como exigia a colonização, os euroafricanos em particular continuassem a reivindicar a supremacia em nome da raça e a demarcar sua diferença e até seu desprezo em relação a qualquer signo "africano" ou "indígena"[33]. Em grande parte, esse foi o caso dos africâneres, cujo próprio nome significa os "africanos". Encontra-se a mesma ambivalência entre os indianos, e até entre os libaneses e os sírios. Aqui e ali, a maioria se expressa nas línguas locais, conhecem e até praticam certos costumes do país, mas vivem em comunidades relativamente fechadas e praticam a endogamia.

Assim, não é só que existe uma parte da história africana que se encontra em outro lugar, fora da África: existe igualmente

---

33. Cf. BROOKS, G.E. *Eurafricans in Western Africa*. Athens, OH: Ohio University Press, 2003.

uma história do resto do mundo na qual os negros são, inevitavelmente, os atores e representantes. Em suma, seu modo de ser no mundo, seu modo de "ser mundo", de habitar o mundo, tudo isso sempre se efetiva sob o signo, se não da mestiçagem cultural, pelo menos da imbricação dos mundos, numa dança lenta e às vezes incoerente com os signos que eles não puderam escolher livremente, mas que, da melhor maneira possível, domesticaram e puseram a seu serviço. A consciência dessa imbricação entre o aqui e o ali, a presença do ali no aqui e vice-versa, essa relativização das raízes e dos pertencimentos primários e essa maneira de aceitar, com total conhecimento de causa, o estranho, o estrangeiro e o distante, essa capacidade de reconhecer seu rosto na face do estrangeiro e valorizar os traços do distante no próximo, de domesticar o não familiar, de trabalhar com aquilo que tem toda a aparência de contrários – é essa sensibilidade cultural, histórica e estética que é bem indicada pelo termo "afropolitismo".

Passar para outra coisa

Nessas condições, como explicar o crescimento do *reflexo indigenista*? Em sua versão benigna, o indigenismo aparece sob a forma de uma ideologia que glorifica a diferença e a diversidade e que luta pela salvaguarda dos costumes e identidades consideradas ameaçadas. Na lógica indigenista, as identidades e lutas políticas se enumeram com base numa distinção entre "aqueles que são daqui" (os *autóctones*) e "aqueles que vieram de lá" (os *alógenos*). Os indigenistas esquecem que, em suas formas estereotipadas, os costumes e tradições que reivindicam foram muitas vezes inventados não pelos próprios indígenas, mas na verdade por missionários e colonos.

Não se pode mais negar a falência política e moral de uma certa ideia da emancipação africana herdada dos nacionalismos anticoloniais do pós-guerra. Na África Austral, por exemplo, a presença de fortes minorias brancas marcou a expressão do sentimento anticolonialista com uma impressão singular. Nessa sub-região caracterizada desde o século XVIII pela implantação de colônias de povoamento, as entidades políticas estabelecidas na sequência da conquista europeia se constituíram em Estados racistas. Na implementação dessa política das raças, esses Estados promoveram a segregação, a crueldade e a expropriação econômica dos africanos a elementos decisivos de seus modos de governo. Por muito tempo, a África do Sul constituiu o emblema paroxístico desses Estados racistas.

Ora, os nacionalismos africanos retomaram, de modo mimético, dois elementos centrais da ideologia colonial e racista. Primeiro empréstimo: eles aderiram à ideia, divulgada por todo o século XIX, de que a colonização foi um processo de conquista, submissão e "civilização" de uma raça por uma outra. De resto, a maioria dos movimentos armados que lutaram pela independência da África interiorizou a fábula segundo a qual a própria história se reduziria a um enfrentamento das raças. Nessa luta pela vida, os conflitos de raça não se sobrepunham apenas aos conflitos de classe. A raça seria a matriz das relações de classe e, nessa posição, o motor da guerra social. A ideologia da supremacia branca (cuja resposta era os nacionalismos africanos) partia exatamente do mesmo postulado. Nos Estados racistas da África Austral na época colonial, os indígenas não eram cidadãos: eles eram sujeitos raciais considerados como inimigos enquanto não se submetessem de forma incondicional a uma ordem política governada pela violência. A política e a violência formavam, em todos os casos, um único conjunto, ainda que houvesse sido estabelecida uma distinção entre a violência supostamente pura dos movimentos de resistência e a violência considerada imoral dos colonizadores. No mesmo espírito, os movimentos armados anticoloniais consideravam que o inimigo era sempre, por princípio, de uma outra raça. As relações de força que se aplicavam a ele visavam obter uma vitória total. Por sua vez, a emancipação con-

235

sistia em purificar constantemente a sociedade dessa outra raça, de preferência invertendo radicalmente as relações de propriedade e restituindo aos africanos tudo que perderam no momento do enfrentamento inicial (terras, tradições, dignidade).

O segundo elemento que os nacionalismos africanos emprestaram da ideologia colonial estava relacionado à identificação entre a política e a guerra. Nos lugares onde essa identificação foi levada às últimas consequências (em Angola, p. ex., e em menor medida em Moçambique) a consequência foi a derrota militar dos colonos brancos, seu êxodo em grande escala e o confisco de seus bens pelos novos regimes, a instauração de um Estado negro, o advento de uma nova classe dominante, seguido de uma guerra civil prolongada que opunha, dessa vez, negros a negros. Nos casos onde, apesar da luta armada, as condições de uma vitória militar clara jamais foram reunidas, os movimentos de liberação utilizaram a violência como um elemento complementar de uma estratégia de negociação e de compromissos fundamentalmente políticos. Ao termo desses compromissos, esses Estados se encontraram com minorias brancas substanciais. Derrotadas no plano político, essas minorias haviam, contudo, conservado o essencial de seus bens depois da descolonização. Em muitos casos, essas minorias raciais continuam a exercer uma hegemonia cultural na sociedade. Esse é o caso da África do Sul e, num nível intermediário, da Namíbia e do Zimbábue.

Desracializar o poder e a propriedade em benefício dos africanos – esse foi então o motor dos nacionalismos anticoloniais na África Austral. Apesar dos compromissos aprovados no momento da transição do "poder branco" ao "poder negro", a ideia de uma inversão radical das relações coloniais de poder e das relações de propriedade continua a assombrar o imaginário político desses países muito tempo depois das independências. Da colonização ao *apartheid*, a experiência dos "poderes brancos" na África foi desastrosa. Esse resultado se explica em grande parte pelo fato de que esses poderes eram impulsionados pela lógica das raças.

Infelizmente, os nacionalismos africanos do século XX se contentaram em recuperar em benefício próprio essa política das raças e o espírito da violência que era seu corolário. Em vez de aceitar a democracia, eles colocaram essa lógica e esse espírito a serviço de um projeto de perpetuação de seu próprio poder. É esse projeto que, hoje em dia, encontra seus limites. Mas se o sonho da emancipação africana não foi mais do que um simples exercício mimético da violência das raças posta em movimento pela colonização, então é preciso imaginar uma maneira de saída do nacionalismo que abra caminho a uma concepção pós-racial da cidadania, sem a qual os africanos de origem europeia não terão futuro nenhum na África.

Assim, o afropolitismo não é a mesma coisa que o pan-africanismo ou a Negritude. O afropolitismo é uma estilística e uma política, uma estética e uma certa poética do mundo. É uma maneira de ser no mundo que recusa, por princípio, toda forma de identidade de vítima – o que não significa que não tenha consciência das injustiças e da violência que a lei do mundo infligiu a esse continente e a sua gente. É também uma tomada de posição política e cultural em relação à nação, à raça e à questão da diferença em geral. À medida que nossos Estados são puras invenções (além disso, recentes), eles não têm, estritamente falando, nada em sua essência que nos obrigue a lhes devotar um culto – o que não significa que sejamos indiferentes ao seu destino. Quanto ao "nacionalismo africano", ele representou, na origem, uma utopia poderosa cujo poder de insurreição foi sem limites – a tentação de compreendermos a nós mesmos, de ficarmos de pé diante do mundo com dignidade enquanto seres dotados de um rosto humano, simplesmente. Mas, logo que o nacionalismo se transformou em ideologia oficial de um Estado transformado em predador, ele perdeu todo seu núcleo ético e se tornou um demônio "que vaga pela noite e foge da luz do dia". Essa questão do rosto humano, da figura humana, é então o obstáculo contra o qual o nacionalismo e o indigenismo não param de bater. A solidariedade racial enaltecida pelo pan-africanismo não escapa desses dilemas. A partir do momento onde a África contemporânea desperta para as figuras do múltiplo (incluindo o múltiplo racial) que são constitutivas de suas histórias particulares, definir o continente pelo único modo da solidariedade negra torna-se insustentável. Por outro lado, como não enxergar que essa suposta solidariedade é arruinada profundamente pelo modo como a violência de irmão contra irmão, e a violência do irmão contra a mãe e as irmãs, se exerce desde o fim das colonizações diretas?

É preciso então passar para outra coisa se quisermos reanimar a vida do espírito na África e, ao fazê-lo, reanimar as possibilidades de uma arte, de uma filosofia, de uma estética que possam dizer alguma coisa de novo e importante para o mundo em geral. Hoje em dia, muitos africanos vivem fora da África. Outros escolheram livremente viver no continente, e não necessariamente nos países onde nasceram. E mais, muitos deles tiveram a chance de experimentar vários mundos e, na realidade, não cessaram de ir e vir, desenvolvendo, ao longo desses movimentos, uma riqueza incalculável do olhar e da sensibilidade. Trata-se de modo geral de pessoas que podem se expressar em mais de uma língua. Elas estão desenvolvendo, às vezes sem saber, uma cultura transnacional que chamamos de "afropolitana". Entre elas, encontramos muitos profissionais que, em suas atividades cotidianas, precisam incessantemente se medir contra o mundo mais distante. Esse "espírito do distante" é encontrado de modo mais profundo ainda num grande número de artistas, músicos e compositores, escritores, poetas, pintores – trabalhadores do espírito que espreitam o fundo da noite pós-colonial. Mas é a África do Sul que constitui seu laboratório mais manifesto.

De todos os fatores que contribuíram para fazer desse país o local privilegiado dessa experimentação, citemos três. E para começar aqueles que salientam a história – muito complexa – da formação das riquezas nessa parte do mundo. Pois, se um grande número das sociedades do continente conheceu, em graus diversos, o tráfico de escravizados ou a colonização – dois modos de integração à economia-mundo segundo o modelo da extraversão – a África do Sul constitui o laboratório mais manifesto do afropolitismo. Fundada originalmente para a exploração de minas de diamante e ouro, essa revolução permitiu criar as bases de uma acumulação interna, certamente determinada estreitamente pelo capital e pela tecnologia internacionais, de um lado, e pelos ritmos da demanda mundial, do outro.

Vêm em seguida os fatores ligados àquilo que poderíamos chamar de a *fábrica da multiplicidade*, ou seja, com mais precisão, o estabelecimento de mecanismos, técnicas e dispositivos de todos os tipos que buscam dar uma aparência de coerência – enquanto governam sob o modo da separação racial, política e econômica – a uma sociedade díspar, composta de uma miríade de entidades raciais, religiosas, étnicas e culturais mais ou menos distintas, mas cujas próprias genealogias são, por outro lado, muito sobrepostas. Sabemos que aqui o modelo utilizado por muito tempo para formatar uma sociedade tão proteiforme foi o da "guerra das raças". A particularidade da guerra das raças é combinar, numa única figura da violência, as características de uma guerra de conquista, uma guerra de ocupação e uma guerra civil.

Na África do Sul, a "guerra das raças" assumiu diversas formas. No momento da primeira ocupação colonial, ela consistia em privar o máximo possível os autóctones de seus meios de sobrevivência (especialmente gado e lavouras), e assim a conquista militar trazia consigo a destruição quase sistemática das economias domésticas indígenas. No momento da Revolução Industrial, ela tomou a forma da mobilização e da administração, numa escala que outras regiões do continente ainda não conheciam, de uma gigantesca força de trabalho regional e de uma mão de obra vinda da Europa, Ásia e Estados Unidos. As técnicas da guerra foram associadas às da produção. À compartimentação da força de trabalho juntaram-se medidas que visavam restringir e controlar a mobilidade da população autóctone, a ponto de confiná-la em "parques humanos", onde o regime da clausura se traduzia pela multiplicação de verdadeiros cercados territoriais abandonados a uma pobreza abjeta.

Esse labor intensivo de controle da mobilidade do trabalho e da designação territorial de grupos de populações nos enclaves de fronteiras mais ou menos herméticas foi precedido – e acompanhado – pela formação de uma classe de grandes latifundiários brancos. Estes obtiveram seus domínios através da desapropriação e espoliação de grandes setores da população negra e da transformação desta em *squatters*[34] ou em mão de obra quase servil nas terras das quais outrora foram proprietários. O ponto culminante desse trabalho de espoliação será a inferiorização jurídica dos negros e sua destituição cívica, e depois a transformação de milhões deles em migrantes sazonais. Um dos resultados paradoxais dessa proletarização extremamente forçada foi o surgimento de uma população assalariada dotada de uma consciência de classe real, capaz de se constituir numa verdadeira força social, de se organizar em sindicatos poderosos e de manter conflitos políticos de alta intensidade. A mobilização de uma violência social sem precedentes no resto do continente, de capitais financeiros e técnicos formidáveis e de uma forma de governo completamente organizada para a separação das raças permitiu então que esse país experimentasse uma acumulação real e uma produção de riqueza sem comparação com o que se passava em outros lugares da África. Pode-se dizer o mesmo sobre a repartição desigual dessa riqueza de acordo com as raças.

Mas, e isso muitas vezes é esquecido, o processo de constituição de uma sociedade complexa não passou apenas pela alienação dos direitos dos negros e sua incorporação assimétrica na ordem econômica. Ele também tomou a forma de uma transformação lenta da população branca exógena em "população endó-

---

34. Termo inglês que se refere a pessoas que ocupam terras ilegalmente por não terem condições para comprá-las [N.T.].

gena". Essa transformação ocorreu através de diversas técnicas, a começar por uma certa sacralização do laço com a terra e o gado passando pela assimilação de saberes e artes de fazer autóctones, a invenção de uma língua híbrida (o africâner), a coabitação (ainda que não a frequentação) prolongada entre negros e brancos tanto nos locais de trabalho quanto nos espaços domésticos, os tráficos culturais incessantes entre mestres e servidores, até o caso da mestiçagem biológica. No que concerne esse processo, o caso dos africâneres é emblemático. Um dos resultados da "autoctonização" dos colonos e imigrantes europeus é que hoje em dia a grande maioria dos cidadãos brancos da África do Sul não constitui uma população estrangeira. Hoje eles são africanos de origem europeia, como existem, por exemplo, nos Estados Unidos estadunidenses de origem africana.

O terceiro fator que contribuiu para fazer da África do Sul um local privilegiado da criatividade social contemporânea é o estabelecimento, desde o começo do século XVIII, de tecnologias, instituições e dispositivos fundamentais característicos da sociedade moderna, começando por um Estado relativamente forte, uma burocracia formal mais ou menos racional e suficientemente enraizada no tempo e na cultura, bancos, companhias de seguros, um direito de propriedade e de comércio, verdadeiras cidades planejadas, uma arquitetura, em resumo, os pilares fundamentais de uma economia capitalista. Por outro lado, se a outra forma que tomou a "guerra das raças" foi a promoção do racismo a uma instituição, lei e cultura, a violência do racismo provocou, em contrapartida, o surgimento de um dos movimentos de resistência mais antigos do continente, o ANC [Congresso Nacional Africano, na sigla em inglês], a formação de uma classe política e de ativistas sofisticada, a criação de uma infinidade de organizações populares e democráticas, o surgimento de uma verdadeira sociedade civil e a aparição de infraestruturas que permitem o desenvolvimento da vida intelectual e artística (museus, universidades, centros de reflexão, imprensa).

241

Hoje em dia, a África do Sul representa uma potência econômica no Hemisfério Sul. No cenário internacional, ela desempenha um papel comparável ao que exercem o Brasil e a Índia respectivamente na América Latina e na Ásia. Multirracial, multirreligiosa e multiétnica, sua formação social é composta em sua maioria de negros. Mas ela contém igualmente minorias muito fortes judaicas, europeias, chinesas, indo-paquistanesas, árabes, afro-americanas, além de várias comunidades de diásporas do resto do continente. Esse é o caso das diásporas da África francófona nas grandes metrópoles de Joanesburgo e da Cidade do Cabo.

Sem necessariamente constituir um "milagre", a passagem do Estado racial ao Estado democrático está em vias de se realizar. Trata-se verdadeiramente não de uma "descolonização" no sentido clássico (ou como se viu no resto do continente), mas de uma profunda transição social e histórica. Ela coloca a África do Sul na mesma linha da Espanha ao sair do franquismo, ou dos países do Cone Sul (Brasil, Argentina e Chile), e até da Coreia do Sul e muitos países do Leste Europeu ao saírem das ditaduras militares e do comunismo. Depois do Haiti (o "primogênito da África" e da descolonização) e da Libéria, a experiência sul-africana representa talvez a única, na história da África e de sua diáspora, que apresenta tantas chances de conjugar a declosão do mundo e a escalada de humanidade.

242

EPÍLOGO

Além de sua ambivalência e da extraordinária diversidade de suas formas e de seus conteúdos, a colonização moderna foi uma das filhas diretas das doutrinas que consistiam em classificar os seres humanos e dividi-los em dois grupos: os que contam e são contados, por um lado, e o "resto", por outro lado, aqueles que devemos chamar de "resíduos de seres humanos" ou ainda "dejetos de seres humanos".

Os primeiros, os mestres, eram os "últimos seres humanos". Eles buscavam promover a uma lei universal as condições propícias de sua própria sobrevivência. O "último ser humano" era caracterizado por sua vontade de dominar e gozar, de conquistar e comandar, sua propensão a despossuir e, se preciso, exterminar. O "último ser humano" invocava incessantemente a lei, o direito e a civilização. Mas ele operava precisamente como se não houvesse outra lei, direito e civilização que não a sua. Por isso, nenhum dos crimes que ele foi levado a cometer podia ser julgado em relação a qualquer moral que fosse. Não havia nada pertencente a qualquer outro que ele não pudesse pretender obter para si, fosse pela força, astúcia ou fraude. Era esse, enfim, o peso que ele dava à preservação de si e o medo que tinha em relação a todo poder grande o bastante para proteger, de modo autônomo, o fruto de seu trabalho e sua vida.

Incapazes de engendrarem a si mesmos, os outros, os "dejetos de seres humanos", eram convocados a se submeter. Após renunciar à luta, seu papel era portar a desgraça dos primeiros e deplorá-la sem parar. Eles abraçaram tão bem esse papel que acabaram portando essa lamentação interminável como a última palavra de sua identidade. E, à medida que a ideia de igualdade universal e de equivalência entre os seres humanos (o dogma dos fracos) dizia respeito na verdade à religião sob forma de narcose da piedade, era a própria ideia da moral que devia ser abolida. Ela devia dar lugar à fé em seu próprio direito – o bom direito que não se apoia apenas na força, mas que, além disso, se compraz na ignorância e na boa consciência[1].

Ora, estamos longe de sair da era do bom direito que se apoia na força, na ignorância e na boa consciência cujo apogeu foi constituído pelo colonialismo. Nossa era tenta tornar autoevidente o velho mito para o qual apenas o Ocidente tem o monopólio do futuro. Nessas condições, não surpreende que alguns busquem negar qualquer significação paradigmática ao fato colonial e imperial, e enterrar os graves dilemas filosóficos e éticos causados pela expansão europeia no mundo, tratando-os como um registro de detalhes sem importância.

A reabilitação do bom direito colonial nas condições contemporâneas repousa sobre a convicção para a qual a liberdade real e efetiva não é conferida por algum contrato entre partes iguais ou por qualquer tratado que seja. Ela é filha de um direito natural (*jus naturale*). Em nossa era, também a única moral que vale é uma moral reduzida ao instinto de piedade; às mil formas de desprezo encobertas pela caridade e o bom samaritanismo; à crença na qual o vencedor, afinal, tem razão. E, nas condições onde a força cria o direito e onde a força desposa a razão, por que exigir justiça e reparação? Por outro lado, segundo essa moral não há espaço nas entranhas de nosso mundo nem para a culpabilidade, muito menos para o arrependimento, já que tanto o sentimento

---

1. Sobre seus antecedentes históricos, cf. PITTS, J. *Naissance de la bonne conscience coloniale*: les libéraux français et britanniques et la question impériale (1770-1879). Ivry-sur-Seine: L'Atelier, 2008.

de culpabilidade quanto o desejo de arrependimento não são, em última instância, nada mais do que manifestações cínicas da perversidade dos fracos.

Nessas condições, o principal desafio que nossa época enfrenta é o da refundação do pensamento crítico, ou seja, um pensamento que pense seu possível fora de si mesmo, consciente dos limites de sua singularidade, no circuito que sempre nos liga a um outro lugar. Uma tal refundação remete antes de mais nada, por necessidade, a uma certa disposição – aquela que afirma a liberdade total e radical das sociedades frente a frente com seu passado e seu futuro. É também um pensamento que sabe explicar seu mundo a si mesmo, que busca compreender a história da qual é parte recebedora e que permite identificar a potência do futuro inscrita no presente.

Se precisamos trilhar, juntos, mais uma vez os caminhos da humanidade, então talvez seja preciso começar reconhecendo que no fundo não existe nenhum mundo ou lugar onde estejamos totalmente "em casa", senhores dos lugares[2]. O particular sempre surge ao mesmo tempo que o estrangeiro. Este último não vem de outro lugar. Ele sempre nasce de uma cisão original e irredutível que exige, em troca, desprendimento e apropriação. Evidentemente, o advento de um tal pensamento crítico suscetível de fecundar um universalismo lateral exige a superação da oposição radical entre o particular e o estrangeiro.

De resto, a humanidade do ser humano não está dada. Ela se arranca e se cria no decorrer das lutas.

O anticolonialismo tinha como alvo a criação de uma nova forma de realidade – a alforria daquilo que o colonialismo tinha de mais intolerável e de mais insuportável, sua força morta; depois a constituição de um sujeito que, na origem, remeteria antes de mais nada a si mesmo; e, ao remeter antes de mais nada a si

---

2. WALDENFELS, B. Études pour une phénoménologie de l'étranger – Vol. 1: Topographie de l'étranger. Paris: Van Dieren, 2009.

mesmo, à sua pura possibilidade e à sua aparição livre, entregar-se-ia inevitavelmente ao mundo, ao outro, a um outro lugar.

Se existe uma herança intelectual, moral e política do nacionalismo africano que valha a pena e que mereça a consagração de energia nas condições contemporâneas, é nessa direção que é preciso buscá-la, na mensagem de alegria de um grande futuro universal aberto igualmente a todos os povos e a todas as nações.

Vem em seguida a ideia da *greve moral*. A greve moral é uma forma de insurreição. Ela começa por uma subversão das relações mentais que submetem o sujeito a uma tradição transformada em lei e necessidade. Seu objetivo é despedaçar as forças mortas que limitam as capacidades da vida.

A revolta tinha como objetivo o nascimento da liberdade. Tornar-se livre era o equivalente de ser para e por si, constituir-se enquanto sujeito humano responsável diante de si, diante dos outros e diante das nações. É isso que, no decorrer deste livro, chamamos de política da *escalada de humanidade*.

Também afirmamos que a revolta e a luta organizada buscavam "criar a comunidade". Ora, "criar a comunidade" partilha de uma vontade de vida. A luta alvejava, enfim, produzir a vida, eliminar as forças que, no contexto colonial, concorriam para mutilá-la, desfigurá-la e até destruí-la. Esse projeto de uma vida humana plenária – era esse, na origem, o projeto político do nacionalismo africano. Esse ainda é o projeto da África que vem.

Mas a revolta visava, por outro lado, responder a uma pergunta tripla: Quem somos e onde estamos no presente? O que queremos nos tornar? E o que devemos esperar?

Essas questões da origem e do destino, da vontade e da esperança estão sempre conosco.

A tarefa hoje consiste em inscrever a ideia da greve moral em atos culturais suscetíveis de preparar o terreno para práticas políticas diretas, sem as quais o futuro estará fechado.

A invenção de um imaginário alternativo da vida, do poder e da cidade exige uma atualização das solidariedades transversais, as que ultrapassam as afiliações a clãs e etnias; a mobilização dessas jazidas religiosas que são as espiritualidades da libertação; a consolidação e a transnacionalização das instituições da sociedade civil; um renascimento da militância jurídica; o desenvolvimento de uma capacidade de proliferação especialmente na direção das diásporas; uma ideia da vida e das artes que será a fundamentação do pensamento democrático.

Mas despertar o potencial de greve exige também que reflitamos simultaneamente sobre a questão da violência revolucionária. É uma questão política e ética extremamente complexa que vem de nosso passado, assombra nosso presente e que é preciso tratar com reserva e de maneira responsável. Pois nem todo sangue derramado produz necessariamente a vida, a liberdade e a comunidade.

Se os africanos quiserem se pôr de pé e andar, será preciso que cedo ou tarde olhem para algum lugar que não a Europa. Esta, sem dúvida, não é um mundo a desmoronar. Mas, enfadada, hoje ela representa o mundo da vida em declínio, crepúsculos púrpuras. Nela, o espírito perdeu a vivacidade, corroído pelas formas extremas do pessimismo, do niilismo e da frivolidade.

A África deverá voltar seu olhar para o que é novo. Ela deverá encenar e realizar pela primeira vez aquilo que outrora jamais foi possível. Será preciso que ela o faça tendo consciência de abrir tempos novos para si própria e para a humanidade.

Entrevista com Achille Mbembe

"A FRANÇÁFRICA? CHEGOU A HORA DE VIRAR A PÁGINA DESSA HISTÓRIA FRACASSADA"

Conversa registrada por Marie Cailletet e Olivier Milot[1]

A colonização, o lugar da França, o papel da China, a corrupção... a análise crítica e estimulante do cientista político camaronês Achille Mbembe.

Professor de História e Ciências Políticas na Universidade de Witwatersrand, em Joanesburgo, e no Departamento de Francês da Duke University nos Estados Unidos, Achille Mbembe é um dos maiores teóricos do pós-colonialismo. Agora que em novembro terminará a celebração do cinquentenário das independências africanas, sua análise das relações calamitosas entre a França e o continente negro, de sua transformação necessária e da revolução radical que a África deve empreender é estimulante. Esse observador de dentro se entrega a um trabalho crítico sem concessões, ocupado incansavelmente em esquadrinhar a África e engalfinhar-se com os atores políticos, sociais, econômicos e culturais. Profundamente implicado na "sorte desse pedaço do nosso mundo", o cientista político camaronês Achille Mbembe batalha, livro após livro, para que a hora da África chegue.

---

1. Entrevista publicada em *Télérama* n. 3.169 em 9 de outubro de 2010, na ocasião do lançamento de *Sortir de la grande nuit*. La Découverte [Col. "Cahiers Libres"].

249

O cinquentenário das independências africanas é a ocasião de várias comemorações tanto na África como na França. Essas festividades teriam apenas valor simbólico ou será que estamos hoje num momento de transição na história da África? Em relação ao que acontece desde 1960, essas festividades são incongruentes. Elas não têm nem conteúdo nem simbolismo. Busca-se recobrir com alguns farrapos aquilo que o escritor congolês Sony Labou Tansi chamava de "o Estado vergonhoso". Todavia, a verdade é simples. Meio século mais tarde, quase tudo precisa ser reconstruído. Mais do que cerimônias, os povos africanos precisam de uma transformação radical de suas estruturas políticas, econômicas, sociais e mentais. É sua relação com o mundo que precisa mudar. O drama é que as forças capazes de conduzir essa mudança não respondem ao chamado, isso quando não estão fragmentadas e dispersas. Ainda assim, o continente está à beira de mutações extraordinárias: logo terá mais de um bilhão de consumidores em potencial; um novo ciclo de migrações internas e externas ao mesmo tempo de um afluxo de novos imigrantes, em particular chineses; o desenvolvimento de uma civilização urbana sem precedentes; o reforço de uma diáspora empreendedora, especialmente nos Estados Unidos; uma explosão cultural e uma renovação religiosa que contrasta profundamente com a senilidade dos poderes atuais.

Por que a França tem tanta dificuldade em pensar de maneira crítica a história da colonização e, depois, das independências africanas?

Porque ela "descolonizou" sem "se autodescolonizar". A colonização foi, no fundo, uma forma primitiva da dominação de raça. Depois da descolonização, a França preservou quase intactos os dispositivos mentais que legitimavam essa dominação e permitiam que ela brutalizasse os "selvagens" sem nenhum remorso. Aliás, essas estruturas racistas do pensamento, da percepção e do comportamento recomeçam a aparecer hoje em dia – mesmo que sob formas diferentes – no contexto das controvérsias sobre o Islã, o uso do véu ou da burqa, a questão dos *banlieues*, da imigração e da identidade. Como o racismo foi um dos principais ingredientes da colonização, descolonizar significa automaticamente desracializar. Para se autodescolonizar, seria preciso empreender um trabalho imenso, como fizeram os alemães no momento da desnazificação. Isso não aconteceu.

Por outro lado, a França considera que, mesmo que essa história tenha sido coletiva, ela não é digna de ser compartilhada. Isto posto, penso que seria melhor se os africanos que buscam reinventar seu futuro esquecessem a França. Ela não é o centro do mundo. É hora de olhar para outros lugares e não conceder a ela mais poder do que realmente tem.

Cinquenta anos depois, as independências africanas são uma realidade?

Os africanos nem sempre podem escolher livremente seus dirigentes. As antigas colônias francesas se transformaram em ditaduras administradas como feudos privados, transmitidos de pai para filho. Essa é uma das razões pelas quais, se tivessem a escolha de ficar no seu país ou partir, mais da metade dos habitantes decidiria ir embora. Mais do que qualquer outra constatação, esse desejo generalizado é revelador da realidade das independências negras. Em quase todos os lugares plana o espectro do Haiti – o enquistamento de situações autoritárias, a "tonton-macoutização"[2] das elites e das classes populares, o recuo de qualquer perspectiva revolucionária e, na maior parte dos casos, violências epiléticas sem projeto de emancipação.

---

2. Referência à Tonton Macoute, milícia paramilitar extremamente violenta que serviu ao ditador haitiano Papa Doc Duvalier nas décadas de 1960 e 1970 [N.T.].

Durante a campanha presidencial, Nicolas Sarkozy se colocou como o arauto de uma ruptura com a Françáfrica. Três anos depois, esse sistema está ou não em vias de desaparecer?

Não se deve contar com que essa ruptura venha do Élysée. Nem Nicolas Sarkozy nem nenhum outro dirigente de direita ou de esquerda acabaria com ele de plena vontade. São as forças sociais africanas que devem impor a ruptura com esse sistema de corrupção recíproca, senão ele perdurará. Chegou a hora de virar a página dessa história fracassada. Ela não é a portadora de nenhum futuro digno desse nome. No fundo, ela tem sido uma relação sofrivelmente abusiva que não reflete em nada a riqueza e a densidade das relações humanas estabelecidas há vários séculos entre franceses e africanos.

Após vinte anos, os interesses privados suplantaram os do Estado na relação franco-africana. Quais são as consequências?

A privatização do Estado jamais foi tão evidente na relação franco-africana. A partir do Élysée, o príncipe administra, através de mil representantes e cortesãos tanto franceses quanto africanos negros, algo que se parece muito com um galinheiro. Ele trava relações não com Estados, mas com feudos em cujo comando estão déspotas, alguns viajando com passaporte francês, proprietários de imóveis na França e de contas em bancos suíços. Essa lógica patrimonial, azeitada sem parar por prebendas e por uma corrupção recíproca, serve diretamente aos interesses das classes no poder na África e das redes especuladoras francesas. Nem o parlamento francês, muito menos os parlamentos africanos exercem qualquer direito de inspeção sobre essa relação. Ela é exatamente um vasto campo de imunidades que contradiz radicalmente os princípios democráticos que fundamentam a vida das nações livres.

Como o senhor caracteriza a natureza dessa relação hoje em dia?

Senil e abusiva. Um paternalismo cruzado com racismo de um lado, e, do outro, servilismo, patifaria e cretinismo. Um espelho de fantasmas. Nenhuma natureza que seduza o espírito. Um desperdício inacreditável de tempo, recursos e energias.

A chegada de novos investidores no continente africano (China, Índia...) sem laço neocolonial oferece novos modelos de cooperação econômica?

Tudo dependerá da capacidade dos africanos de negociar essas novas oportunidades. Será preciso utilizar as alavancas chinesas, indianas ou brasileiras para abrir o caminho para uma redefinição dos termos da inserção africana na economia mundial.

Para fazer isso, também é preciso ter ideias. Também é preciso desenvolver uma estratégia continental de longo prazo. Por enquanto, há um grande risco de que essas novas oportunidades sejam aproveitadas apenas a serviço das classes dirigentes autóctones, cuja capacidade de reprodução historicamente sempre se baseou em grande parte na extração e predação de riquezas e nunca no poder de criar e fornecer trabalho para a população. É preciso sair dessa velha lógica de confisco e de destruição, pois ela não contribui para a formação de patrimônios coletivos.

O senhor escreve que o principal fato dos próximos cinquenta anos na África será a presença da China. Quais serão seus efeitos para a África e seus outros parceiros históricos, a França e o Reino Unido?

A África dispõe de três trunfos: sua demografia – ela será bem mais pesada que a Índia –, desde que essas populações sejam formadas; seus recursos naturais, hidráulicos e energéticos inesgotáveis; seus grandes espaços relativamente virgens. É por essas razões que, em sua estratégia de aumento de poder, a China tem um lugar para a África. Ela é o único grande ator que empresta capitais públicos enormes para os Estados africanos sob condições que desafiam qualquer concorrência. Ela é a única que encoraja a emigração de seus excedentes populacionais para a África. Hoje em dia, quase não há metrópoles africanas que não tenham seu "bairro chinês". Ainda assim, para que o novo mundo sino-africano que se esboça seja diferente do velho mundo afro-atlântico, são os africanos que devem imaginá-lo. Seria uma pena se as velhas relações desiguais entre a África e o Ocidente fossem substituídas por um novo ciclo onde o continente continua a desempenhar o papel de fornecedor de matérias-primas, mas desta vez em beneficio da Ásia. As relações com a China não devem se limitar às trocas econômicas, precisam envolver também os campos da cultura e da arte. É essa a condição para que elas abram o caminho a uma configuração inédita da relação do continente com o mundo.

As locações de terras aráveis para empresas estrangeiras – da Arábia Saudita, dos Emirados, da China – para implantar culturas de exportação se multiplicam. Quais são suas repercussões?

Tudo depende do conteúdo dos acordos assinados entre os Estados africanos e os países ou companhias em questão. A África dispõe de terras que poderiam servir para alimentar metade da população mundial sob condições que não destruíssem o meio ambiente. Mas ela também necessita de investimentos colossais na infraestrutura de base – estradas, portos, aeroportos e ferrovias intracontinentais, rotas fluviais, telecomunicações, redes de abastecimento de energia hidráulica e solar. Para dar emprego para parte da população, ela precisa iniciar um ciclo de grandes obras sob a alçada de autoridades continentais meio públicas, meio privadas, como fez Roosevelt nos Estados Unidos com o *New Deal*. Se a locação das terras aráveis for acompanhada desses investimentos, ela poderá oferecer novas perspectivas de trabalho a uma população que hoje em dia só pode escolher entre o alistamento em guerras sem fim ou a migração. O único país onde essa estratégia foi estabelecida com sucesso é a África do Sul. Acrescento que, para alcançar o sucesso nesse tipo de operação, também é necessário investir nos setores sociais, na educação e na saúde em particular.

O senhor tem uma visão muito sombria da evolução da África, particularmente da África francófona. Quais são os fundamentos desse "afro-pessimismo"?

As situações não são as mesmas de país para país e existem, aqui e ali, alguns raios de luz. Todavia, seria preciso ser ou perfeitamente cínico, cego ou de má-fé para tentar convencer qualquer pessoa de que a África segue um bom caminho e que em muitos casos ela não está em vias de se perder.

A relação que a África trava consigo mesma e com o mundo se caracteriza por uma vulnerabilidade de natureza histórica. Esta vulnerabilidade se manifestou muitas vezes através da incapacidade das classes dominantes de fazer as pessoas trabalharem para aumentar as riquezas coletivas. Ela também se traduziu por uma relativa impotência em ditar ou transformar os meios de comércio com o mundo exterior. Se questionar a natureza dessa vulnerabilidade e não fingir que não se vê os impasses atuais, alguns dos quais são culpa nossa, representa um afro-pessimismo, azar! A hora da África chegará. Talvez ela esteja próxima. Mas, para precipitar seu advento, não poderemos economizar em novas formas de luta.

Qual é a parcela de responsabilidade das elites africanas nesse balanço?

Ela é considerável. Cada país tem as elites que merece. É um problema de relações de forças entre as classes dominantes e a sociedade. Com o risco de utilizar uma linguagem um pouco anacrônica, eu diria que a democracia não se enraizará na África sem um mínimo de antagonismos de classe. Enquanto a estrutura social permanecer gelatinosa e as classes dirigentes não prestarem contas a ninguém, elas podem fazer o que quiserem com as riquezas nacionais e não têm nenhuma razão para servir o interesse público. Por outro lado, elas se servem do álibi étnico para disciplinar grupos humanos inteiros e dissuadi-los de qualquer vontade de mudança enquanto consolidam seus interesses próprios.

Em 2010, apesar da crise, o crescimento da África girou ao redor de 4,5%, muito mais do que na Europa ou nos Estados Unidos. Um sinal encorajador para o futuro? Esse crescimento é muito frágil. Ele não é estrutural e, portanto, está à mercê de reviravoltas conjunturais. Nós continuamos a exportar matérias-primas sem valor agregado em vez de transformá-las aqui – algo que, além de criar empregos e capacitações, geraria novas fontes fiscais para os Estados. As condições para um verdadeiro salto qualitativo ainda não estão todas reunidas.

Entrevista reproduzida com a gentil autorização de Télérama.

Coleção África e os Africanos

– *No centro da etnia – Etnias, tribalismo e Estado na África*
  Jean-Loup Amselle e Elikia M'Bokolo (orgs.)

– *Escravidão e etnias africanas nas Américas – Restaurando os elos*
  Gwendolyn Midlo Hall

– *Atlas das escravidões – Da Antiguidade até nossos dias*
  Marcel Dorigny e Bernard Gainot

– *Sair da grande noite – Ensaio sobre a África descolonizada*
  Achille Mbembe

– *África Bantu – de 3500 a.C. até o presente*
  Catherine Cymone Fourshey, Rhonda M. Gonzales e Christine Saidi

– *A invenção da África – Gnose, filosofia e a ordem do conhecimento*
  V.Y. Mudimbe

– *O poder das culturas africanas*
  Toyin Falola

LEIA TAMBÉM:

No centro da etnia

Etnias, tribalismo e Estado na África

Jean-Loup Amselle
Elikia M'Bokolo
(orgs.)

Muitas vezes os próprios antropólogos foram os responsáveis por um abuso da noção de *etnia*, nem sempre usada de forma precisa. Os meios de comunicação, por sua vez, rapidamente se apropriaram dessas formas superficiais de tratar a questão e fizeram referências redutivas a alguns conflitos sociais e políticos do continente africano.

Os textos reunidos nesta obra – que se tornou um clássico desde sua publicação em 1985 –, mediante a conjugação de análises de alcance geral com estudos de casos, procuram se interrogar sobre essa noção controversa a partir da situação africana. Com efeito, era importante repensar as noções de *etnia* e de *tribo*, cada vez mais associadas a outras noções como a de Estado e de nação. Era necessário retornar a determinadas formas de classificação por demais esquemáticas e reducionistas.

Jean-Loup Amselle e **Elikia M'Bokolo** são diretores de estudo na Ehess (Escola de Estudos Superiores em Ciências Sociais), França. Ambos também são autores de obras sobre multiculturalismo, colonialismo na África e história africana.

Escravidão e etnias africanas nas Américas

Restaurando os elos

Gwendolyn Midlo Hall

Esse livro desafia a crença ainda predominante entre acadêmicos e também entre o público geral de que os africanos eram tão fragmentados quando chegaram ao hemisfério ocidental, que as regiões e etnias africanas específicas tiveram pouca influência em regiões particulares nas Américas. Na maior parte dos lugares o padrão de introdução de africanos não fundamenta essa crença. O impacto de regiões e etnias africanas específicas em lugares particulares nas Américas emerge deste estudo. Grupos específicos de africanos deram contribuições fundamentais para a formação de novas culturas que se desenvolveram por todas as Américas. Esse processo é chamado de crioulização. Todos os diversos povos que se encontraram e misturaram nas Américas deram contribuições fundamentais para sua economia, cultura, estética, linguagem e habilidades de sobrevivência. Os africanos e seus descendentes receberam pouquíssimo reconhecimento por suas contribuições e sacrifícios, e muito pouco dos benefícios. É hora de tornar visíveis os africanos invisíveis.

Gwendolyn Midlo Hall é pesquisadora sênior na Universidade Tulane, professora emérita de História na Universidade Rutgers, e membro do Conselho Internacional do Centro de Pesquisas sobre a Diáspora Africana Harriet Tubman da Universidade York, em Toronto. É autora de vários livros e também de um banco de dados em CD e na internet sobre história e genealogia da afro-louisiana.

Atlas das escravidões
Da Antiguidade até nossos dias
Marcel Dorigny e Bernard Gainot

Esse atlas apresenta um balanço sintético, amplo e completo dos conhecimentos históricos sobre a questão delicada e complexa da escravidão. Além de 150 mapas e gráficos, ele irá mostrar: uma análise mundial do tráfico de escravos, do séc. XV ao séc. XIX – uma abordagem global e original das sociedades escravagistas. A expansão desse tráfico pela internacionalização das trocas comerciais, a difusão do Iluminismo e o rápido desenvolvimento do movimento abolicionista em escala internacional; a permanência da escravidão e a complexidade de seu legado e de suas memórias.

Marcel Dorigny, encarregado do curso sobre História Moderna na Universidade de Paris-8 e diretor da Revista *Dix-Huitième Siècle*.

Bernard Gainot, encarregado do curso sobre História Moderna na Universidade de Paris-1 / Panthéon-Sorbonne e membro do Institut d'Histoire de la Révolution Française.

LEIA TAMBÉM:

História, Espaço, Geografia
Diálogos interdisciplinares
José D'Assunção Barros

História e Geografia são disciplinas irmãs. Embora cada qual tenha adquirido uma identidade específica ao longo de sua história como campo de saber e de pesquisa, estas duas ciências estão destinadas a se encontrarem e reencontrarem inúmeras vezes diante da possibilidade de compartilhar teorias, metodologias e temas de estudo. O Espaço – noção central da Geografia ao lado da Vida Humana e do Meio – e o Tempo – dimensão que configura diretamente a História, são mostrados neste livro como pontes de comunicação entre os dois saberes.

Ao longo destas páginas são discutidos conceitos como: região, população, escala, lugar e território. São abordados universos de estudo como a Geografia humana, a História local, a Micro-história e a Geo-história. É mostrado como o tempo se concretiza no próprio espaço através de marcas deixadas por diversas épocas nas paisagens, e como geógrafos e historiadores podem literalmente "ler" o tempo através da observação sistemática dos ambientes naturais e construídos pelo homem. A interação entre Tempo e Espaço, como se verá, produz uma harmonia quase musical que pode ser compreendida por meio da sensibilidade historiográfica e geográfica.

José D'Assunção Barros é historiador e professor-adjunto de História na Universidade Federal Rural do Rio de Janeiro (UFRRJ), além de professor-colaborador no Programa de Pós-Graduação em História Comparada da Universidade Federal do Rio de Janeiro (UFRJ). Doutor em História pela Universidade Federal Fluminense (UFF) e graduado em História pela Universidade Federal do Rio de Janeiro (UFRJ), possui ainda graduação em Música (UFRJ), área à qual também se dedica ao lado da pesquisa em História. Além de uma centena de artigos publicados, trinta dos quais em revistas internacionais, publicou diversos livros dedicados à pesquisa historiográfica, à Teoria da História e aos grandes temas de interesse dos estudiosos da área.

CULTURAL

Administração
Antropologia
Biografias
Comunicação
Dinâmicas e Jogos
Ecologia e Meio Ambiente
Educação e Pedagogia
Filosofia
História
Letras e Literatura
Obras de referência
Política
Psicologia
Saúde e Nutrição
Serviço Social e Trabalho
Sociologia

CATEQUÉTICO PASTORAL

Catequese
Geral
Crisma
Primeira Eucaristia

Pastoral
Geral
Sacramental
Familiar
Social
Ensino Religioso Escolar

TEOLÓGICO ESPIRITUAL

Biografias
Devocionários
Espiritualidade e Mística
Espiritualidade Mariana
Franciscanismo
Autoconhecimento
Liturgia
Obras de referência
Sagrada Escritura e Livros Apócrifos

Teologia
Bíblica
Histórica
Prática
Sistemática

REVISTAS

Concilium
Estudos Bíblicos
Grande Sinal
REB (Revista Eclesiástica Brasileira)

VOZES NOBILIS

Uma linha editorial especial, com importantes autores, alto valor agregado e qualidade superior.

VOZES DE BOLSO

Obras clássicas de Ciências Humanas em formato de bolso.

PRODUTOS SAZONAIS

Folhinha do Sagrado Coração de Jesus
Calendário de mesa do Sagrado Coração de Jesus
Agenda do Sagrado Coração de Jesus
Almanaque Santo Antônio
Agendinha
Diário Vozes
Meditações para o dia a dia
Encontro diário com Deus
Guia Litúrgico

CADASTRE-SE
www.vozes.com.br

EDITORA VOZES LTDA.
Rua Frei Luís, 100 – Centro – Cep 25689-900 – Petrópolis, RJ
Tel.: (24) 2233-9000 – Fax: (24) 2231-4676 – E-mail: vendas@vozes.com.br

UNIDADES NO BRASIL: Belo Horizonte, MG – Brasília, DF – Campinas, SP – Cuiabá, MT
Curitiba, PR – Fortaleza, CE – Goiânia, GO – Juiz de Fora, MG
Manaus, AM – Petrópolis, RJ – Porto Alegre, RS – Recife, PE – Rio de Janeiro, RJ
Salvador, BA – São Paulo, SP